China ASEAN《チャイナアセアン》

なぜ日本は「大中華経済圏」を見誤るのか？

邉見伸弘
Nobuhiro Hemmi

China ASEAN《チャイナアセアン》

なぜ日本は「大中華経済圏」を見誤るのか？

邉見伸弘

はじめに

「楽観主義者はドーナツを見る。悲観主義者はその穴を見る」。アイルランドの詩人で劇作家のオスカー・ワイルドの名言である。見る人の視点によって、モノの見え方が１８０度変わるということを指しているのであろう。詩人らしい、鋭い人間洞察の言葉である。

国際情勢分析の世界も同様である。既出の情報に、どう向き合うか、どこを見るかで、判断も変わってくる。問われているのは「何が起こったか」を見るだけでなく、「起きている事象をどう切り取って読むのか」。いわば「レンズの焦点の合わせ方」だ。

昨今はＶＵＣＡ[1]という言葉がもてはやされている。読者の方も、目にする機会が多いのではないか。予測困難で、捉えにくい状況を表すワードである。

だが歴史上、不確実でない時代など、あっただろうか。

「不確実だ、不透明だ」と言って、時流に身を委ね、成り行き任せのままでいいのか。不確実、大変化といわれる時代とはいえ、それなりに確実な情報を見逃したり、未来の足音の響きを聞き逃したりしていないだろうか。

それに不確実な時代と見られる中にあって、着実に前進・成長を遂げた企業は山ほどあるのだ。そうした企業は、大きな変化の中にあって、少しでも確実性がある部分、不透明といわれる状況下でも見えてくる、朧《おぼろ》げな未来の予兆を「見逃さない」ものだ。

ビジネスや政策支援の仕事に携わる中で、最も厄介で手間暇がかかり、日の目を見ないのがノイズ（雑音、騒音）を取り除く作業だ。実際には何が起こっているのか、自分たちに関係があるものと無関係のもの、過大に誇張されて表現されているものと逆に過小評価されているもの、数年後には忘れ去られる一過性のものと長期にわたり存続・継続していくもの、そういった事象や情報の識別・判別の作業は、将来のシナリオ策定やリスク管理の大前提となる。

「戦術の前に戦略あり。戦略の前に情勢判断あり」と言われるが、情勢判断の前に情報バイアス（偏見、先入観）を取り除くことが肝要である。しかし、その作業は、言うは易く行うは難しで、一苦労である。

現在は、情報過多の時代である。そもそも発信されている情報が本物か否か、判断がつかない。変化、変化の連続の中で「一体、何が起こっているのかよく分からない」という、途方に暮れる声が多いのもやむを得ないだろう。

米国の作家のマーク・トウェインは「新聞を読まなきゃバカになる。読んだら読んだで、バカになる」との言葉を残したが、この言葉が持つ意味は、今日もなお真実性を増している。GenAI（Generative Artificial Intelligence＝生成ＡＩ）の登場とその使用頻度の高まりは、フェイク・ニュースや偽コメントなど活字の世界で混乱を招いている。さらに近年は、人の声を偽造・加工した音声、顔かたちを再現した画像が作成され、ネット上に出回り、果たして本物の人物が話しているのか、真偽の識別・判別することすら、難しい時代になっている。

こと国際情勢や地政学上の問題に目を向けると、どちらの側に立って物事を捉えるかで、見方は大きく分かれてしまう。前著『チャイナ・アセアンの衝撃――日本人だけが知らない巨大経済圏の真実』（日経ＢＰ　2021年2月刊）から3年半が過ぎ、この間、世界では新型コロナウイルス感染症によるパンデミックやロシアによるウクライナ侵攻が起こった。さらに2つの超大国である米国と中国の競争・対立が、ますますエスカレートしてきている感を深くする。

グローバル・ウエストと呼ばれる、日・米・欧など西側先進国地域に住んでいると「脱中国」の動きが加速したという報道に接する機会が多くなった。

中国の過剰生産・ダンピング輸出問題が世界経済の大きな問題となっており、その背後にある権威主義的政治スタイルや膨張主義的行為などの地政学上のリスクも相乗して中国に対する見方が厳しくなり、牽制《けんせい》の意味もあるのだろう。中国製品への関税強化論や中国向け投資の手控えなど、対中包囲網が進んでいるかのようだ。さらに当の中国の国内情勢に関しては、不動産バブル崩壊といったニュースや、ＧＤＰ（国内総生産）の成長率に関する悲観的予測、若者の深刻な就職難といった情報ばかりが伝わってくる。日本では「中国衰退論」「没落論」がメディアをにぎわせ、「日本の失われた10年、20年、30年の『中国版』到来」といった見方も一部には出回っている。

隣国に対する、この一種「極論」とも言うべき見方は、なぜ生じたのだろう。中国は巨大な国である。日本とは文化・商慣習の違いも大きく、さらに中国国内の地域差も甚だしいものがあり、簡単には理解し難い面もある。だが、これほど地理的に近くにあり、長い歴史上の関係を持ちながら、日本は中国を捉えきれていない。さらに米中競争・対立という勢力抗争や地政学上のリスクの中で、日本の中国に対する焦点が、またもやズレてきていないか。

2008年に起きたリーマン・ショックという世界経済危機の際に、中国が救世主として脚光を浴びたことやBATJ（百度集団＝バイドゥ、アリババ集団、騰訊控股＝テンセント、京東集団＝JDドットコム）など新興企業の破竹の勢いも、一体いつの時代の話だったのか、と思うほどだ。

最近は、日本の経営者や政策決定者などに対し、中国のポジティブな材料を少しでも見つけて、中国の将来性や世界に与える影響を語ろうとしても、首を横に振られるケースが多くある。中国からの撤退戦略や地政学上のリスクの相談が筆者の職場にも少なからず舞い込んできている。

中国への入出国も以前ほど楽ではない。在中の企業関係者など、邦人や欧米系人拘束などの報道も目にする。日本においてもインバウンドの波が戻ってきているが、欧米系や東南アジア系が中心であり、中国系、中でもいわゆる中間層は少ないように見える。

この状況に、「中国は終わった。チャイナ・アセアンも沈むのでは」という人もいる。だが、それは本当だろうか。中国、ASEAN（東南アジア諸国連合）に関するデータが示す実態と、ちまたで語られるストーリーの間には少なからぬ落差があるように思われる。

本書は、このように特に中国に関して、猛烈に逆風が吹き荒れる中で執筆した。実際に人を介した情報も遮断され、目にする報道類も極端な議論が多かった。しかし極端な議論の情報ソースをたどっていくと、思い込み過多や、欧米で発信されていることの焼き直しであったりすることが多かった。昨今はさらに安全保障上の問題と経済の問題をごちゃまぜにし、企業活動を萎縮させるような言論も散見される。まるで中国の全てがダメだと言わんばかりである。

なぜ日本は大中華経済圏（チャイナ・アセアン）を見誤るのか。一言でいえば、自分自身の視点（レンズ）の歪みがあるからではないか、と考えている。

東京・銀座の街を歩けば、中国はもとより東南アジアの方々が旅を楽しんでいる。かつての爆買いではない。また、亡命しているような緊張感があるわけでもない。普通の人々だ。景気減速と言っても、中国の成長率は5％弱。日本円で約100兆円の規模だ。東南アジアの勢いも決して悪くない。あまり知られていないが、彼の地のスーパーアプリは日本のタクシーアプリと連携している。

国際情勢上の緊張感、地政学上のリスクとして伝えられる話と現実にズレがある。日本は景気が復調し、紆余曲折が大きくあるものの株高傾向で、経済が復活の兆しというが、スーパーマーケットで買い物をしても値上げラッシュに驚く。消費動向はむしろ鈍化気味だ。ホテルでミーティングをしても日本人の数が圧倒的に少なくなった。一体この違和感は何なのか、という思いが筆者が再度筆を執ったきっかけだ。

世界が変わってきている。そう思っていたが、もしかすると何かがズレているのかもしれない。そう思うようになった。

本書執筆の過程で、日本中華總商会（華僑・華人の経済団体）の在日本の重鎮と話す機会があった。彼は「中国との付き合いは長い目線で見ることが必要だ。中国人は、やっと3億人余りが先進国並みの食生活を送れるようになった。ただ残りの10億人以上の胃袋はまだまだ残っている」と語り、その大局的な見方は中国事業の捉え方について示唆に富むこと大だった。

とかく中国について日本の報道は、景気が上向けば期待論、政治的緊張関係が高まれば脅威論と、モノの見方が左右に揺れやすく、物差しが定まらない感がある。總商会重鎮が示したのは、簡単にブレない、長期的で泰然自若とした見識であった。

国対国という立場での議論では、競争・対立の構造の中で捉えるために、封じ込め的議論も出てくるが、ビジネスにおいては、国境を超えた取引が後戻りすることはまずない。一部にグローバリゼーションの終わりを説く向きもあるが、どうだろうか。

行き過ぎを是正する議論、例えば先に触れた中国の過剰生産・ダンピング輸出問題などは検討課題だろうが、だからといって、かつてのようなブロック化とか、中国製品をシャットアウトして世界の経済を回すことなど、もはや現実にはあり得ぬ話である。こと経済に関しては、あくまで現実的思考に立って物事を判断していくことが肝心だ。

何よりも現実を直視する。先入観やバイアスを排して、中立的・中道的姿勢に立って物事を見ていく。つまり、「レンズをどこに向けるかを意識して、ピントを合わせていく」、その姿勢がビジネスパーソンにとっては何より必要だろう。時として筆者が驚くのは、基本的なデータや公開情報にすら当たらない状況の中で議論を始めるケースが散見されることだ。

筆者が前著の『チャイナ・アセアンの衝撃』で強調したことは、「知らないことを、知る」「虫の目・魚の目・鳥の目」の手法であるが、本書でもそれを踏襲した。

ところで、最近、海外の投資家や外資系シンクタンク、識者らと話していると「この時代、日本は羨《うらや》ましい」と言われるようになった。アクティブな投資家は日本市場は「宝の山で涎《よだれ》が出る」と言う。一般に日本国内を覆う悲観論とは真逆の意見で、「え?」と思わず耳を疑ってしまうほどだ。

今、日本をはじめ海外でも「中国悲観論」が出回っている。それだけに、海外からの日本に対する評価が、中国悲観論の裏返しという単純な話ではないことを願うが、現実論として、恐らくは今こそが日本が飛躍するチャンス、発展する好機であり、それを逃してはならない、という意味や忠言なのだろうと受け止める。

そんな意識で内外を見渡すと、果たして日本は大丈夫か、と心配になる現実にぶつかる。中国悲観論に引きずられているわけではないだろうが、日本国内で目につくのは対ASEAN、東南アジア各国への、中国に対するのと同様な悲観的見方だ。つまりリスク論や消極的姿勢が目立ち、果たしてこれでいいのかと思ってしまう。現に、その傾向を表してか、日本の対外投資は欧米サイドに集中しており、アジア離れが顕著だ。しかし当の欧米諸国はしっかりとASEANはじめ、アジア投資を続けている。日本とは逆さまな振る舞いが見られるのだ。

アジア地域に、ASEANに、日本が苦労を重ねて、これまで営々と積み上げた投資実績や権益の大きさを我々は過小評価していないだろうか。半面、今日では「その先のアジア」であるインドについては話題沸騰である。だがインドも簡単ではない。インフラの整備、州ごとの規制の差は想像を絶する。成功事例がどれだけあるか、真剣に考えるべきだ。「チャイナ・アセアンでは十分やった。次の地域へ向かうのだ」という考えは、単純過ぎではないか。

このズレは現実として起こっている。チャイナ・アセアンを含むアジアの未来は軽視することができない。この地域は、日本の生死に関わる、と著者は考えている。

変転著しい時代に右往左往せず、徒《いたずら》に過去に拘泥せず、未来に向けて、アジアの中で日本の立場をしっかり築いていくには、まだまだ時間がかかる。日本は地理的にも身近な関係にある、このアジア、中でも「大中華経済圏」であるチャイナ・アセアンで足場を築くことなしに、世界で戦うのは難しい。

だが、新型コロナウイルス禍を経て、米中競争・対立が深刻化して以降、日本のアジア、ASEANに対する関心が以前より薄まり、失われたように見えるのは、筆者だけだろうか。昨年23年は「日・ASEAN50周年」の佳節の年であったが、経済界からの関心は極めて薄かった。IPEF（インド太平洋経済枠組み）の議論も「弾無《タマ》し」との声が相次ぎ、無関心が目立った。経済安全保障政策や対中リスクの話題があっても、守るべき日本の権益・国益への討議が欠けるという不思議な現象が起きているように思う。

改めて繰り返すが、本書は情報戦の中での「レンズの焦点の合わせ方」をテーマにしている。レンズは知らぬ間にズレてしまうものだ。「うっかり見逃してしまった」「足元の変化に気付かなかった」――。こういう類《たぐ》いのことはよく起こる。しかし、「たったそれだけのことが勝敗を分ける」（ナポレオン）のも歴史の常だ。経済も同様である。建設は死闘、破壊は一瞬である。

冷静かつ客観的であることはもちろん、プライドや見栄なども捨てて、見るべき視点を中立に保ち、レンズの焦点を十分に意識してピントを合わせる。その上で物事に対し、柔軟性のある姿勢を持ち続けられるか。そのためにできることは多々あるだろうが、中でも次の3つの観点が重要だと思う。

1つ目。「今」を見ること。未来を心配したり、過去を嘆いたりせず、出来ることを足元から探すのだ。経営学者ピーター・ドラッカーが喝破した通り「今起こっている未来」に着目するのである。

2つ目。「相手の視点」で考える。自分自身がやりたいこともよいが、相手がどう感じるかの方が重要だ。どんなに素晴らしい技術や製品でも、受け入れられなければ意味がない。また相手には別の取引先という選択肢があることが当たり前で、常に天秤《てんびん》にかけられていることも忘れてはならない。

3つ目。「神は細部に宿る」との格言もあるように「細部に目をやる」ことである。木を見て森を見ずではないが、木だけでなく葉を見るのである。生命科学の最先端である iPS細胞の研究現場などで実践されているアプローチ法で、一部を取り出して全体を把握する方法だ。細胞がネットワークの構成要素であり、組織全体に影響を与えているのだ。「生態学的推論（Ecological Inference)」として社会科学でも注目されている。

真剣にビジネスに向き合う経営者からは、世界で起こる政治経済イベント、関連情報が氾濫し、それがもたらす意味を考える時間もない、という嘆きの声をよく聞く。大量のアジェンダ、キャッチーな経営のキーワード、終わりのない競争、そして不確実性。ビジネスを取りまく混乱の中で「一体どうしたらいいんだ」と嘆き、憂え、ため息をつくビジネスパーソンや政策当事者の気持ちは分かる。

そんな方に向けて本書を書いたつもりである。

世界がすっかり変わってしまったというが、実は変わらないことの方が多いのだ。一点にとどまると書いて「正」と読む。海でも大河でも表層に比べ深部の動きはごくゆったりしているものだ。

本書は日本が「目を向けがちな」現実に対して、「見落としがちな」事実に視点を置いている。筆者としては、情報分析に当たり、大げさなことや長すぎる未来は語らないことを心掛けた。

本書の6つの章は、以下のような構成になっている。

1章は、世上にある〝中国崩壊論〟による先入観に捉われず、かの国を分解して細部を見るとともに、「新1級都市」の台頭に着目し、中国経済の深さを語った。

2章では、中国西部とASEANのつながりの進化について、知られざる中国の国策「中・東盟(=ASEAN)5カ年計画」と、さらに具体的に踏み込んだ省・市レベルの対ASEAN戦略を、物流を通して考察した。日米の太平洋諸国からは見えにくい場所に焦点を当てた。

3章は、単一のマクロ経済統計ではなく、貿易、投資、国際収支という複数のレンズで、チャイナ・アセアンの関係がどのように変化しているか分析した。

4章でチャイナ・アセアンで発展している、地域・国・都市といった枠組みを超えて活動する新たな企業のケースを解説している。

5章は、1章から4章までを総括し、これから想定される世界観を考察した。

6章で日本が生き残る道を書いた。ここには、過去に議論されたテーマを現代の視点で捉え直せば、出来ることがあるはずだという思いを結集している。

本書の結論を言ってしまえば、レンズのズレは、①全体を平均して見る傾向性、②事象を分解せず、レンズの焦点を対象に丹念に合わせようとしないこと、③見えにくい側面への注目を怠ること、

④データ、数字をベースにせず、かつ継続的に追わないこと、⑤公開情報の軽視、⑥経済理論の軽視、⑦新興企業を見ない上から目線、にあると考えている。

他にも原因はあるだろうが、要はモノの見方のレンズの焦点がズレている、ないしは方向性が多分に硬直化、固定化している可能性があるのではないか、と考えている。もとより本書は全てをカバーしているわけではなく、レンズの焦点のズレを正す契機なりキッカケに資するべく分析を試みている。また、レンズ（モノの見方）を補正すれば未来が開けるのではないか、とも考えている。

かつて宇宙事業と言えば、国家が手掛けるものであり、イーロン・マスクの米スペースXのような民間企業が、NASAに並ぶ存在になるなど、考える人はいなかっただろう。それと同様に、実現不可能と思われたプロジェクトが現代では可能になるケースがある。これも、「出来ない」という思い込みのレンズを補正し、現代で可能なことを結集し、成し遂げたからだとも言える。

本書を書くにあたっては、同じ事象でも撮影する角度、焦点の当て方で、そこに映る世界も全く違う画像になることを改めて読者の方に伝えたい思いがあった。

戦場を撮り続けた報道写真家のロバート・キャパは、スペイン内戦での「崩れ落ちる兵士」やノルマンディー上陸作戦でのオマハビーチの兵士の写真で知られるが、戦闘の合間の兵士や戦地の子供たちの姿を撮影し、世界で起こっていることを伝えてきた。

かつてマーシャル諸島ビキニ環礁でアメリカが実施した水爆実験で被曝《ひばく》した第五福竜丸が、静岡県・焼津に帰港した際、キャパは船ではなく、船員を迎え入れる焼津市民に焦点を当てた。[2] キャパは次に何を撮るのか、どこにレンズを向けるのか、世界は注目していた。

たったそれだけのことか、というかもしれない。
だが見る側がどこに焦点を合わせるかで、伝えるメッセージは変わってくる。
混迷しているのは世界だけではない。定まっていない自らの視点かもしれない。

※なお、本書の大部分はオシント（公開情報）をベースに組み立てている。膨大なデータを分解し、組み立てる過程でデータベースが出来上がったほどだ。本書ではその一部を公開している。また、おびただしい量のインタビューによって検証を進めたが、ご快諾いただいた皆さまには改めて感謝申し上げる。

邉見伸弘

Chapter 4

チャイナ・アセアンで成長を遂げる企業に共通するダイナミズム

Chapter 5

大中華経済圏で起こる「断片化《フラグメント》」と「スキャッター化」

Chapter 6

日本が生き残る道 203

Chapter 1

中国の現実に焦点を合わせる

二元論の超克

『鬼平犯科帳』の時代小説を創作した池波正太郎は、『その男』という小説の中で、次のような言葉を登場人物につぶやかせている。

「人の世の中というものは、そのように、はっきりと何事も割り切れるものではないのだよ。何千人、何万人もの人びと。みなそれぞれに暮らしもちがい、こころも身体もちがう人びとを、白と黒の、たった二色で割り切ろうとしてはいけない。その間にある、さまざまな色合いによって、暮らしのことも考えねばならぬし、男女の間のことも、親子のことも考えねばならぬ。ましてや天下をおさめる政治《まつりごと》なら尚さらにそうなのだ」

ものごとを安易に2色で割り切ってはいけない、単純に捉えてはいけない、との怜悧《れいり》な観察眼を持つことの大切さを教えてくれる言葉だ。

日本人の私たちは慣行的に「白か、黒か」といった二元論的思考に陥りやすいようだ。そして、その伝で「二者択一」的選択へととかく進みがちだ。源氏と平家、攘夷と開国のみならず、戦後日本政治も「保守か、リベラル（革新）か」「右派か、左派か」の安易な色分けとか、国論を二分した全面講和と片面講和、日米安全保障条約堅持と廃棄、自衛隊違憲・合憲論争といった二元論が多くあった。今日でも似たような構図は私たちの周囲に多くあるのではないか。

勝負事の世界なら「勝ち」「負け」の2つしかないが、人間社会は多様だ。池波正太郎の言葉ではないが、単純に二元論的識別・思考で割り切ってはならないだろう。

例えば政治の世界では、それぞれの主義主張など立場ごとに「正義」「正論」があるとされる。100人いれば100の「正義」「正論」があるというわけだ。それだけに彼我がその「正義」「正論」を振りかざし、それに固執して角突き合わせれば、平行線のままか、あるいは対立・対決が先鋭化して断交・衝突が避けられず、不毛な結果しか生じまい。国と国の間であれば、冷戦を含めた戦争状態に陥りかねない。

そんな不毛な結果を回避するには、彼我の立場を尊重し、協調・協働して、折衝・交渉を重ね、合意や妥協点を見いだし創り出していく努力が欠かせない。それは必ずしも〝足して2で割る〟中間点的解決ばかりではなく、別の新たな〝第3の選択〟を創ることも可能だろう。いわゆる「中道」的手法である。今日、世界また各国内でエスカレートする分断・対立の原因は、そうした格闘の不足、欠如にあるのではないだろうか。

一方、経済は「利」を創り出す世界。貿易にせよ投資にしろ、共存共栄、つまり「繁栄」をともに創り出すことが目的だ。そのためには相手方に対する一方的な決めつけや先入観といった固定観念に捉われるのではなく、現実を直視する、すなわち「レンズの焦点を意識する」ことが大事なのではないか。

1 中国悲観論だけでは見えてこない中国の実像

日本国内には今日、中国経済の長期停滞・衰退論や「中国のバブル経済の崩壊」「中国経済の日本化」といった〝悲観論〟が横溢《おういつ》している感がある。

確かに、伝えられる中国経済に関する諸データは、バブル崩壊を示すような厳しい内容のオンパレードだ。例えば――、

△GDPの4分の1を占めると試算される不動産市場では供給過剰・需要不足を受けて大失速が続き、住宅価格の下落に歯止めがかからない状態。不動産大手・恒大集団が香港の裁判所から会社を清算するよう命じられ、さらに碧桂園（カントリー・ガーデン）の経営危機も深刻。

△2023年の国際収支統計を見ると、外資企業による対内直接投資（流入から撤退などの流出を引いたもの）は前年比76％減の427億ドル（日本円で約6兆4050億円※1ドル＝150円で計算）で30年ぶりの低水準。01年以降で初のマイナスを記録した。[1]

△中国の株式市場では、21年以降の3年間で22・1兆人民元（約442兆円※1元＝20円で計算）もの時価総額が失われた。[2] 24年1月末時点でもピークの21年12月末の4分の3の水準にとどまっている。[3]

△不安定な経済状況が影響し若年層を中心に「就職難」が加速。23年6月には若者の失業率が21・3％と過去最悪を更新。[4] 同年8月には発表を一旦中断。調査方法を見直して、5カ月後の12月の発表では14・9％とされた[5]（在学中の学生は含まない新調査）……

その他にも、

△日本の債務はGDP比で22年約261％。中国のそれは77％とされているが、[6] 地方政府が抱える「融資平台」と呼ばれる〝隠れ債務〟を加えると約150％になると見られ、国際通貨基金（IMF）と米金融業界の推計によると約7兆～11兆ドル[7]の巨額に上るとされている。

△人口が急減しており、23年末時点で14億967万人。前年より208万人減。61年ぶりの減少となった22年より減少幅はさらに拡大した。少子化が急速に進み、23年1年間の出生者数は902万人と中国建国以来、最少だった。「合計特殊出生率」（1人の女性が一生のうちに産む子供の推計人数）は22年時点で1・09。日本の1・26を下回っている。2を超えないと人口は維持できないため、中国の人口はこのままでは急速に減っていくと予想される。

△デフレ状況で、初任給の減額、一部地方政府の公務員給与の大幅カット、収益悪化企業での賃金カットなどが相次ぎ、消費マインドが低迷。北京では激安ファストフード店が連日大にぎわい。国民の購買力が低下し景気に悪循環をもたらしている。

加えて、米中対立による輸出入の制約やサプライチェーン（供給網）の見直しによる中国国内への投資の減少、進出企業の撤退や他国への移転などの地政学上のリスクの増大、等々。

経済成長率5%の目標を掲げた全人代

このような重い雰囲気の中で開催された全国人民代表大会（全人代）では、24年の経済成長率の目標を「5%前後」と設定した。李強首相は「成長目標の達成は容易ではない。的確な政策を講じ、一層努力する必要がある」と訴えた。23年の実質GDP成長率は前年比5・2%と、目標の「5%前後」は達成されたが、前年の22年にゼロコロナ対策の影響で3%と大きく下振れしたことへの反動増によるところが大きいと見られている。それ故、23年並みの目標達成は「難易度が高い」とされている。

では、そんな高い目標をなぜ掲げたのか。「目標が低ければ『中国経済が衰退局面に入っている』との認識が広まり、個人消費がさらに悪化する悪循環に陥る。実態を踏まえた数字ではなく、政治的な意味を持った数字だ」（日本総研主席研究員・三浦有史氏「読売新聞」24年3月6日付）と推測されている。

ちなみに、「中国に甘い」（田村秀男・産経新聞特別記者）と見なされる国際通貨基金（IMF）は24年の中国の実質成長率予測を4・6%と予測する。これは金額に換算すれば、約100兆円の伸びを意味する。決して小さくない数字だ。

この全人代に関しての日本のメディアの報道・論評内容はおおむね中国経済「悲観論」を反映するトーンだったが、しかし、その中で目を引いたのは日本経済新聞の「成長・衰退　混在の時代に」との見出しを付けた総括的記事（24年3月12日付）だ。少し長くなるが、引用したい。

「……（全人代で）5％前後という経済成長目標を打ち出したが、市場が期待した大規模財政出動や金融緩和などの具体策は出なかった。不動産や地方債務、少子化など構造問題への対処方針も示されなかった。背景には対策を示さないのではなく、示すことができない事情がある」とした上で、「（そうした）マクロ経済と『中国市場の可能性』は必ずしも一致しない。海外では習政権下の『IT（情報技術）企業いじめ』が話題となったが、電気自動車（EV）や半導体、人工知能などの先端産業では『それでも一旗揚げよう』という起業家は後を絶たない。そもそも中国は富裕層だけでも日本1国と並ぶ人口を抱える。毎年の新卒学生は約1200万人。その1割だけが高度人材だとしても、日本の新卒学生の2倍近い。こうしたダイナミズムのある市場を無視して日本の成長を維持することはできない」

疑問を持つ意識：その論は妥当か？　真実か？

いかがだろう。富裕層だけでも日本の人口に匹敵。約1200万人の新卒学生――。記事が指摘する数字を踏まえ、改めて中国という国の潜在力を考えると、「悲観論」一辺倒では捉えきれない中国経済の別な側面や、中国市場の可能性も、それなりに見えてくるのではないだろうか。

本章冒頭の言葉を残した池波正太郎は、「世の中は、何事も物の見方ひとつで、白であったものが黒になるし、善も悪となり、悲劇も喜劇となってしまう」（『池波正太郎の映画日記』）とも説いた。この言葉をかみしめたいものだ。

無論、見方を変えたからといって、中国経済「悲観論」が早期に改善されて「楽観論」に変わるという単純な話ではない。しかし、中国ばかりが問題を抱えているわけではない。先ほども触れた、IMFが24年1月末に出した各国別のGDP成長率予測では、中国について23年5・2%、24年予測4・6%、25年予測4・1%と見る一方、米国はそれぞれ2・5%、2・1%、1・7%、日本1・9%、0・9%、0・8%となっている。[8]

この数字で見る限り、むしろ日本こそ停滞・衰退の一途をたどっている。中国経済の減速を心配するどころの話ではないということだ。

実際、世論調査会社・イプソス（東京・港区）が、米国やカナダなど世界28カ国2万630人を対象として23年11～12月に実施したインターネット調査では、約7割の日本人が「自国は衰退している」と答えたという。これは16年に比べて1・7倍増の数字で、28カ国中5番目の高さだという。[9]

中国の減速が世界から注目を集めるのは、それだけ世界経済における中国の比重や存在感が大きく、影響が無視できないからだ。つまり中国経済の減速・低成長はその分、世界経済への下押し圧力となるからである。

また、前掲の日本経済新聞の記事にもあるように、中国の人口規模は、桁違いのインパクトを持つ。「ダイナミズムのある市場を無視して日本の成長を維持することはできない」という指摘は大変重要だ。

では中国市場の現状を見ていこう。景気減速、消費の低迷を受けて、前述の通り23年の対中投資は大幅減となった。加えて、米中対立といった地政学上のリスクから「外資の中国離れ」がいかにも急増しているかのような感を抱きがちだが、実際は海外企業は中国への既存の投資は残しつつ、新規投資に関しては慎重であり、距離を置くといった姿勢のようだ。

特に日本の場合、中国の経済的威圧や安全保障に関わるリスクを下げる「デリスキング」（リスク低減）戦略が叫ばれ、中国への依存度を引き下げる必要性や、生産・調達拠点の国内回帰や友好国への分散といったサプライチェーンの再編が強く唱えられている。だが、日本貿易振興機構（ジェトロ）が発表した22年度実績では、対中輸出が過去最高だった前年より10・3％減ったものの、輸入は逆に1・7％増で、6年ぶりの輸入超過となった。[10]

実際にジェトロの「海外進出日系企業実態調査」（23年度版）によると、中国事業の「縮小」や「第三国（地域）へ移転・撤退」を検討している日本企業は10％にとどまっている。[11]

世界の意外な見方

在中国米国商工会議所（AmCham China）の「中国ビジネス環境調査報告」でも、中国以外への生産・調達の移転について「検討を開始した」あるいは「すでに移転を開始した」と回答した米国企業は23％に過ぎない。それも「検討」段階がほとんどで、雪崩《なだれ》を打って移転・撤退しているわけでは決してないのだ。[12]

いや、それどころか在中国米国商工会議所が24年2月1日に発表したリポートでは、回答者の約40％が今後2年間の利益の可能性について楽観的で、むしろ1年前の33％から高まっている。また市場の成長について楽観的見方をとるのは44%で、こちらは1年前からわずかな上昇、となっている。[13]

中国南部に進出した米国の企業が組織する華南米国商工会議所が24年2月27日に発表した会員企業へのアンケート調査の結果（実施期間は23年10月9日~12月31日）によれば、回答企業の62%が「中国以外の国・地域に投資の重点を移す計画はない」と表明し、「中国市場にコミットし続ける」と回答した比率は66%に上った。同会議所のハーレー・セアディン会長は「中国からの全面撤退を選択する企業はない」と強調している。[14] 米企業のみならず、巨大な中国市場に見切りをつけるなどという国は実際にはどこにもないのではないか。

一方の中国は、全人代での政府活動報告で、海外からの投資誘致の取り組みを加速させるべく、製造業において全ての海外投資規制を撤廃するほか、民間投資の参入を呼び掛ける考えなどを示している。

だが、それに棹さしているのは、中国政府が国家安全保障を名目に規制強化した、摘発定義があいまい・不明確な「改正反スパイ法」などである。

日本の失敗から学ぶ中国

さて、バブル崩壊・デフレ移行期にあるとも見なされる中国だが、中国政府はこれにどう対処するのだろうか。どうやら中国政府は、かつての日本の失敗例やその後の取り組みについて徹底的に研究・検証し、コントロールする術を学んできているようだ。否、政府のみならず、一般庶民レベルでも、例えば中国の書店には以前から、『バブル崩壊後の日本経済』や『失われた10年』『20年』『30年』といった書籍が店頭に並び、日本を〝他山の石〟として自己防衛策を学んできたようである。

そんな学習効果か、李強首相は従来の消費形態を維持・拡大しつつ、「以旧換新（旧《ふる》きを以《も》って新しきに換える）」と呼ばれる買い替え促進策を展開する。――例えば、排出ガスの基準に満たないとされる1600万台以上の車の新エネルギー車（NEV）への買い替えや、あるいは安全に使用できる期間を超えたとする家電2億7000万台以上についても、ポイント還元などにより買い替えを後押しする大規模な財政出動なども打ち出している。日本の取り組みに倣《なら》ったかのような優遇策だ。[15]

さらに、バブル崩壊処理に欠かせない破綻企業の取り扱いについても、これまでは「取引先の連鎖倒産や金融システム不安など引き起こしかねない」として法的整理には一貫して慎重姿勢を取ってきたが、一転して「破産すべきは破産、再編すべきは再編すべきだ」（倪虹・住宅都市農村建設相の全人代中の記者会見）と強硬姿勢を見せているようだ。

香港で破産宣告を受けた不動産大手の恒大集団に対し、粉飾決算があったとして中国政府は41億7500万元（約835億円）の罰金処分を発表しており、同社は窮地に立たされている、と伝えられる[16]（24年3月20日付　日本メディア各紙）。

一党独裁国家の中国政府は、日本のような一定時間を要する議会手続きを経ずに、即断即決・即実行のスピード感をもって事の処理に当たることも可能であろう。目の前の不況克服・経済再建について、いざとなれば不動産事業以外にも対象を広げて、果断に不良債権処理に当たるかもしれない。

〝中国を持ち上げ、不都合な実態を覆い隠す〟などと揶揄される「中国経済光明論」というものがある。筆者は、こうしたものに加担するつもりはさらさらないが、中国経済の長期停滞・衰退傾向については、政府が荒療治的手法に乗り出せば、意外に早期の復活もあり得ると見ている。「中国の深刻な現状を楽観視しすぎている」という批判の声もあるかもしれないが、むしろ「中国崩壊」のようなシナリオこそ、中国の繁栄を妬《ねた》む隣国の日本や欧米側の「希望的観測」に過ぎないのではないだろうか。

中国を見る際の勘所とは

さて、留意しておきたいのは、対中国観の勘所だ。中国の人口は約14億人。日本の10倍強だ。前著でも言及したが、中国は大きく6地域に分かれており、その中にある都市群、巨大都市、中核都市など、それぞれ経済状況も発展度合いも異なっている。そういった規模を持つ大国を〝一つの国〟として一律的、一体的に捉えるのは、そもそも無理がある。それでは、実態が見えてこないのだ。

例えば、23年の中国全体のGDP成長率は前述のように5・2%で、目標としていた5%前後を達成したとされるが、各省個別に見ると、達成度はまちまちだ。各省の発展状況がそれぞれ異なるため、実際は毎年、各省個別に独自の成長目標を設定している。

【図表1】 中国の6地域

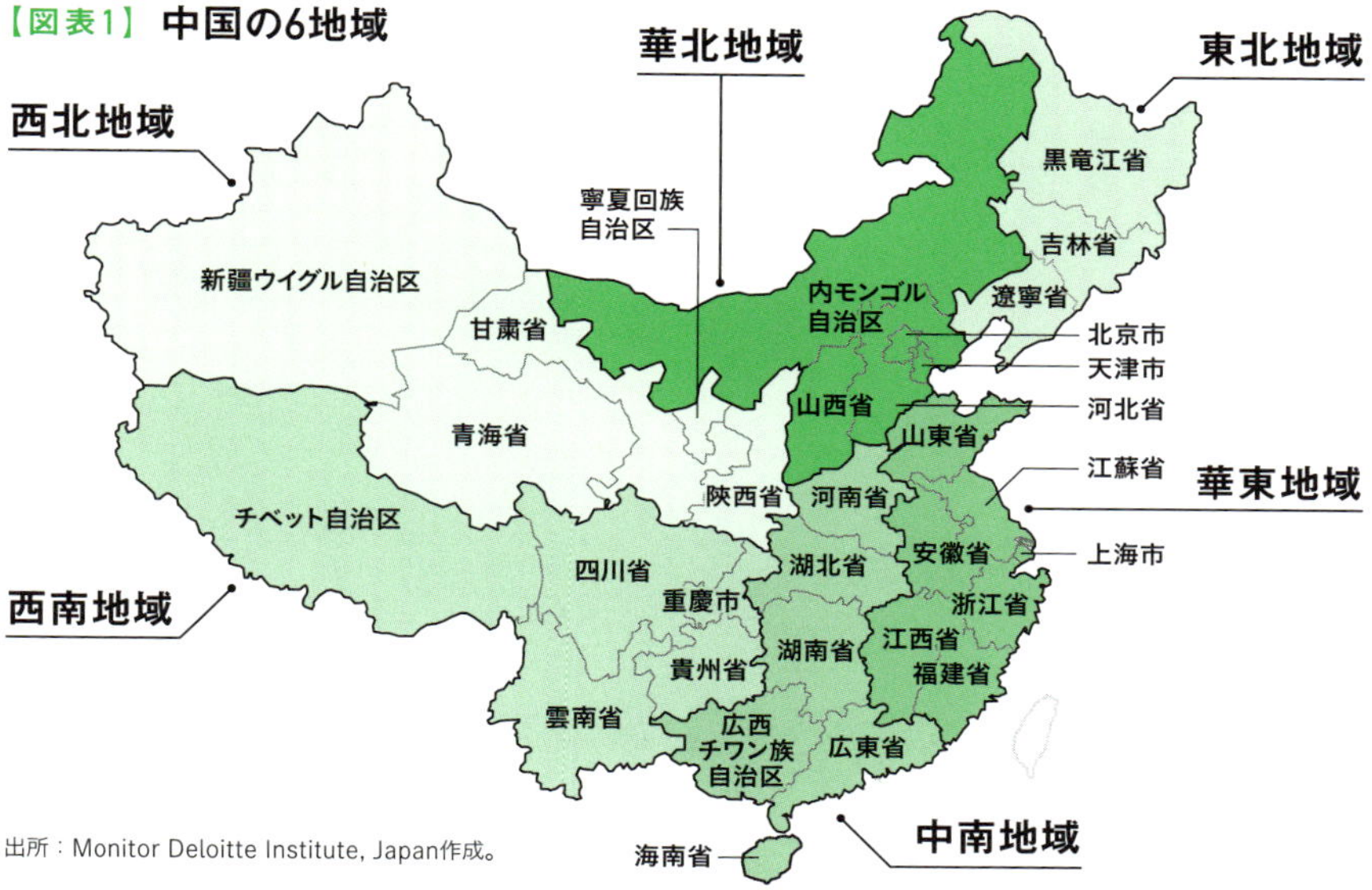

出所：Monitor Deloitte Institute, Japan作成。

【図表2】 中国のビジネス主要都市

出所：第一財経「2022年ビジネス都市魅力ランキング」の1級都市と新1級都市

23年の達成状況を見ると全国31省のうち、設定目標を達成、または上回ったのは14省で、それ以外の省は下回った。

特に不調だった3省を挙げると、東北地区の黒竜江省は6・0％という目標に対し2・6％、中南地区の河南省は同じく6・0％の目標に対し4・1％、華東地区内陸部の江西省は7・0％の目標に対し4・1％だった。経済成長の度合いも省レベルで大きな差異が出ている。[17]

このように地域や都市による違いは大きく、個別に見ていくと、既に不況を脱している、または脱しつつある所もあるのだ。住宅・不動産事情に関しても、売れ残り解消も含め大幅に改善している都市もある。地域や都市間の違いが大きいので、地域別に現況把握に努めることが欠かせない。国土が狭い日本でさえ、大きな地域差があるのだから。以下、そうした認識の下に、中国経済の今後について論究してみたい。

まず、中国国内の300の都市をレイヤー（層）に「分解」し人口移動の観点から分析することで、日本人にとってもなじみ深い、これまでの成長の中心地であった北京市、上海市、広州市、深圳市に代わり、新たな成長の中心地が生まれていることを語る。

次に都市の新たな発展形態として、杭州市（浙江省）の爆発的な拡大、広州市と仏山市（共に広東省）の一体的連携による飛躍、さらに安徽省の3都市と江蘇省の南京市という、省を超えた新たな連携について紹介する。

2 勃興する新1級都市と中国の人口移動

ここでは、中国を分解して解像度を上げるために、中国を見る上で重要となってくる「都市」の単位に絞り込んで分析する。ビジネスを展開する際には、センターピン（ボウリングにおけるセンターピンのように、そのピンを倒すと次々にピンが倒れるような波及の中心）となる都市を見つけることが重要である。

実は、中国経済が厳しいとされる中でも、変貌を遂げている都市がある。中国は中央政府の号令一下で決まると思われがちだが、各省や各市は互いに競い合いながら経済発展を遂げている。

中国を分解するという視点でまず注目すべきは人口である。人口は全ての社会活動の基盤である。中国の工業化と都市化が進むにつれて、中国人の出産に対する考え方は大きく変化し、少子化が進み、子供を持たない家庭がますます一般的になりつつある。

かつての〝一人っ子政策〟の影響も指摘されている。人口減を踏まえて、中国政府は出生奨励政策を実施しており、2人目、3人目の子供の誕生を許可している。だが出生率は依然として低いままだ。

中国国家統計局が公表したデータによれば、22年末の全国の人口（31の省、自治区、直轄市人口を含む、外国人は含まない）は14億1175万人。前年末比で85万人減少し、61年ぶりに人口がマイナスを記録した。[18] 23年末時点の人口は14億9677万人で、22年より208万人減。減少幅はさらに拡大した。[19] 23年1年間の出生者数は902万人で中国建国以来、最少だった。[20] 22年の合計特殊出生率は1・09との報道もあったが、世界銀行の統計では1・2、日本は1・3となっている。[21]

中国全体の人口減少は確かに深刻な社会問題である。

しかし、都市を目指して人口が移動する、そのダイナミクスの変化は、見落とされがちである。人口を集める都市は、中国に対するレンズの焦点を合わせる上でもポイントとなる。その観点で中国を「分解」し、「センターピンを探す」ことで、有望な都市を見つけていこう。

なお、中国には19の主要都市があり、それぞれ都市群・都市圏を形作っているが、このうち①北京、②上海、③GBA＝グレーターベイエリアと呼ばれる華南の広東省広州・深圳を中心とする地域、④成渝＝セイユと呼ばれる西部の成都・重慶など、⑤中部の武漢・長沙などの5大都市群が代表だ。中でも上海都市群とGBA都市群という東部沿岸部が、やはり経済規模で突出しており、2地域の動向を見ることが欠かせない。

本章ではこの2地域を中心に、都市の発展の仕方、その都市へのアプローチを解説するので、他の都市群で事業展開をされている場合も活用できると思う。

また、日本からは最も見えにくい都市群である成渝（成都・重慶）については、本章のセンターピン探しでは深掘りはしないが、2章で中国経済の鍵を握る物流ダイナミクスの都市として詳述する。都市分解と併せて、都市の見方の角度として参考とされたい。

【図表3】都市レイヤー別の人口増減

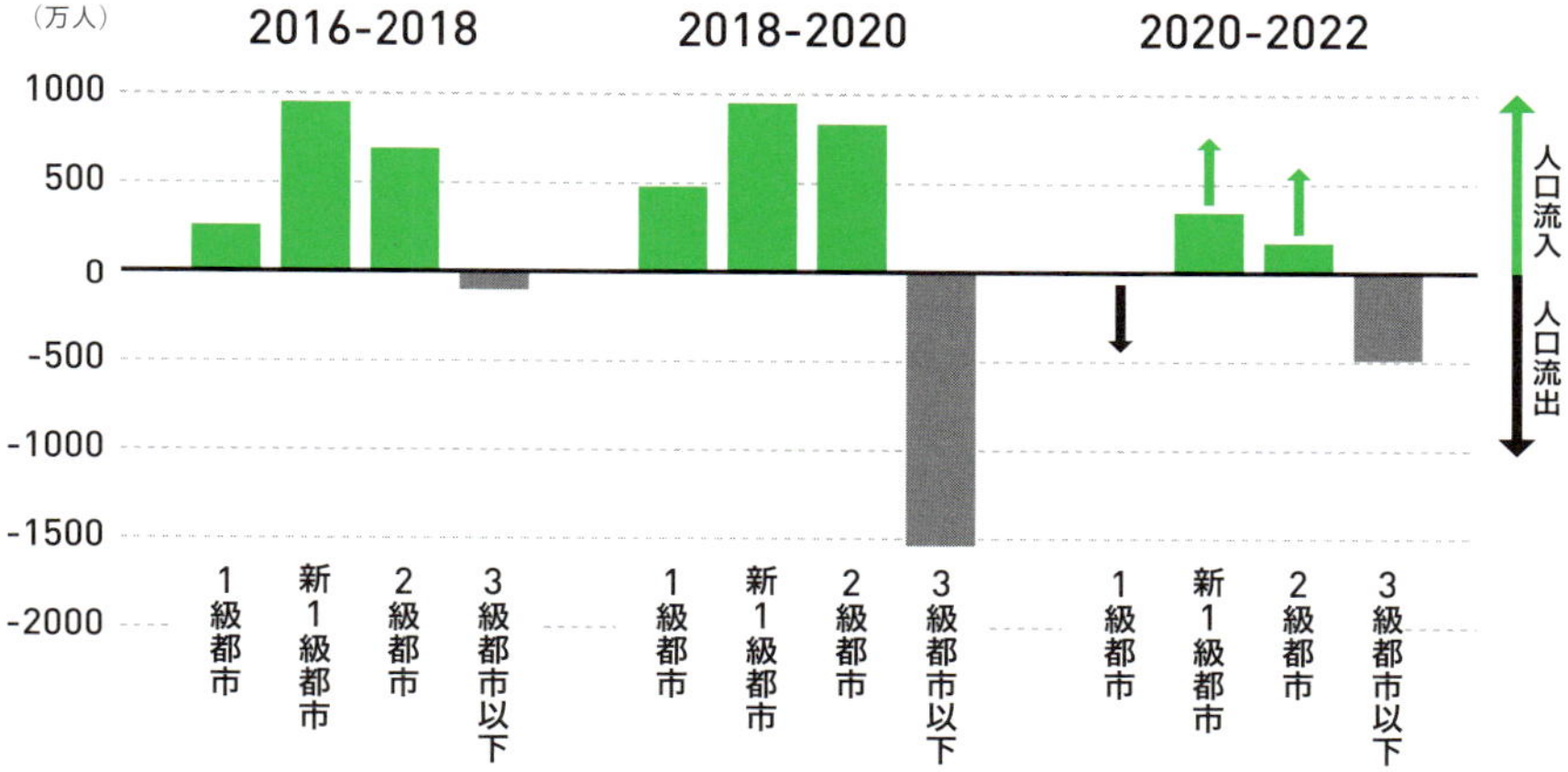

出所：CEICのデータ（"CN: Population: Usual Residence", 2024年2月1日取得）を基にMonitor Deloitte Institute, Japan作成。一部都市のデータ不備が発生している年度では、Monitor Deloitte Institute, Japanで概算。

発展する新1級、2級都市で増える人口

まずは、中国の300を超える都市を1～5級の都市レイヤーに分けて見ていこう。中国全土には337の都市があるが、このうち、データが取得可能な297都市を対象として、16～22年の統計を分析する【図表3】。

都市レイヤーとは、実は中国政府が定めているものではなく、中国の民間の有力経済紙の「第一財経」が発行するレポート「都市商業魅力ランキング[22]」が定義するもので、都市を「商業資源の集積度」「都市のハブ（拠点）機能」「都市の人々の活躍度合い」「生活スタイルの多様性」「将来の可能性」という5つの指標で評価して、都市を「1級都市」「新1級都市」「2級都市」「3級都市」「4級都市」「5級都市」に区分するものだ。各レイヤーでは毎年都市の入れ替わりが発生するものの、「1級都市」は北京市、上海市、広州市、深圳市が不動の地位を築いている。なお「新1級都市」

【図表4】 中国を代表する4都市（1級都市）の人口増減

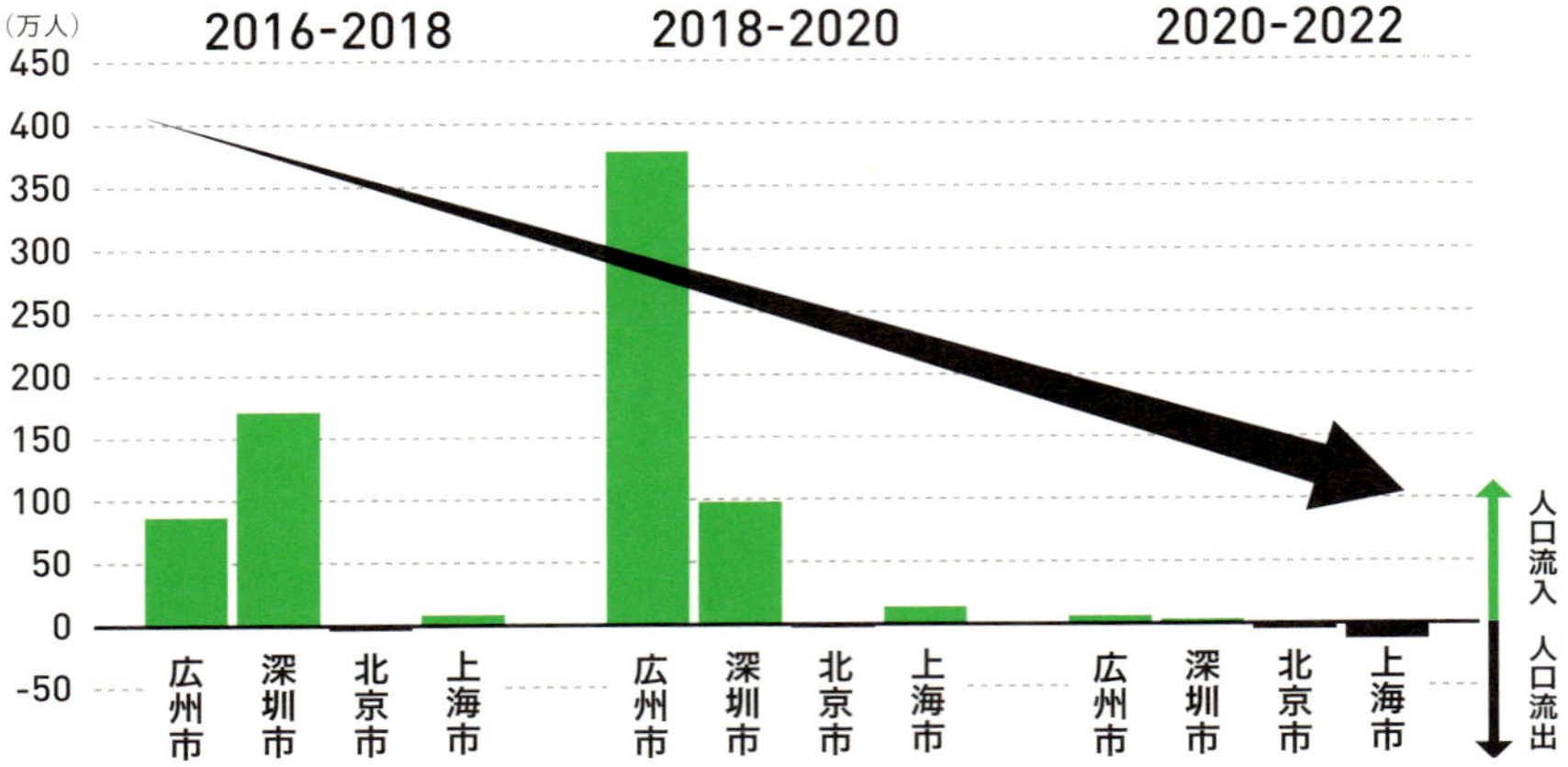

出所：CEICのデータ（"CN: Population: Usual Residence", 2024年2月1日取得）を基にMonitor Deloitte Institute, Japan作成。
一部都市のデータ不備が発生している年度では、Monitor Deloitte Institute, Japanで概算。

には、武漢、杭州、成都、長沙、合肥など、発展を遂げる15の都市が含まれる【図表5】。

かつて中国では発展した都市に住みたいというニーズが強く、4級・5級都市から2級・3級都市へ、さらに1級都市を目標に住み替えていく「人往高処走」（人は高みを目指す）という構造があった。しかし驚くことに、16～20年の新型コロナウイルス禍前の時点では人口が増えていた1級都市で、コロナ禍の20～22年では合計8・6万人の人口減少が見られた。

さらに詳しく見てみよう。1級都市には北京市、上海市、広州市、深圳市など、日本でもなじみ深い大都市が含まれるが、その北京、及び東南沿岸部で最も魅力度の高いはずの上海で近年、人口が減少しているのだ【図表4】。広州市と深圳市も、大幅な人口流入はストップし、かろうじて人口流入を保っているという状況である。

一方で、全国に15カ所ある新1級都市や30カ所の2級都市では、16～22年まで人口が続々と伸びており、

【図表5】2022年ビジネス都市魅力ランキング

1級都市(4)

上海	北京	広州	深圳				

新1級都市(15)

成都	重慶	杭州	西安	武漢	蘇州	鄭州	南京
天津	長沙	東莞	寧波	仏山	合肥	青島	

2級都市(30)

昆明	瀋陽	済南	無錫	厦門	福州	温州	金華
ハルビン	大連	貴陽	南寧	泉州	石家荘	長春	南昌
恵州	常州	嘉興	徐州	南通	太原	保定	珠海
中山	蘭州	臨沂	濰坊	煙台	紹興		

3級都市(70)

台州	海口	ウルムチ	洛陽	廊坊	汕頭	湖州	咸陽
塩城	済寧	フフホト	揚州	贛州	阜陽	唐山	鎮江
邯鄲	銀川	南陽	桂林	泰州	遵義	江門	掲陽
蕪湖	商丘	連雲港	新郷	淮安	淄博	綿陽	菏沢
漳州	周口	滄州	信陽	衡陽	湛江	三亜	上饒
邢台	莆田	柳州	宿遷	九江	襄陽	駐馬店	宜昌
岳陽	肇慶	滁州	威海	徳州	泰安	安陽	荊州
運城	安慶	潮州	清遠	開封	宿州	株洲	蚌埠
許昌	寧徳	六安	宜春	聊城	渭南		

このほか90の市を4級都市、128の市を5級都市にランク付けし、全国337の市を評価している。

出所：第一財経

コロナ禍でも345・6万人の人口増が見られた。このように、従来の中国で頂点とされた1級都市は、今や中国人にとって最善の選択肢ではなくなっている。前述した「人往高処走」の心理が変容し始めているのだ。

さらに解像度を上げて、中国の新1級都市・2級都市の人口変動に焦点を当てると、都市単位の人口流動が新たな特徴を明確に示していることが分かる【図表6】。

新1級都市のうち、20~22年に人口が流入した都市は13都市ある。また、2級都市においても全30都市のうち21都市で人口が流入している。すなわち、広州、深圳、北京、上海といった従来の1級都市で人口が伸び悩む、あるいは既に人口が流出に転じる一方で、新1級都市、2級都市のほとんどで人口が流入しているのである。

新1級都市と2級都市についてさらに深掘りしていこう。

東の長江（揚子江）デルタを見ると、従来、中核都市であった上海の人口が減少した一方で、周辺の衛星都市である杭州、合肥、寧波、南京、蘇州で人口増加が見られる。2級都市でも、長江デルタの嘉興《かこう》、温州、常州、紹興、無錫《むしゃく》で人口が増加しており、長江デルタにおける衛星都市の存在感が強まっている。

南のGBAでは、輸出貿易の低迷や製造業の海外・内陸移転のダメージを受けて、新1級都市の東莞《とうかん》の人口減少が見られる。しかし、近隣の仏山市は広州と隣接している恩恵を受けて、人口増加が見られる。のちに述べる都市フォーメーションの再編によるものである。

中西部の発展も見逃せない。中西部内陸で人口流入が続く都市は武漢、長沙、成都、鄭州《ていしゅう》、重慶、

【図表6】 新1級都市及び2級都市の人口増減

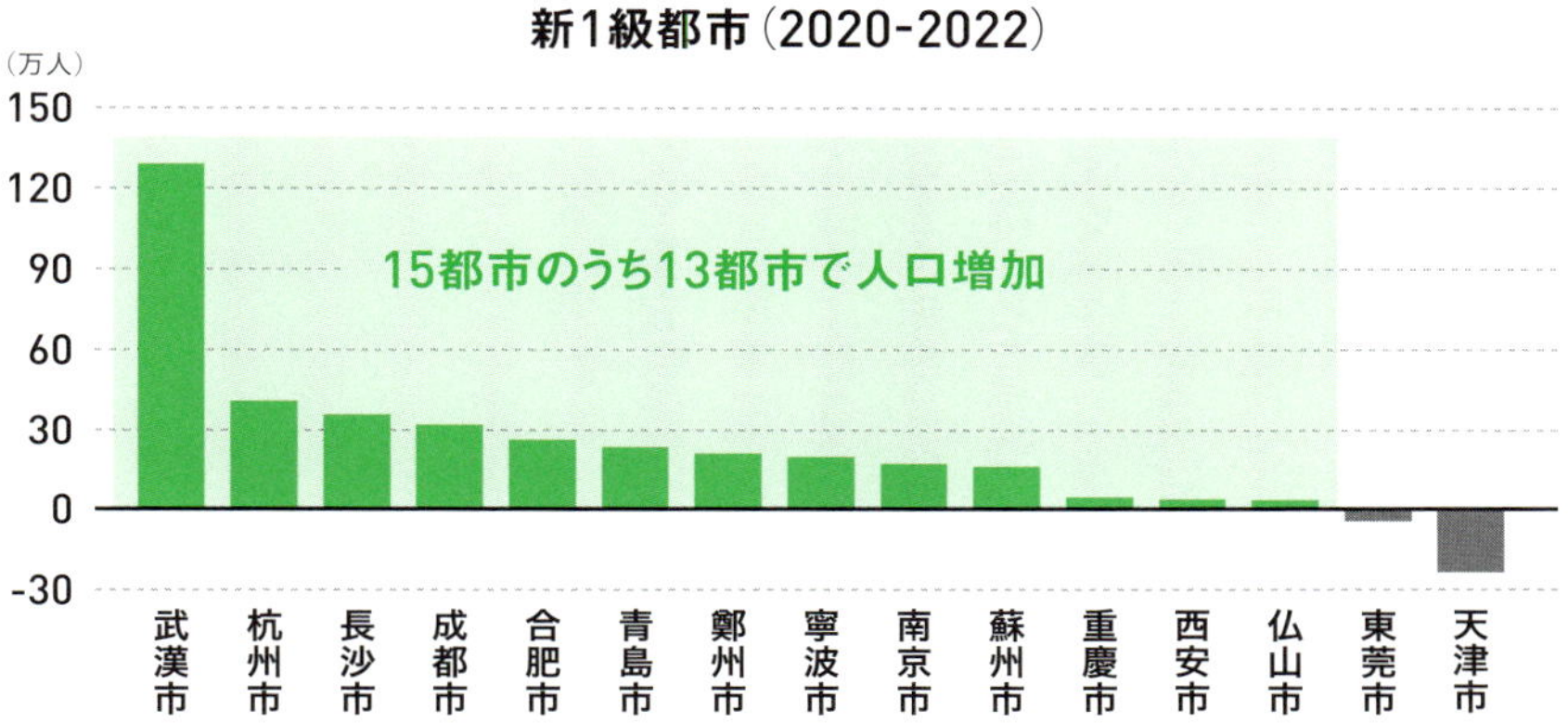

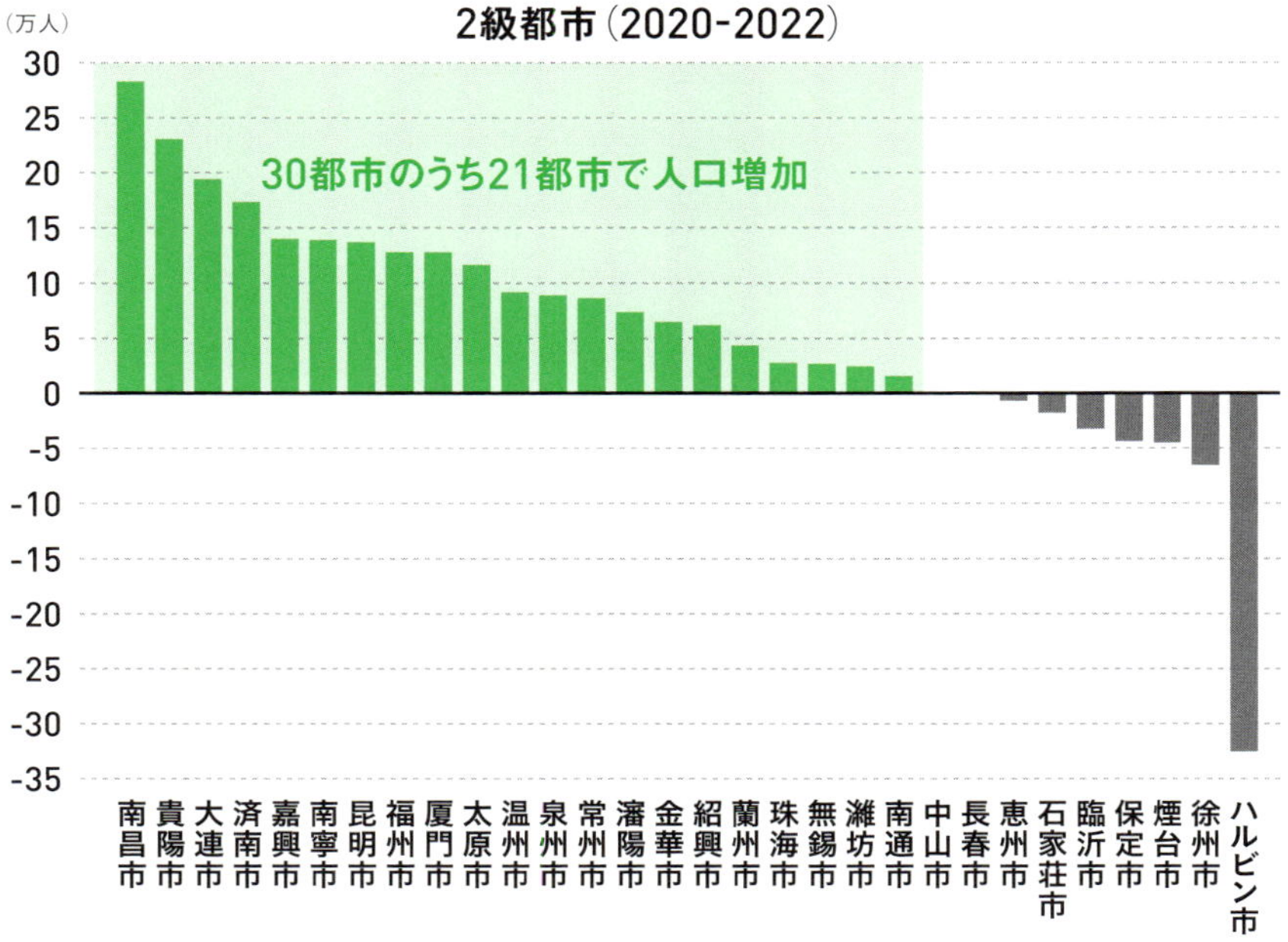

出所：CEICのデータ（“CN: Population: Usual Residence”, 2024年2月1日取得）を基にMonitor Deloitte Institute, Japan作成。一部都市のデータ不備が発生している年度では、Monitor Deloitte Institute, Japanで概算。

西安の7都市もある。さらに、従来知名度が低かった西南部の2級都市の南寧《なんねい》、昆明、南昌、貴陽でも人口が増加し続けており、中国中西部崛起《くっき》（＝抜きんでる）の時代が近いうちに来る可能性は高い。

このように、これまでは「人往高処走」といわれたように、北京、上海、広州、深圳といった1級都市が人口流入の受け皿であり終着地点であったが、コロナ禍後においては、東南沿岸部の中核都市ではなく、その衛星都市や、中西部の都市を目指す「人口の再配置」が進んでいるのだ。

「都市の飽和」と「人材獲得競争」

では、なぜ1級都市への人口流入が止まり、新1級都市や2級都市に向かっていくようになったのだろうか。理由はコロナ禍だけではない。もちろん強烈な上海ロックダウン（都市封鎖）が人々の心理に落とした影響はいまだに続いているが、同様にロックダウンされた武漢では人口増である。単純に説明がつかない。この「なぜ？」をひもといていきたい。

そのキーワードは「都市の飽和」と「人材獲得競争」だ。これまでは、中国経済の急速な発展に伴い、北京、上海、広州、深圳の4大1級都市が、人材と資本を集める重要な役割を果たしてきた。しかし、北京、上海などでは人口が上限に達する「都市の飽和」状態が生じ始めているのだ。生活費用は段々高くなってきている。例えば可処分所得と住居費を比較すると、1級都市の魅力度がそこまで高くないことが分かる。上海と杭州を例に説明しよう【図表7】。

【図表7】中国各都市の消費支出

	北京	上海	杭州	南京	仏山	成都
① 1人当たり平均可処分所得（2022年）	84,023元	84,034元	77,043元	76,648元	65,417元	54,897元
② 平均年間家賃（2022年）	45,600元（約3,800元/月）	43,200元（約3,600元/月）	21,600元（約1,800元/月）	16,800元（約1,400元/月）	15,600元（約1,300元/月）	14,400元（約1,200元/月）
①－②	38,423元	40,834元	55,443元	59,848元	49,817元	40,497元

出所：CEICのデータ（“Disposable Income per Capita”、2024年6月24日取得）及び澎湃ニュース“主要30都市家賃ランキング”（2023年5月11日）https://m.thepaper.cn/newsDetail_forward_23038836を基に、Monitor Deloitte Institute, Japan作成。

上海では、他人とシェアハウスで暮らす若者が珍しくない。一人暮らし用の1Kや1LDKの部屋が少ないばかりか、普通の2LDKの家賃だけで6000元（日本円で約12万円）もかかり、月収1万元程度の所得の低い若者が1人でアパートを借りて暮らすのは容易ではないからだ。さらに、住居費だけではなく、飲食費も高い。上海の外食は普通に1回30元（600円）を超える。他の新1級都市では、20元以下の定食が普通であり、その差は大きい。

その一方で、「人材獲得競争」はより激しくなっている。日本では中国での就職難がもっぱらニュースになっているが、実は23年の旧正月後、各地で企業の労働力需要を確保するための人材の争奪戦が見られた。

広東省の仏山市と中山市、浙江省の寧波市、江蘇省の無錫市、福建省の福州市を含む多数の大規模な労働力需要がある新1級・2級都市が、他の地域から労働力を引き寄せ、人手を獲得しようと動いた。

それらの都市では、求人イベントを労働者の自宅前で実行したり、各都市の説明会やライブコマースを応用した「ライブ募集」を行ったりして、求人をより迅速に、就職をより便利にして、企業や求職者にアピールした。採用確定後は、地方政府が飛行機や車で迎え、労働者を雇い入れるなど、文字通り「家の前から工場の前まで」のシームレスな手厚い対応だ。

加えて、新1級・2級都市での公共サービスが改善されてきており、就職などに関して魅力的な優遇政策が提供されているのだ。

中国の求人プラットフォームのレポートも、こうした状況を伝える。中国大手求人プラットフォームのLiepin Group傘下のシンクタンクは〝杭州市22年人材流入人物像〟というレポートを発行している。そこでは、22年に杭州市に流入した人材が、どこから移動してきたかをまとめているのだが、上海と北京から来たという回答が最も高い割合を占めており、それぞれ18・36%、8・92%となっている。[23]

このように、中国の1級都市では「都市の飽和」状態が生じる一方で、新1級・2級都市では「人材獲得競争」が起きているのだ。特に、労働集約型産業が多い新1級・2級の都市や地域では、コロナ禍後の生産再開、新たな注文の急増状況に際し、人材確保が喫緊の課題だった。その一方で、コロナ禍の大都市部におけるサービス産業の低迷などで、農村地域に帰郷を余儀なくされていた人たちがおり、コロナ禍収束後に再び大都市部へ移動する動きも加速した。

労働者人口の一部が、既に「都市の飽和」状態が生じた1級都市から、よりよい仕事と生活を求めて、「人材獲得競争」の中で呼び込む新1級都市や2級都市に移っていくのは当然といえる。

1級都市で起きている〝人口の入れ替え〟と都市間競争

ただ、1級都市が人口減少で衰退に向かうかといえば、それは違うようだ。都市の人口容量は、交通インフラや交通量、病院や学校などの公共施設のキャパシティーなど多くの要素から成る総合的な結果である。

その点で、1級都市の人口規模は一定水準に達したが、次はその人口の「質」的向上に関心が向いているようだ。つまり、一般的な労働者層が流出する一方で、高学歴者や専門的技能者などの流入が増えるという〝人材の入れ替え〟が進み、質量合わせた人口の総合競争力をむしろアップさせている。

深圳を例に取ると、面積は約2000㎢、常住人口は1800万人。[24] 1㎢当たりの人口は約9000人と、既に人口過密状態であることから、人口流入は極力減らしていくという方針だ。

深圳市は21年5月、転入者の「都市戸籍」獲得のための申請基準変更案を発表し、これに対する意見も募集した。例えば、「学歴要件を専門学校卒から全日制大学卒に転入基準を引き上げる」「配偶者転入要件は、結婚期間と転入先の深圳での滞在期間を2年から5年に調整する」、また「高齢者（親）の転入要件」は、「子女が深圳に8年間滞在していた」から「15年間滞在」に引き上げられ、「子供が深圳で連続して15年間社会保障費を支払っていること」が追加要件となる、といった内容で人口を絞り込んで人口流入を調節しつつ、「質」のアップを図っていきたい考えのようだ。[25]

21年の同市総人口は増えていないが、市の発表によると、市全体の各種専門技術者は

【図表8】1級都市（深圳）における人口の絞り込み

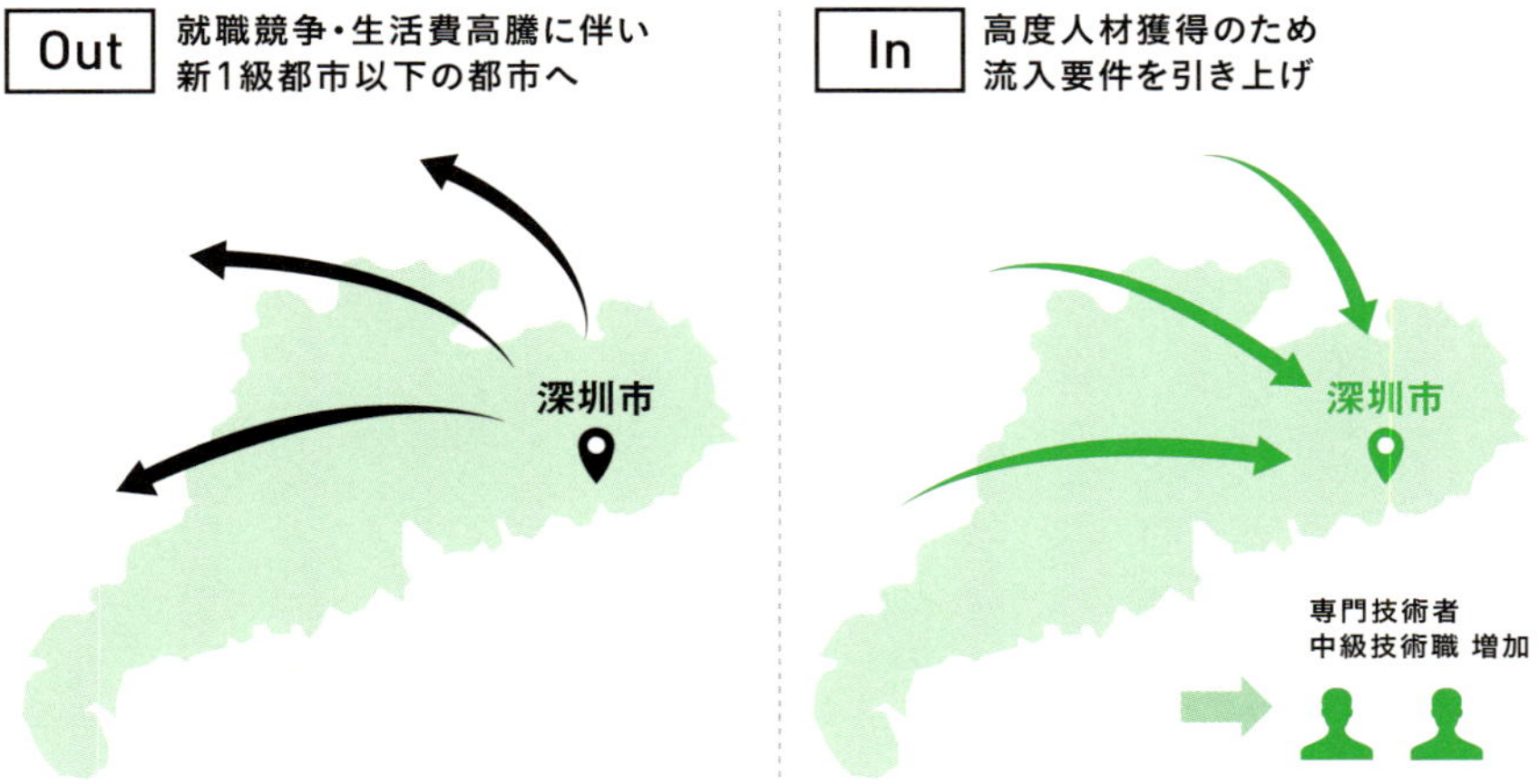

出所：Monitor Deloitte Institute, Japan作成。

216万6300人で、前年比9・4％増、そのうち中級技術職（学校講師、サービス業の会計士、税理士、製造業のエンジニアなどに相当）以上の専門技術者は61万7000人で、7・1％増としている。[26] 23年末時点の数値を見ても、技術者人口増加のトレンドが継続している。[27] 深圳市のような1級都市は、「人口ボーナスの追求」から「人材ボーナスの追求」段階へと進んでいるようだ。近い将来、新1級都市と2級都市も同じ道を選択することになりそうだ。

以上、中国の人口動態を増減ではなく移動という観点から、中国300の都市を分解する作業を行った。ここでは、次に見るべきセンターピンといえる新1級都市の台頭と背景を見てきた。次に、新1級都市の中でも、特にユニークな成長を遂げている3つの都市（都市圏）を紹介したい。

3 センターピン都市の実像

〈ケース1〉杭州市で起きている爆発的拡大

わずか20年で面積が10倍以上、人口も6倍となった都市がある。[28][29] 浙江省杭州市である。中国の高度成長期はマクロでは終わっているが、分解してみると、信じられない成長を遂げている大都市がある。

杭州市は、杭州市区とその他の市、県、農村部に分かれる。杭州市の常住人口（市区、その他の市、県、農村部の全てを含む）は２０００年頃は７００万人弱であったが、現在は約１２００万人。このうち杭州市の市区のみの常住人口は１７９万人から１０３９万人に拡大してきた。[30] 文字通りメガシティ（１００万都市）からギガシティ（１０００万都市）に変貌を遂げた都市である。

杭州は古都として歴史的な遺跡も数多く、何よりも西湖を取り巻く風光明媚な景勝地である。絹や龍井《ロンジン》茶の生産地としても知られている。だが、こうした印象は一昔、二昔以前のものだろう。無論、その面影は随所にとどめているが、実は過去10年間の杭州は中国のＩＴ（情報技術）発展の牽引《けんいん》役であり、名実ともに中国きってのＩＴ都市となった。それに伴い、政府から企業への大規模な投資、商業誘致、基礎インフラの構築、生産生活エリアの建設などが活発に行われている。筆者も何度か同地を訪れたが、そのたびごとに発展ぶりに目を見張らされた。

杭州の劇的な発展は、市区面積（都市部のみ、郊外の３県は除く）の変化からもうかがえる。

【図表9】杭州市（浙江省）

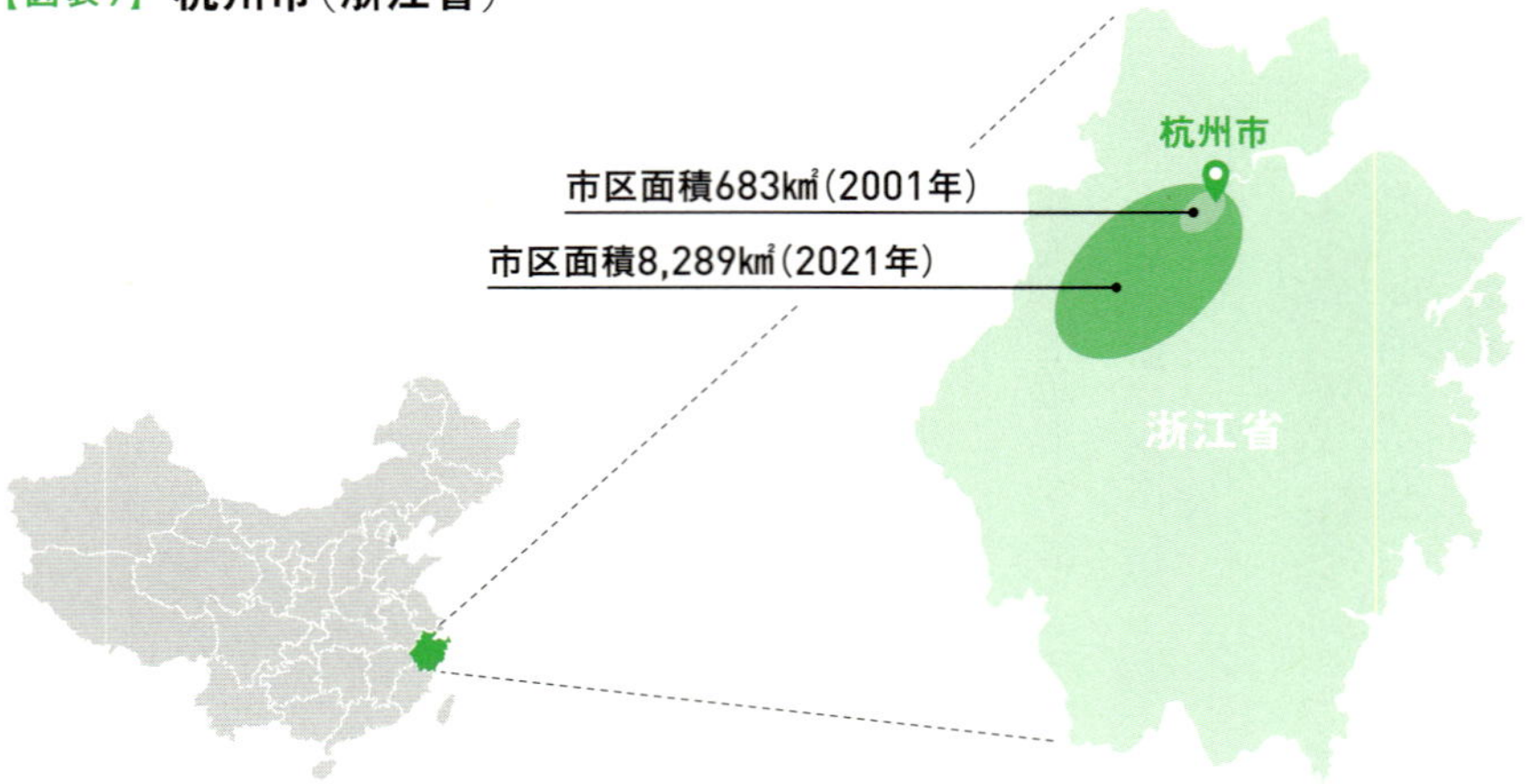

出所：Monitor Deloitte Institute, Japan作成。

01年まで、杭州の市区面積（杭州市のうち、市区以外の市、県、農村部の面積を除外したもの）は６８３㎢（６区）だった。[31] 同年に杭州の東南部に位置する蕭山《しょうざん》市（杭州空港の所在地）と西部の余杭市（アリババ本社所在地）が杭州市の市域計画に組み入れられて、蕭山区、余杭区となり、市区面積は３０６８㎢（８区）に拡大した。[32] 15年には西南部の富陽市、[33] 17年には西北部の臨安市[34]も編入されて、面積は８００３㎢（10区）へと拡大。21年、さらに行政区分合併と拡大調整を行い、[35] 面積は今の８２８９㎢（東京都区市町村全域の４倍弱）となっている。[36] わずか20年間で、市区面積は12倍に広がった。

その基礎インフラの建設はどうか。13年以前は杭州にはたった１本の地下鉄路線しかなかった。それが10年後の23年末時点では、12の地下鉄路線に増え、合計２６０の駅が設置され、総運行距離は５１６㎞に達している。[37][38] わずか10年間で、東京メトロと都営地下鉄を合計した運行距離の巨大地下鉄網が完成したというわけだ。

杭州出身の中国の友人の話も、この都市の劇的な発展を感じさせる。5年ほど米国で仕事をして久々に帰郷し、空港から市区へと、いつも通りタクシーを使った。下車の際、タクシードライバーから「なぜ地下鉄を使わないのですか？」と聞かれ、そこで初めて空港からの地下鉄新路線が開通していたことに気付いたというのだ。「地下鉄を使えば7元（日本円で約140円）で移動できたのに、タクシー代で150元（約3000円）も払ってしまったよ」と。

びっくりしたのは、当の中国の友人より、筆者の方だった。この5年間といえば、コロナ禍で世界中が震撼していた時期と重なる。しかも杭州は中国の中でも、元々発展を遂げていた。日本では地上の軌道でも、5年間では新路線1本すら開通できないだろう。用地確保だけでも難しい。それに難工事も伴うであろう地下鉄となれば、工期の点でも難題だ。

杭州の都市としての大発展は、短期間での地下鉄路線の大増設を含め、やはり中国ならではの話だ。日本では、企業誘致のための工業団地造成などは各地に例があるが、その場合、予定地の確保、用地買収や既住者の説得、立ち退きなどにかかる費用や手間暇はかなりの負担だ。このため造成地の規模は限定的となってしまいがちだ。

しかし中国の場合、土地は基本的に全て「公有」であり、一党独裁の中央集権国家であるため行政権限も強力だ。それこそ「号令一下」ではないが、課題遂行のスピード感も日本とは大違いだろう。極端な例かもしれないが、かつて中国国内での公共事業の際だったか、土地立ち退きをあくまで拒否していた人たちの家屋や建造物を、当人らの目の前でブルドーザーで強引に押しつぶす映像を見たことがある。同様の映像を見た方もいるだろう。つい最近も、コロナ禍で大都市における長期のロックダウン強行を目の当たりにした。

杭州の急発展は中央政府が地図上で区域を描いて、「これが新しい市区の範囲だ」と決め、「さあ、どうぞ」と地元に丸投げして完成したわけではない。浙江省や杭州市の地方政府がタッグを組み、必要な費用負担をサポートし、企業・住宅用地の準備、公共インフラの整備、進出する企業で働く人たちの住宅確保といった一連の段取りを行った上で、進出企業が事業をスタートさせてきた。計画経済の国だから、どの地域の開発でも同様の手法だろう。

ただ上記のような土地整備、地下鉄などのハードインフラ建設もさることながら、都市のソフトパワーを示す企業活動や雇用人口が適正状態にあるかどうかは、より重要だ。

杭州の場合、例えば前述したようにかつての余杭「市」を余杭「区」として組み入れている。この新都市はアリババを中核に、未来の科学技術産業の集積地とすることを目標としている。この地域は11年に中央政府によって「未来科技城」と命名され、13年に開発が始まった。10年前、この地域がまだ荒地や沼地であったとは、今では全く想像できないが、現在はここがアリババ本社地（99年）となっている。[39] 関連する産業やオフィス施設は既に活発に動いており、アリババ関連ビジネスのサプライチェーン上の中堅企業も多数存在している。アリババ本社だけで、2万人超の高収入労働者を引き寄せ、新流入者が次々と杭州に定住し、高級住宅を購入しているのだ。

その住宅であるが、19年から21年にかけて、杭州のアリババ余杭区が位置する「未来科技城」周辺の不動産価格は当初1㎡当たり3万元だったが、数年間で5万~7万元に上昇した。杭州では、「アリババに便乗して不動産を購入する」というのが、いわば成功の鍵と見なされてきた。このアリババという、インターネット大手企業の急発展は人口と富の集積をもたらし、周辺の不動産価格を押し上げたのだ。[40][41]

しかし逆にアリババの不振・低迷は、この地域の不動産市場を揺るがす要因となる。22年、インターネット不況が中国を襲い、アリババが最初にその矢面に立たされた。組織再編と人員削減を密《ひそ》かに実行したことで、余杭区周辺の不動産価格は突如暴落し、一時はかつての3万〜4万元に戻った。しかし23年後半以降、アリババが復調するにつれて、杭州市内の不動産価格の下落も止まり、前述したように今は価格上昇に転じつつあるのだ。[42]

この杭州の不動産市場の揺れ動きは、報道で見聞きする恒大集団に象徴される不動産開発業者の債務問題などが引き起こす、いわゆるバブル崩壊のロジックとは全く違うように見える。それこそ杭州の不動産価格のアップダウンは、大企業の経営状態に連動して上下に変化していると言っても過言ではない。

〈ケース2〉広州と仏山の「同城化（一体化）」で生まれる広域大都市

広域大都市化というと、日本では人口100万を基準とする「政令指定都市（政令市）」方式が浮かぶ。日本の場合、周辺市町村が合併して政令市になれば、道府県並みの独自の権限を有し、行政管轄地域も「区」単位になる。しかし政令市になったことを契機に、都市そのものが活力を得て大発展するといったケースはあまりないのではないか。さいたま市が旧大宮市に「さいたまアリー

【図表10】広州市及び仏山市(広東省)

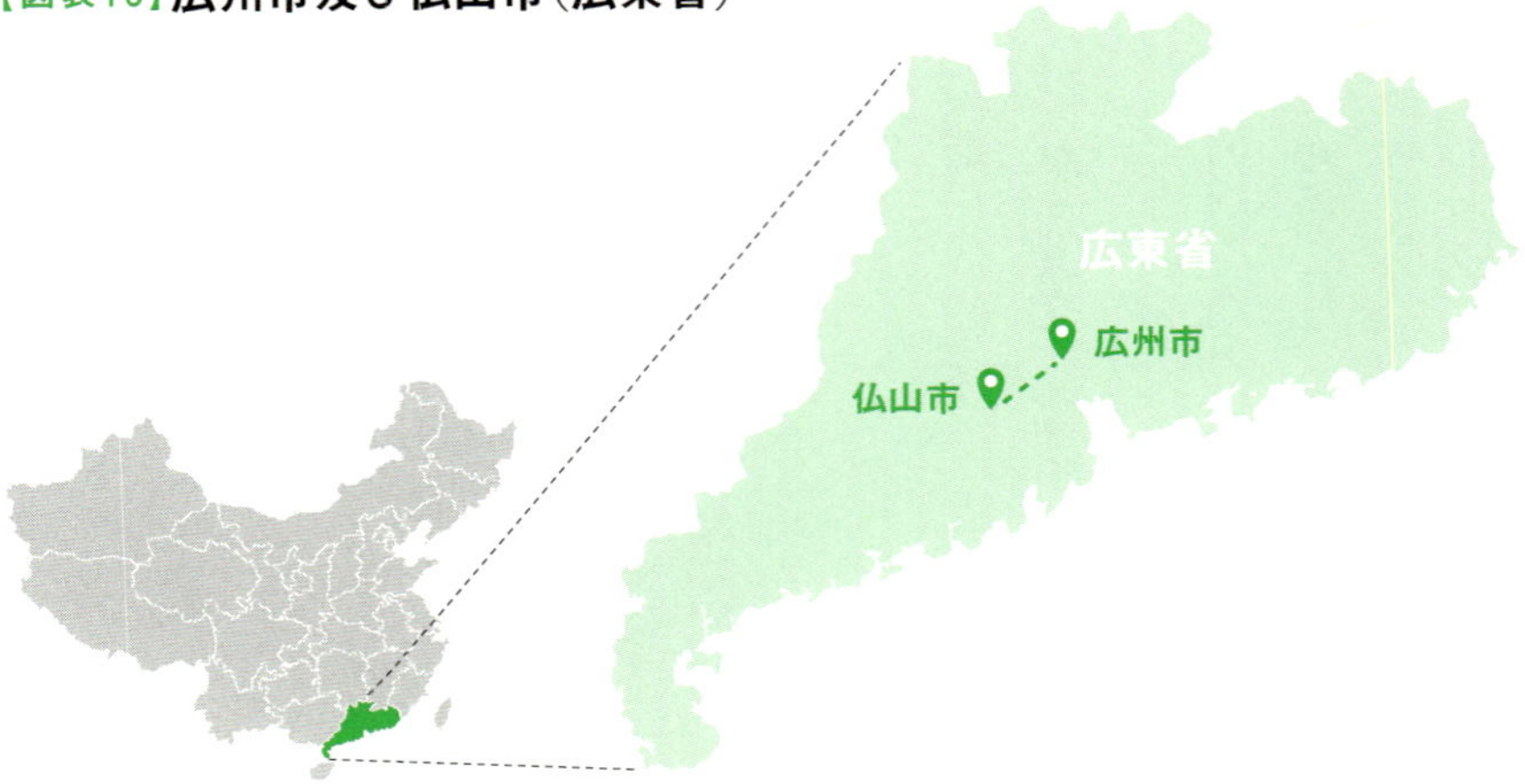

出所：Monitor Deloitte Institute, Japan作成

ナ」をつくり、市としての発展のバネとしたのは数少ない成功例だろう。

中国では、中央政府の「第14次5カ年」に倣《なら》い、例えば中央政府直轄市としての「上海市第14次5カ年」「北京市第14次5カ年」、また各省ごと、あるいは大都市ごとに同様の「5カ年計画」を定めている。それら文書の都市計画部分に頻繁に目にするのが「同城」「同城化」といった言葉だ。「城」は「都市」を表す。「同城」は都市同士、より広範囲な省と省、また省と他省内の都市との連携による広域大都市化といったことを指すようである。つまり自治体同士の合併ではあるのだが、日本の政令都市スタイルとはスケールも質も桁違いに大きい。

具体的に「同城化」が何を意味し、実際に何をもたらすのか、広州市と仏山市が22年8月に発表した「広仏全域同城化第14次5カ年計画」を例に見てみよう。[43]広州市は広東省のみならず、華南地域全体の経済、文化、教育、交通などの中心都市の一つであり、「北上広深」として北京、上海、深圳とともに「1級都市」として4大都市の一つに数えられる。

広州・仏山両市は、珠江デルタの中心地域に位置し、地理的にも隣接し、長い協力関係の歴史を有し、経済的・社会的発展が密接に関連し合ってもいる【図表10】。国が定めた行政区分をまたぐ都市連携の取り組みは実は全国初である。広仏両市の競争力を全面的に向上させるために、粤港澳大《えっこうおうだい》湾区《わんく》(香港・マカオ・広東省の9都市〈広州・深圳・仏山・東莞・恵州・中山・江門・珠海・肇慶《ちょうけい》〉)に世界レベルの都市を築き、質の高い大都市化と経済発展を築く方針を打ち出したのである。

全国の「同城化（一体化）」のトップランナー

全国で最初に「同城化」つまり一体的広域都市圏化を実施するパートナーとして、広州と仏山は09年から市政府間の協力関係を築き、まるで2つの国が共同声明に署名するような形で「戦略協力協定」に署名した[44]。さらに一層の全面的発展を促進するため、22年に「広仏全域同城化第14次5カ年計画」を策定して、基礎インフラ、交通物流、注力産業、生態環境、公共サービス、人材・知的財産連携などの面での全面的協力関係を深めていくと決めた。

同計画では、25年までに広仏地域の総生産額を約5兆元（約100兆円、22年は2都市合計で4・15兆元）に到達させる、としているほか、両市の中心区間の30分アクセス、全域1時間アクセスを実現し、両市間の学習、就職、起業、生活がより便利になることを明確化し、全国の「同城化」実践の最先端、トップランナーになる、としている[45]。

中国の諸都市は、〝出世競争〟にも似た、〝追いつけ、追い越せ〟型の都市間競争が盛んであり、それも新たな活力を生み出す、一つのバネになっているようだ。

広仏両市に見る変化の兆し

広仏両市は「同城化」事業の具体化として、まず中国初の都市をつなぐ広仏地下鉄線（10年11月開通）を走らせている。実際、広仏地下鉄線に乗ると、広州市中心から仏山市中心までわずか30分しかかからない。25年の目標の一つは既に達成したというわけだ。現在、1日当たりの乗客数は50万人を超える。[46]

地下鉄だけでなく、21年時点で、両市をつなぐ3つの新しい橋梁建設も開始した。両市貫通の主要道路は30本に達し、さらに建設中の道路プロジェクトは3つ、計画中のものは8つある。地下鉄や都市間鉄道は3本完成し、さらに3本が建設中、5本が計画中だ。バスは95便の広仏バス路線が開通しており、バス路線網は基本的に完成、といったダイナミックさだ。[47]

都市間の交通網発達は不動産取引などの投資も促している。裕福な広州人や香港人の不動産購入に新たな選択肢を提供し、広仏両市の境界周辺にある多くの不動産の価値を引き出し、周辺物件の価格上昇をもたらした。仏山最大の人工湖である千灯湖周辺は典型例だ。11年には周辺住宅価格が1㎡当たり1万元（約20万円）程度だったが、現在では中古物件が既に4万～5万元を超えている。さらに現在販売中の新築高級住宅は、価格が1㎡当たり8万～9万元に達し、仏山全体の価格の頂点となっている。現在の仏山の平均的な住宅価格は、実際には1㎡当たり1万〜2万元に過ぎないので、今後、広仏同城化がさらに進んでいくと、仏山の不動産価格もより上昇する余地がある。[48]

産業面では、発達した製造業基盤が広仏両市の共通の特徴である。両市は元々競争関係にあった。広州はサービス業（特にＩＴ）と技術研究の分野で、仏山は製造業の規模と市内に抱える産業の種類やサプライチェーンの分野で、それぞれ優位性を発揮し、広州が「技術イノベーションの中心」、仏山が「製品化の中心」となる将来像を形成しつつある。広仏両市は先端装備製造、自動車（ＥＶ含む）、次世代情報技術、バイオ医薬などの4つの兆元レベルの産業クラスターの共同建設を深めている。製造業としては、仏山南部に本部を置く家電大手の美的集団（Midea グループ）が知られている。

美的集団は総合家電メーカーであるだけでなく、既に16年に世界4大産業ロボット企業の一つであるドイツ系ＫＵＫＡ（クーカー）を買収し、伝統的な家電製造業からスマート装備製造業への移行を実現している。[49]自社の家電工場では、ＫＵＫＡの技術を生かして自動化・知能化を大幅に向上させているだけでなく、同時にＫＵＫＡを製品として、他の製造業顧客に販売している。例えば、同じく仏山に位置するフォルクスワーゲンのＥＶ工場では、生産ラインに美的集団のＫＵＫＡロボットアームの姿が見られるのだ。

実際に美的集団は「広仏同城」によって恩恵を受けている。同社の最初のスマート製造工場は広州で設立され、この地のＩＴとスマート製造分野の豊富な人材を活用することで生産効率を大幅に向上させた。20年には、先端技術を生かした製造やリーダーシップを評価する世界経済フォーラムの「グローバル・ライトハウス・ネットワーク」モデル工場の一つに選ばれた[50]。

個別事例だけではなく、産業の集積すなわちクラスターという視点で見ても、ユニークだ。22年11月、中国政府の工業情報化部は国として「45個先進製造業産業集群」（「中国製造２０２５」の産業とほぼ一致）を指定した。クラスター自体は新鮮な話ではないが、注目されるのは行政区分の市をまたぐ産業群[51]が多数存在している点だ。特に広東省では7個のクラスターが指定されて、そのうち2つが広州と仏山をまたぐクラスターであり、都市間連携の典型例となっている[52]。

人材供給についていえば、広仏同城化の進展に伴い、数十万人の労働者が２つの都市間を行き来し、「双城生活」（2都市での生活）が常態化している。元々仏山は製造業が盛んで、工場労働者が多かったが、現在の仏山は既に「広州人材」の第2の流入都市となっている[53]。

ここで言う広州人材は工場労働者だけでなく、技術人材も指す。広州では、広州大学など地元校だけでなく、香港科技大学のような名門校も地元の広州市政府と協議して、その学術・技術機能を広州に提供することを奨励している。その結果、仏山に大量の技術人材が集まるようになり、人材確保につながっている。特に注目すべきは、広仏の「第14次5カ年計画」の中の、「共同で協調補完的な現代産業体系の構築」という項目だ。「人材資源のスムーズな移動の推進のために、広仏両市は牢固とした戸籍制度の大改革を図る」ことも提案している[54]。

ここで強調したいのは、経済力を考える際、国や都市それぞれを単体で見るだけでは分析不足・不十分ということだ。中国を見る上で知っておきたい「同城」という形態、つまり一体的都市連携は、上記の広東省内2大都市の広州と仏山だけでなく、長江デルタ地域でも起きており、かつ省内

【図表11】南京市（江蘇省）及び蕪湖市・馬鞍山市・滁州市（安徽省）

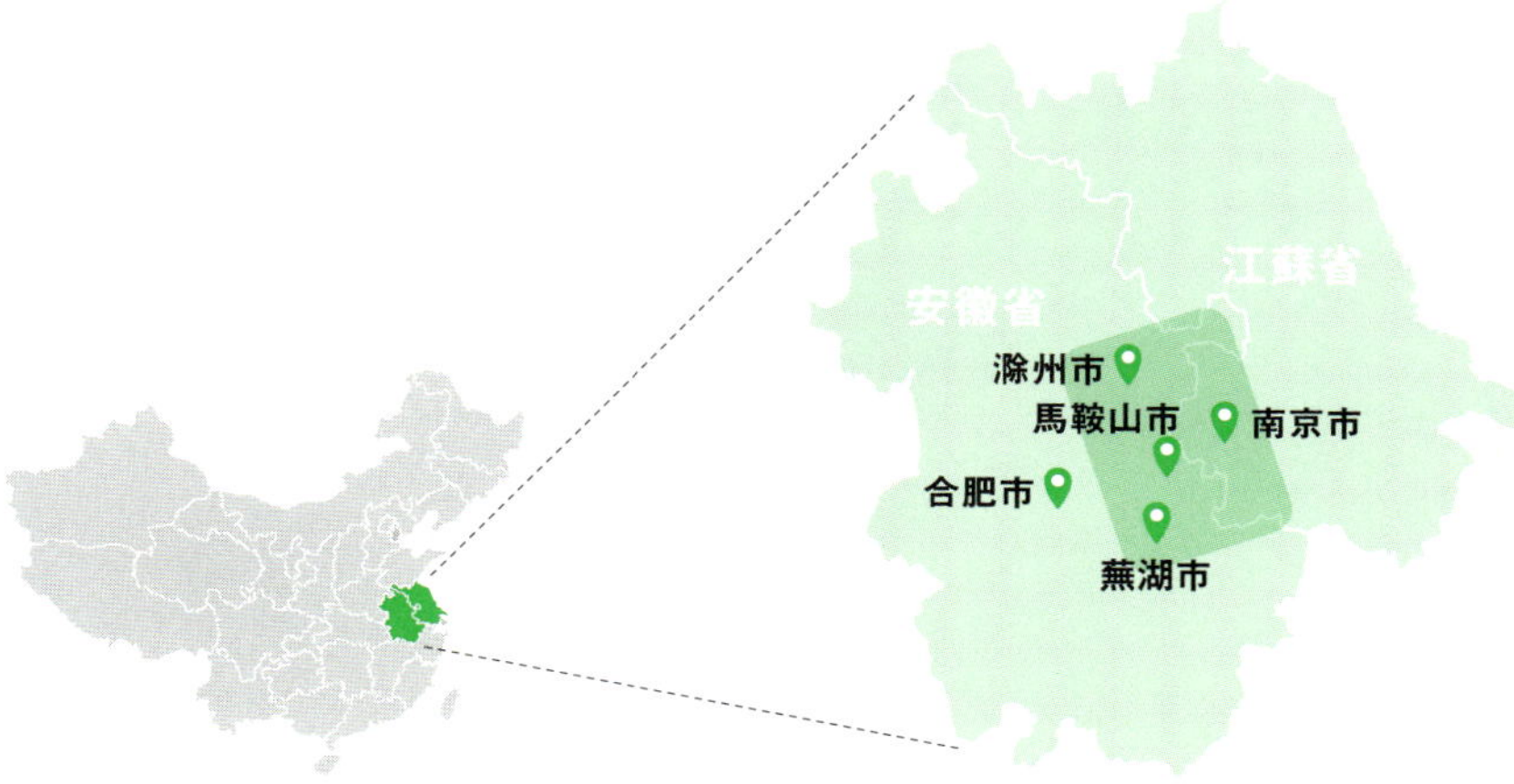

出所：Monitor Deloitte Institute, Japan作成

のみではなく、省までもまたぐ大都市経済圏の形成が現に進められているのだ。

〈ケース3〉南京と「蕪《ぶ》・馬《ば》・滁《じょ》BOYS」：省をまたぐ都市圏

安徽省東部には、あまり知られていない3つの都市がある。蕪湖《ぶこ》（人口373万人）、馬鞍山《ばあんざん》（同219万人）、滁州《じょしゅう》（同405万人、江蘇省の徐州市とは別）である。[55] この3都市は、江蘇省の省都である南京市と隣接している【図表11】。

蕪湖、馬鞍山、滁州は安徽省の都市にもかかわらず、省都の合肥よりも、省を超えた南京と近い関係にある。この地域の人たちに「出身はどこですか？」と聞くと、半ば冗談、半ば本気で「江蘇省南京市です。そもそも我々は、南京テレビや揚子晩報（江蘇省内のマスコミ企業。本社は南京、主に江蘇省内各都市の情報を発信）を見ている。新型コロナウイルスの患者数を発表する

【図表12】新幹線で移動した場合の時間と運賃

区間	所要時間	運賃
合肥 → 蕪湖	47分	60元
合肥 → 馬鞍山	113分	107元
合肥 → 滁州	該当なし	

VS

区間	所要時間	運賃
南京 → 蕪湖	36分	35元
南京 → 馬鞍山	18分	17元
南京 → 滁州	18分	27元

出所：中国高速鉄道チケット販売サイト（2024年2月）を基にMonitor Deloitte Institute, Japan作成

際にも、市政府はわざわざ〝南京は省外として数えられる〟と特別に注意を促していたよ」と話す。彼らは自分たちを南京都市圏出身の〝蕪《ぶ》・馬《ば》・滁《じょ》BOYS（ボーイズ）〟であると称する。つまり、関係が薄い親（合肥）よりも、仲が良い兄貴（南京）に親しみを込めたしゃれだという。

インフラ面でのこれらの都市のつながりを、具体的に見てみよう【図表12】。〝蕪・馬・滁BOYS〟と合肥、南京の間の新幹線の移動時間と運賃を比較すると、南京の方が時間も短く、運賃も安い。

実は新幹線だけではなく、南京と3都市を結ぶ地下鉄も建設中だ。最も近い滁州と南京の地下鉄はほぼ完成しており、蕪湖と馬鞍山でも25年に南京市と地下鉄を運営する予定だ[56]。

経済成長の観点で見ると、蕪湖・滁州・馬鞍山の3都市は、それぞれ安徽省内で2位、3位、6位である【図表13】。3都市は、経済成長性でも直近2年は安徽省全体を上回っている。21年には、蕪湖が省都の合肥を抜いてGDP成長率11・6%で全安徽省をリードし、22年では滁州が5・5%の成長率でリーダーとなっている。〝蕪・馬・滁BOYS〟は安徽省の成長トップ都市といえる。

安徽省16都市の直近6年の人口動態を見ると、省都の合肥市以外、12都市で人口が流出しているが、蕪湖、馬鞍山、滁州の3都市は数少ない人口

【図表13】安徽省上位10都市の実質GDP成長率

順位	都市名	経済規模（2022年）	実質GDP成長率（2021年）	実質GDP成長率（2022年）
1位	合肥	12,013億元	9.2%	3.5%
2位	蕪湖	4,502億元	11.6%	4.1%
3位	滁州	3,610億元	9.9%	5.5%
4位	阜陽	3,233億元	9.0%	3.9%
5位	安慶	2,767億元	6.6%	2.9%
6位	馬鞍山	2,521億元	9.1%	4.6%
7位	宿州	2,225億元	8.5%	3.9%
8位	亳州	2,102億元	-2.1%	4.2%
9位	蚌埠	2,012億元	8.6%	2.0%
10位	六安	2,005億元	11.0%	4.2%

出所：安徽省各都市統計局のデータを基にMonitor Deloitte Institute, Japan作成。

【図表14】安徽省各都市における人口増減（2020〜2022）

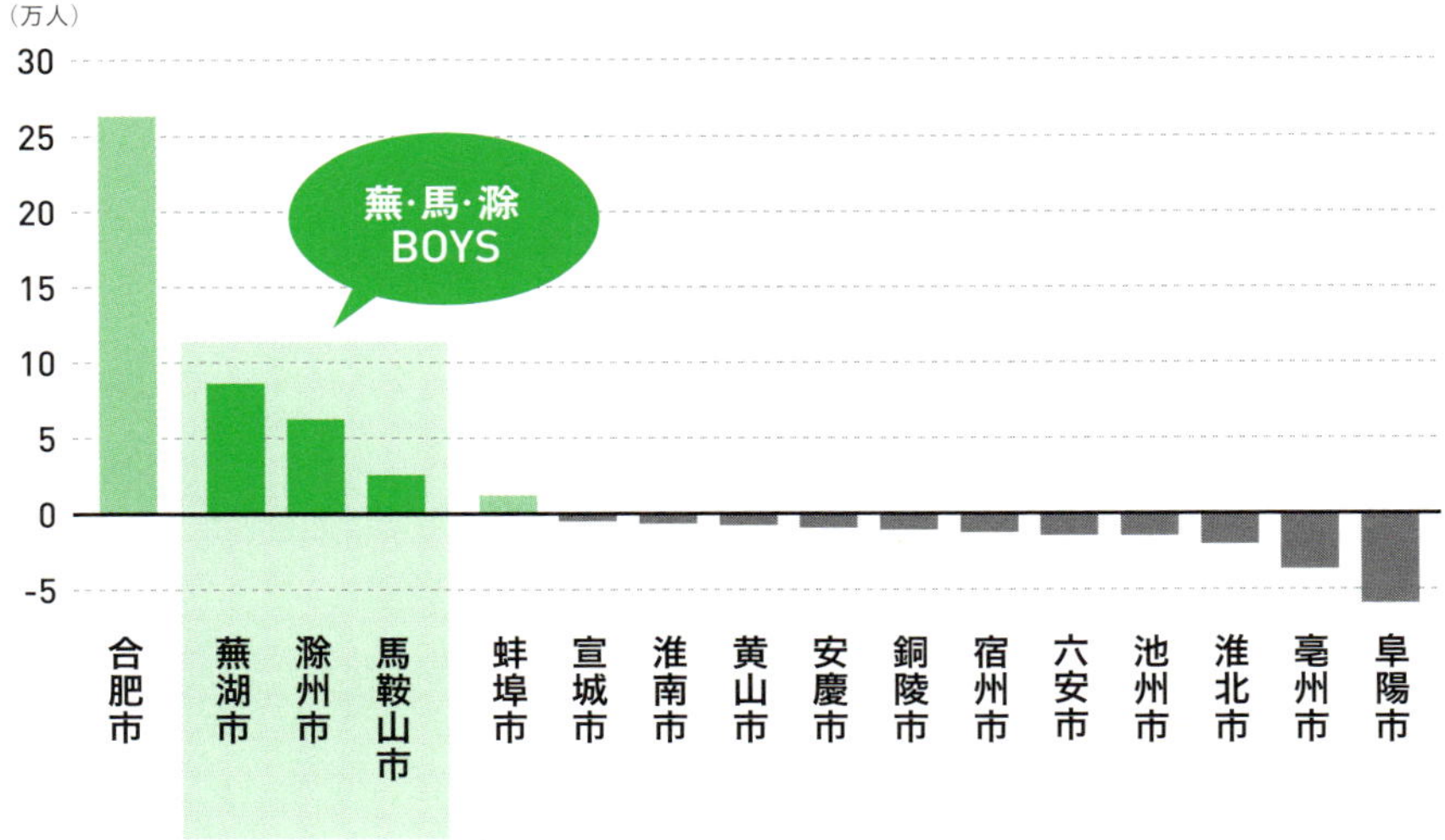

出所：CEICのデータ（“CN: Population: Usual Residence”, 2024年2月1日取得）を基にMonitor Deloitte Institute, Japan作成。
一部都市のデータ不備が発生している年度では、Monitor Deloitte Institute, Japanで概算。

流入都市だ【図表14】。南京都市圏のおかげで、人口も安定しており、経済成長の基盤は強固となっている。

日本人にはなじみが薄いかもしれないが、この3都市は合計すると、人口1000万人弱、GDP1兆元超の巨大経済圏となるのだ。

〝蕪・馬・滁BOYS〟の経済成長をサポートすることで、南京にとってはどのようなメリットがあるのか。ずばり、南京市の狙いは産業シナジー（相乗効果）だ。企業は南京に本社を置き、生産拠点を〝蕪・馬・滁BOYS〟で展開したがっているのだ。

〝蕪・馬・滁BOYS〟の産業構成を見ると、二次産業の割合は50％近く（蕪湖47・6％、馬鞍山49・5％、滁州48・9％、21年）に上る。また二次産業の成長率は驚くほど高い（蕪湖11・9％、馬鞍山10・1％、滁州9・5％、21年）[57]。人件費は当然南京より低い。南京から距離が近くて、これ以上製造拠点に向いているところはない。

column

PE（プライベート・エクイティ）ファンド化した合肥市

安徽省の〝蕪・馬・滁BOYS〟は、安徽省の省都である合肥市ではなく、お隣の江蘇省の南京市と連携を深めた。では、新1級都市の中でも合肥市は目立たないのかというと、実は真逆だ。合肥市も独自の発展を遂げているのである。

「合肥市に企業の本部を移すと、３００万元（約６０００万円）の報奨金が与えられる！」

——安徽省の省都・合肥市に関し、数年前から、こんなニュースが飛び交っていた。他都市でまず聞かれない、露骨な企業誘致策だ。合肥市は、長江デルタにある経済先進都市群の中では存在感はかなり薄い方だった。というのも、経済規模・産業競争力・インフラ・人材面で、長江デルタに存在する数多くの先進都市（上海、南京、蘇州、杭州、寧波など）と互角でなかったので、中央政府は、これまでの地域戦略において、長江デルタ区分の中に安徽省（合肥市を含む）をそもそも入れていなかった。

16年になって、中央政府は段階的に都市群戦略を展開し、合肥市を含む安徽省の一部を長江デルタの区分に新たに追加した。[58] 合肥市にとっては、他地域から来た転校生のような気分だったであろうし、経済都市の一員であるとの自己証明をしないと、区域内で孤立し置き去りにされる可能性もゼロではなかったので、必死の気持ちで、上記のような〝報奨金策〟も打ち出したのだろう。

合肥市政府は、上記のような圧力や危機感から、市財政のかなりの部分を企業誘致に割くことにした。そのかいもあってだろう、ディスプレー大手の京東方科技集団（ＢＯＥ）や中国ＥＶの御三家の一つ上海蔚来汽車（ＮＩＯ）などを育成することができた。また合肥市は25年までに、本部企業の数を１５０社以上に増やし、３年間で倍増させるとし、長江デルタ地域における企業本部地の集積地となることを目指している。

合肥市のGDPは08年時点では1994・59億元（約4兆円）だったが、20年には初めて1兆元（約20兆円）の大台に乗せて一気に全国の都市のGDPランキングでトップ20入りした。さらに22年には1・2兆元を超えた。[59] 合肥の成功は都市の拡大と、産業のアップグレードの結果である。合肥市にとって、プロジェクトの推進は投資リターンを共有するだけでなく、京東方の成長に伴い、現地の新型ディスプレー産業の発展を促進し、産業構造が最適化されるという副次的な効果をもたらした。

合肥は国内の新型ディスプレー産業発展の中心地となり、ドライブチップ、基板ガラス、キーコンポーネント、高純度化学製品、偏光フィルムなどの上流と下流の企業が100社以上集まった。

従来ある、都市発展の伝統的モデルは、中央政府がプランを提示し、ビジネス環境を整えるために、低価格での土地使用権の譲渡、進出予定企業と金融機関の間の橋渡し、産業新都市の運営者の斡旋、そして企業に対するリスク保障をも提供する、というものだ。

そうした伝統的な投資誘致モデルと比較して、合肥は何が違うのか。合肥モデルでは、地方政府が公的投資基盤を構築し、出資や産業基金からの助成という形で、企業や合弁IPOプロジェクトを立ち上げる。プロジェクトが成功すれば、株式の公開やプロジェクトの合併・買収などの方法で株式を売却する。その利益によって投資基金をより拡大し、産業クラスターの育成を目指す。まさに都市がPEファンド化し、成長した事例といえる。

【図表15】中国の新たな都市発展パターン

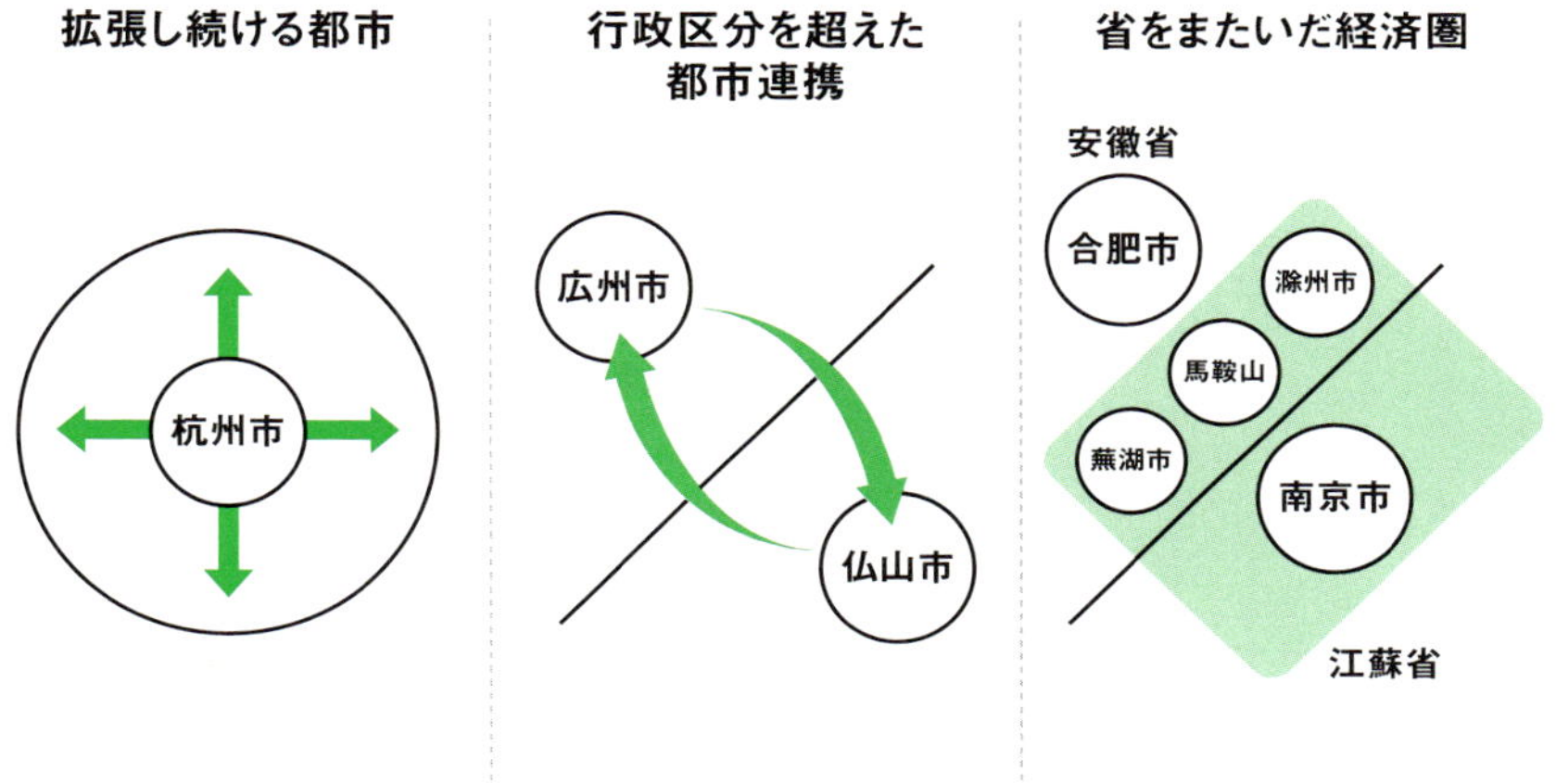

出所：Monitor Deloitte Institute, Japan作成。

中国全土を一体的に捉えるのは妥当ではない

以上、新1級都市の中でも中国の省・市の新たな発展形態といえる例として、上海経済圏の中で成長し続ける都市（杭州市）、行政区分を超えた都市連携（広州市・仏山市）、さらには省をまたいだ経済圏（南京市及び蕪・馬・滁BOYS）について語った。

このように、海外が中国悲観論を唱える中で、中国の都市においては新たな成長パターンが生まれていた。中国政府は、これらの省・市の新たなセンターピンとしての可能性を見定めつつ、新たな成長トランジションのダイナミズムとなるか、変化を見定めようとしているのかもしれない。

こうした実態を考慮せず、日本で次々と伝えられる、どちらかというとネガティブ色が強い諸データばかりを判断材料として、中国衰退論を語ることはあまり意味がないだろう。改めて、中国のように国内にインフラを抱え、生産地として機能し、一方で消費地としての巨大市場を持つ国は、他には見当たらないのではないか。

そのことを考慮せずに、米中対立や安全保障などの地政学上のリスクの観点から、「チャイナ・プラスワン」とか「脱中国」を論ずるのは果たして妥当なのか。

中国の表向きの建前論と実際の現実面に大きな差があるのではないか。また跋扈《ばっこ》している感のある中国経済の減速・失速論に関しても、多くは中国全土を一律的・一体的に捉えているのではないか。

前著でも強調した、実態面での連邦国家的存在としての中国、また各都市群の果敢な競争体としての中国を直視する必要がある。先入観や偏見の類いなどを排し、目の前で現実に起こっている実態を冷静に客観視していくことが大事だろう。

結びと次章へ向けて

以上、大中国を都市単位で「分解して見る」「センターピンを探す」ことで、必ずしも大崩壊論や脱中国論に固執しない中立した見方や、将来付き合うべき相手のヒントが得られるのではないかと思う。

中国全体で見ると減速していても、個別で伸びている分野は必ずある。その特徴を整理し、エッセンスをつかむことが、中国でのビジネスを考える企業にとって、生き残りの第一歩だろう。

具体的な都市は変化があるだろうが、重要なのは、このようにまずは分解することだ。特に、都市の成長変化の質を見る上では、人口のように「読める（傾向がつかめる）」ものと成長領域との掛け算を試みるといい。マクロで発信される情報との落差に目をつけていくことで、実態が見えてくる。

次章では、日本からは見えにくいチャイナ・アセアンのつながりに目を向ける。本章では「細かく砕いてものを見る」ことをテーマにしたが、次章は「見えにくいものを見る」をテーマに、チャンスをつかむための視点を語っていく。

Chapter 1 ▸▸▸ Take Away

☑ 「分解して見る」レンズを用い、中国経済崩壊論のような大ざっぱな見方を超克し、経済成長の機会を見つけ出す姿勢が必要。

☑ 中国経済は単純な二元論や短期的視点で判断すべきではない。中長期的視点が欠かせない。

☑ 人口増減に加え、人の移動で捉える視点が大切。実際に、新1級都市が台頭するなど、経済の重心が移動し始めている。

Chapter 2

知らぬ間に発展する チャイナ・アセアンの 物流回廊

イギリスで教える世界地図はもちろん英国が中心であり、日本は極東ということになる。金融の世界ではロンドン時間というのは極めて重要な時間でもある。日本の学校で教える地図は日本が中心である。豪州で教える世界地図は、南半球が上に、北半球が下に描かれている。

このように、自分の世界観と相手が持つ世界観が違うことは往々にしてあるが、そのことに気付かない、あるいは忘れてしまうといったことはよく起きる。

本書はチャイナ・アセアンをテーマにしているが、物事を見る際の「焦点」の当て方についても、重要なテーマとして掘り下げていきたい。情勢分析においては、事象を見る場合、単にレンズの倍率を上げ下げしてピントを合わせるだけでなく、レンズを通してどこに焦点を合わせるか、写真として何を切り取るかが、問われる。

前章では、中国を一律に国全体で捉えるのではなく、地域や都市などに「分解」し、そこで起きている人口の移動、中国の新1級都市の台頭などに焦点を当てることで、一般的に語られている「中国バブル崩壊論」とは違った観点から、中国経済の変化を語った。本章では、見える部分を細かく見るだけではなく、チャイナ・アセアンの「見えにくい部分」にフォーカスしていく。

構成としては、まず第1節で議論の土台固めとして、新型コロナウイルス禍を経てますます中国とASEANとの関係が深まっていたことを語る。そして、このような中で欧米もASEANの重要性に気付き、ASEANに対する外交的姿勢を変化させていることを述べ、さらにチャイナ・アセアンという経済圏と、それを取り巻く世界の大きな流れについて見ていく。

第2節では、前著でも触れた中国の対ASEAN政策である「東盟5カ年計画」の存在に触れ、その関係性の「背骨」であるグランドデザインを概説する。続けて、実は中国は省や市などのレベルで、それぞれの実情に合わせた対ASEAN戦略を有していることを語る。

第3節では、中国とASEANをつなぐものとして、そしてチャイナ・アセアン経済圏の国々と各地域の、政策と実行のダイナミズムを示す例として、前著でも反響の大きかった物流について見ていく。我々が普段目にする中国は、沿岸部であることが多い。例えば上海経済圏や、広州・深圳など華南のGBA（グレーターベイエリア）である。しかしながら、本章では特に「見えにくい」西部地域の物流網をひもとき、コロナ禍前後で生じていた大変革を明らかにする。

1 発展し続ける「大中華経済圏」チャイナ・アセアン

中国とASEANの関係が大きく発展してきているのは、その実行主体である中国の省・自治区・市の奮闘によるところが大きい。一方で、国対国、国対地域の関係については、まず双方の国家レベルの外交の協定なり共同宣言といったパートナーシップの関係を構築し、その下で投資や企業群・事業体などの進出や誘致活動を展開する。

中国とASEANは2021年にハイレベルな「包括的戦略的パートナーシップ（Comprehensive

Strategic Partnership、以下CSP)」の締結を発表した。[1] 1991年にASEANの外相会議に中国が招かれてから、このレベルに到達するまでには実に30年かかった。だが30年といっても、冷戦終了後に地域経済圏がここまでの関係を築いた例は他に類を見ないのではないか。

米中対立の一方で、米国はASEANに接近

中国とASEANは2003年に「戦略的パートナーシップ(Strategic Partnership、以下SP)」を締結していたが、18年を経て関係を格上げしたわけだ。米国や日本に先駆けて連携を進めた形だ。現在の中国とASEAN協力関係の推移は、西側諸国にとっても大きな関心事だ。東南アジアは米中対立の最前線になっており、中国がこの地域に影響力を強めることに、米国は警戒感を高めている。加えて、この地域は経済的にも躍進著しいことから、安全保障と経済の両面で戦略的重要性が一段と高まっており、米欧側も改めて接近する動きを強めている。

米側のバイデン政権は、オバマ政権のいわゆる「アジア基軸戦略」(Pivot to Asia)を継続し、東南アジア諸国との実質的関係を発展させるためには、この地域で影響力を強めている中国との勢力争いに勝つ必要があると考え、具体的で魅力的なプレゼントの提供が必要だとしていた。[2]

22年11月12日、バイデン米大統領は第10回米国・ASEAN首脳会議に関する声明で、米国とASEANは45年ぶりに、「戦略的パートナーシップ」(SP)を「包括的戦略的パートナーシップ」(CSP)に格上げすると発表した。[3]

大統領は声明の中で、「私の政権におけるインド太平洋戦略の中心にはASEANがあり、我々は力を合わせて活動する、統一され自立したASEANとの連携を強化し続けている。今日、我々は新たなステップを踏み出す。それは、米国－ASEAN包括的戦略的パートナーシップの立ち上げにより、我々の協力関係に新たな時代を迎えるということだ。我々は共に、気候変動から健康保健問題まで、現代の最大の課題に取り組む。ルールに基づく秩序及び法による支配への脅威に対抗し、自由で開かれ、安定、繁栄し、レジリエントで安全なインド太平洋を築き上げる。そして、我々のアプローチの背後には、単なるレトリックではなく、実際のリソースが投入されている」と関係格上げの意図を述べた。[4]

そしてASEANとの新たなイニシアティブに2億5000万ドル（約375億円）以上を投じると発表し、さらに23年には東南アジアへの援助を8億5000万ドル（1275億円）に増やすと述べた。

米国は東南アジアで包括的な電気自動車（EV）のエコシステムを開発し、この地域がクリーンエネルギーを活用しながら経済発展を遂げるとともに、積極的な排出ガス削減の目標を達成できるよう後押ししようとしている。

ただ、中国がこの地域で先行して培ってきた協力関係に比較すると、米国がASEANからの支持を得るには、まだ時間がかかるだろう。

一方、地理的に距離がある欧州連合（EU）は、ASEANとはまだ戦略パートナーシップの関係にとどまっているが、中国と同様に、ASEANとの〝5カ年計画〟（18～22年、23～27年）を立てている。[5]

ＡＳＥＡＮとしては、中国との経済・貿易関係の拡大、それに伴う相互の関係緊密化を図ってきているので、当面は中国との関係性を重視する意向が強いと思われる。だが、中国による対ＡＳＥＡＮ関係強化の動きは、米国や欧州の政策転換の動きを加速させた。

ＡＳＥＡＮは、米欧の積極姿勢への転換は、国際政治・経済上、自分たちの重要性が高まっていることを意味するものだと意識している。ＡＳＥＡＮは、米中両陣営の狭間で、中国との経済貿易関係を重視しつつ、米国からの安全保障と経済支援を確保する、という道を歩もうとしている。今後のバランスの取り方が重要になるだろう。

ＡＳＥＡＮの立ち位置の取り方の難しさを示すのが、シンガポールのシンクタンク、ＩＳＥＡＳユソフ・イシャク研究所（旧・東南アジア研究所、以下ＩＳＥＡＳ）が24年4月に発表した調査結果だ。調査はＩＳＥＡＳが19年からＡＳＥＡＮ10カ国の政府、メディア、民間企業、学者らを対象に毎年実施しているもので、今回で6回目となる。調査期間は24年1月3日から2月23日だった。

それによると、ＡＳＥＡＮが「中国か米国か」の選択を余儀なくされた場合、「中国を選ぶ」と回答した割合は50・5％で、「米国」（49・5％）を1ポイント上回った。23年の前回調査では「米国」61・1％、「中国」38・9％だったが、逆転した。「中国」の選択者を国別に見ると、マレーシアが75・1％で最も高く、インドネシア（73・2％）、また従来、中国の影響力が強いと見られているラオス（70・6％）、ブルネイ（70・1％）が続いた。[6]

詳しくは3章で触れるが、マレーシアとインドネシアは資源輸出国として近年、中国との貿易を急拡大している。ラオス、ブルネイは中国の「一帯一路」構想によるインフラ（鉄道や経済特区新設）や資源面での投資などの恩恵を強く受けており、そうした中国との経済貿易関係の緊密化が調査結果にそのまま反映した形だ。[7]

逆に「米国」を選択するという回答が多かった国は「フィリピン」（83・3％）、ベトナム（79・0％）で、両国とも前年より米国の選好度が高まっている。南シナ海で中国と領有権をめぐって争っていることから、安全保障上の観点を優先したと見られる。

ASEANが目指す〝地域の繁栄と安定の両方を実現する〟という目標課題について、参加国からの回答は2つに分裂しており、片や経済、片や安全保障を優先する形になっている。取りも直さず調査結果は、そもそもASEANは一枚岩的な組織体ではなく、それぞれの国益優先の各独立国家の連合体であることを、改めて浮き彫りにしたといえる。

このように、ASEANは経済・安全保障の両面から、戦略的重要性が一段と高まっており、中国に限らず、米欧側も改めて接近する動きを強めている。では、ASEAN参加国内部でも揺らぎがある中で、中国はどうASEANに入り込んでいるのだろうか。次節では、その背骨ともいえる、中国の対ASEAN政策のグランドデザインと、省・自治区・市レベルで語られる戦略について見ていく。

2 中国の対ASEAN政策と省・自治区・市の戦略

中国の対ASEAN「5カ年計画」

中国は「社会主義市場経済」を標榜しており、「社会主義」と「市場経済」という、相異なる2つの面を持っている。その社会主義の特色を前面に出しているのが「計画経済」だ。中国が今日、国家の経済開発全体の方向性を示す最もハイレベルな政策として掲げているのは、「第14次5カ年計画」（21～25年を対象）である。

しかし、実はこの国内向けの取り組みとは別に、対外関係に関しても、5カ年計画に相当する政策文書が存在するのだ。前述の中国・ASEAN「包括的戦略的パートナーシップ（CSP）」を具体的に実行するためのものとして策定された、「中国・東盟（ASEAN）戦略的パートナーシップ実施のための行動計画（21～25年）」（以下、「中・東盟5カ年計画」）である。[8]

具体的に、「中・東盟5カ年計画」の文書を読んでいくと、個別措置の項目がしっかり網羅されている。両地域の通商枠組みを整理し、実体経済での取引をスムーズにしつつ、デジタルでの協業の推進もロードマップに位置付けている。その先には、中国が意図していると思われる人民元経済圏への移行をにおわせる文言もある。

筆者が国際金融マンとして、アジア通貨危機後のスキーム作りに関与していた頃に読んだ文章と、まるでそっくりなものもあった。主語が日本から中国に変わっただけのようにも見えた。かつて日本は「円の国際化」を提唱し、ＡＭＦ（アジア通貨基金）設立構想を掲げた。それと同じような文脈で、人民元の国際化、中国主導のＡＭＦのような機関を想起させるような記述もあった。

「中・東盟5カ年行動計画」の全体構成を読むと、経済・産業、社会・文化、政治・外交という主要テーマの下に、それぞれのサブ領域を明記しており、そこに連なる個別項目やスキームのタイトルが示されている【図表1】。合計２３９条の個別項目で、経済・産業の項目は約半数で１１３個となり、その中にデジタル、貿易、金融、人員往来、食糧、エネルギー資源に関するものが10項目以上あることから、中国とＡＳＥＡＮの経済面での利益獲得に重点を置いていることがうかがえる。[9][10]

中国の省・自治区・市レベルで語られる対ASEAN政策

表に示したように「中・東盟5カ年計画」の中身は多岐にわたるが、実は中国は、国レベルだけでなく省・自治区・市レベルで、さらに細かい対ＡＳＥＡＮ戦略を持っている。中国では、中央政府の下にある31の省・自治区・市が、中央の「第14次5カ年計画」の下、自らの地域特性を踏まえて独自に「5カ年計画」を策定しているが、その中に、対ＡＳＥＡＮ政策が記されているのだ。

そこには実施策、つまり誰が主導し、誰が参加し、誰が支援するか、などの細目が具体性をもっ

【図表1】「中・東盟5カ年計画」の項目

項目名	項目(条)
中・東盟5カ年計画	全239項目
経済・産業	113
– 情報通信・デジタル協力	14
– 貿易促進	13
– 金融協力	11
– 人員往来	11
– 糧食&農業協力	10
– エネルギー・鉱物協力	10
– 投資促進	8
– 交通(物流)協力	8
– 海洋開発	7
– 技術イノベーション協力	7
– 生産キャパシティー協力	7
– 中小企業支援協力	4
– 貿易衛生検疫	3
社会・文化	88
– 公共衛生・防疫	13
– 環境促進サステナビリティー	12
– 文化・体育交流	11
– 教育・人材育成協力	11
– マスコミ協力	11
– 社会保障協力	8
– 防災協力	7
– スマートシティ協力	7
– 地方の政府間・民間交流	5
– 公務員交流	3
政治・外交	38
– Sub-Region&東アジア&Cross-Region	9
– 南シナ海に関する行動宣言	7
– 国際犯罪対応	7
– 防衛協力	4
– ASEAN核不拡散	3
– 政治安全ダイアログ	3
– 人権問題協力	3
– ASEAN友好条約	1
– 腐敗防止協力	1

出所:中国「中・東盟5カ年計画」に基づきMonitor Deloitte Institute, Japan作成。

【図表2】中国各省・自治区・市の「第14次5カ年計画」におけるASEANの言及回数

出所：中国各省・自治区・市の「第14次5カ年計画」に基づきMonitor Deloitte Institute, Japan作成。

て描かれている。この粒度まで見ることで、初めてチャイナ・アセアンのつながりを理解することができる。

では、その省や市などの「計画」の中身を見ていこう。まず中国22省と北京、上海などの直轄市、広西チワン族自治区、新疆ウイグル自治区などの自治区それぞれが策定する、「第14次5カ年計画」について、〝ASEAN〟〝東南アジア〟をキーワードとして触れている回数を調べてみた【図表2】。

その結果、キーワードはASEANに隣接する広西チワン族自治区と雲南省の計画で最も多く登場していた。西部の内陸の省である貴州、四川、湖南、重慶、甘粛の計画でもそれぞれ数回、また、北方海域沿岸の江蘇・山東・遼寧の計画でも触れている。

総じてASEANとの地理的距離感に比例し、ASEANに近い地域で東南アジアの話題が多く、遠ければ少ないということだ。単純に言及された「数」の面で見れば、中国西部がやはり対ASEAN戦略の中心地になっているものと言えよう。

だが、それら「数」の多寡もさることながら、より重要なのは、どの領域で、どんな計画、どんなプロジェクトがあるのか、また誰と提携しているのか、といった具体的実施内容だ。

ここで、留意しておきたいのは、中央政府と地方政府との関係である。とかく誤解しがちなのは、中国の省・自治区・市は一党独裁の強固な中央集権国家の一機関であるから、何事も中央政府の方針・意向に万事〝右に倣《なら》え〟式に動く存在なのではないかと思うことだ。

確かに、社会主義国であるが故に、例えば国有企業は何かと優遇され、一方で民間企業はあれこれ規制の網を被せられたり、企業内に共産党組織の設置が義務付けられたりといった話がしばしば報道される。このため、地方の行政機関の省や市などはもっとストレートにコントロールされているはず、と思いがちだ。

だが実際は、そんなマリオネット（操り人形）的存在ではなく、一定の自己裁量権、自己権限が与えられている。そもそも中国は国土も広く、世界第2位の経済大国である。中央政府の「第14次5カ年計画」で政策・方針がすべて規定されているのではなく、あくまで大綱的な位置付けだ。現場で政策を実行する主体者は地方（省・自治区・市）である。

そこで、省・自治区・市の「第14次5カ年計画」に書かれている対ASEANへの戦略を見ていくと、ASEANへのアプローチの仕方、攻略先、その狙いはそれぞれ異なることが分かる【図表3】。その大きな傾向としては、次のように読み取れよう。まずは、得意産業を生かしてASEANに入り込むアプローチだ。例えば湖南省長沙市は、中国1位の重機メーカーである三一重工、3位の中連重科（Zoomilion）を抱える。長沙市の「第14次5カ年計画」で「主にASEAN市場を攻める……農業、建設機械、請負工事、鉄道建設等の分野での海外進出を推進」と記載しているように、両社は「一帯一路」の建設事業に深く参画できるよう、地元政府のバックアップを受けている。

次に、外資系企業に追随してASEANに攻め込む省や市だ。山東省、遼寧省、江蘇省といった地域で、日韓、欧米企業との連携強化により、ASEANを含む「一帯一路」の沿線を開拓していく方針が語られている。これは、明示こそされていないものの、中国の生産コストの上昇や、サプライチェーンのリスク軽減等の要因により、外資系企業が東南アジアに移転している流れに乗って、中国各省の中国系企業も追随していくという動きであると思われる。

そして最後に、地理的条件を生かして、「一帯一路」の方針で、物流ルートの強化を中心としてASEANとつながっていく動きである。これは、広西チワン族自治区、雲南省、貴州省、重慶市、四川省、甘粛省といった西部地域で広く見られる。特に地理的にASEANと隣接する広西チワン族自治区、雲南省は、物流ルートに限らず、ありとあらゆる分野での関係強化を目指しており、ASEANの窓口となることが、自治区・省としての生き残り策に見える。

このような政策は、実行されてこそ意味がある。第3節ではその例を紹介しよう。中国西部の動きは特に日本からは見えにくいものであることも一因だろう。他方、その裏付けとなる「一帯一路」政策は、かつて日本でも頻繁に議論されていたが、10年がたち、その実態について関心が集まらなくなった印象を受ける。

そこで改めて、最近のチャイナ・アセアンをつなぐ物流として、広西チワン族自治区の欽州港と

注力分野

	投資	貿易	政府間協力	農業・食糧	エネルギー・エネルギーインフラ	製造業	金融	物流インフラ・ルート整備	デジタル	海洋協力	観光・文化・人的交流
	●	●	●	●	●	●	●	●	●	●	●
	●	●	●	●	●	●	●	●	●	●	●
	●	●	●	●	●	●		●	●		●
	●	●	●			●	●	●	●		
		●			●	●		●			
		●				●		●			
		●						●	●		
	●	●				●		●			
	●	●		●		●		●		●	

出所：中国各省・市の「第14次5カ年計画」に基づきMonitor Deloitte Institute, Japan作成。

【図表3】 中国省・市別対ASEAN戦略

特徴	省・自治区・直轄市	主な対ASEAN戦略の内容
地理的条件を生かす	広西	北部湾国際ゲートウェイ港の建設とASEAN向けの国際回廊の構築を推進し、複合輸送の発展を促進する。さらに、国際回廊と産業の融合・発展を図り、優位に製造業の海外基地建設を進める。また、中国とASEANの金融ハブと情報ハブの整備を加速し、政策、規則、基準の連携を強化することで、ASEAN諸国との経済貿易協力を全面的に推進する。
	雲南	RCEP（地域的な包括的経済連携）協定を活用し、ASEAN向けの加工製造基地と物流センターの建設を進める。中国とASEAN間の特定産業の生産能力の配分と農業生産の協力を推進し、物流回廊を構築する。昆明を中国とASEANの隣接地域の中心都市として発展させ、デジタルハブの建設を進めることで、全面的にASEANとの協力を深化させる。
	貴州	「一帯一路」の共同建設に深く関与し、経済特区、保税区、高度技術開発特区の発展及び貴州双龍空港経済区の建設を進める。さらに、ASEAN向けの物流ハブの建設を推進する。また、欧米、東盟、日韓などの地域で駐在して外資を誘致し、良質な投資者を引き入れる。
	重慶	越境回廊の円滑化を図り、「一帯一路」沿線国家及び地域との協力を深化する。西部陸海新回廊を拡大し、高水準での中国・シンガポール（重慶）戦略的相互連結デモンストレーションプロジェクトを実施し、西部金融センターを建設する。中欧班列（成渝）号によるASEANと欧州のハブ機能を強化し、国際航空回廊の構築を進める。
	四川 ※1	グローバル化を加速し、南向を強調して東南アジア・南アジアの国際市場との融合を図る。北部湾、重慶、雲南、貴州との協力を深化し、西部陸海新回廊の共同建設を推進する。近代的な物流体系の建設を加速し、ASEAN向け物流プラットフォームを推進する。
	甘粛	国際循環への重要な回廊の役割を担い、国際市場との連携を強化する。内需と外需、輸入と輸出、外資利用と対外投資の協調発展を促進する。
	海南	「一帯一路」構想への深い参画と現代物流業の大規模な発展を推進する。西南部の発展を支援し、海岸部をつなぎ、東南アジアに影響を与えるデジタル国際海運ハブを構築する。
得意産業を生かす	湖南 ※2	農業、建設機械、請負工事、鉄道建設などの「海外展開」を推進する。北部湾都市群と連携し、東南アジアとの連携を拡大し、西部陸海新回廊に統合する。広東・香港・マカオ大湾区、北部湾、東南アジアなどとの地域協力を強化し、素材、機械、電化製品及び部品の開発を積極的に推進する。新興産業の受け皿と科学技術産業の基盤を構築する。
	広東	チャイナ・アセアンにおける特定産業の生産能力の配分を行い、省内における設備、技術、ブランド、サービス、基準の「海外進出」を促進する。国内及び東南アジアの主要都市には3時間でアクセス可能とする。RCEP協定の署名を機に、東南アジア、日本、韓国、オーストラリア、ニュージーランドなどと貿易、投資などの分野での深い協力を推進する。協力メカニズムを最適化し、基礎インフラ建設、観光、農業、軽工業、先端製造業、新エネルギー、5G、職業訓練などの分野での協力を進める。

※1：成都市の第14次5カ年計画の内容を含む
※2：長沙市の第14次5カ年計画の内容を含む

注力分野

	投資	貿易	政府間協力	農業・食糧	エネルギー・エネルギーインフラ	製造業	金融	物流インフラ・ルート整備	デジタル	海洋協力	観光・文化・人的交流
	●	●				●					
						●					
						●		●			
		●				●		●			
								●			
	●	●				●		●			
								●			
		●			●						●

【図表3】中国省・市別対ASEAN戦略

特徴	省・自治区・直轄市	主な対ASEAN戦略の内容
外資系企業に追随する	遼寧 ※3	ASEANとの実務的な協力を展開し、シンガポール－遼寧省経済貿易理事会の機能を最大限に活用する。シンガポールのハイテク産業を誘致し、経済貿易協力の発展を共に図る。また、大連企業が日本、韓国、ロシア、欧米企業と共に、北東アジア、東南アジア、南アジアでのインフラ、設備製造、建設請負、ソフトウエアサービスなどの分野で第三国市場での展開を協力して行うことを奨励する。
	江蘇	より高いレベル、より広範な領域、より大規模な範囲で、日本、韓国、ASEAN、EUなどの国や地域との協力を深化させる。江蘇の東アジア小循環における優位性を拡大し、日本企業と韓国企業との連携、イノベーション協力、産業チェーンの構築を目指す。ASEANとの産業補完と市場拡大の協力を強化する。
	山東	「日中韓＋X」の市場協力を強化し、日本と韓国の企業、商工会議所、金融機関と共同で東南アジア、一帯一路沿線の国や地域の市場を開拓する。日本と韓国と連携し、東南アジアへの入り込みを強化する。国内と国際の双循環を支援する物流航空ハブを構築する。
一般的な事項のみ	天津	RCEP協定を活用し、北東アジア、ASEAN、EUなどの国との経済交流、協力、国際的な生産能力協力を強化する。日本、韓国、ASEANなどの地域への近洋航路を増やし、航空輸送路線との連携を強化する。
	福建	日本、韓国、東南アジアなどの周辺地域をカバーし、アフリカ、ヨーロッパ、アメリカへ通じる便利な海上回廊を構築する。情報基盤の相互接続を深化させ、便利な「デジタルシルクロード」の情報伝送、交換、認識システムを構築する。さらに、中国-ASEANスマートシティ建設協力に積極的に参加する。
	河南	「陸上シルクロード」の量と質を拡大し、運輸と貿易の一体化を推進する。ヨーロッパ、中央アジア、ASEAN、日本、韓国との物流ハブを改善・拡大し、西部陸海新回廊への統合を推進する。
	吉林	ヨーロッパ、東南アジアなどの国への新たな航路を開設・増設し、航空路線ネットワークの範囲を広げる。
	青海	RCEP協定を活用し、東アジア、東南アジアの国々との文化観光、生物資源、環境保護などの分野での協力・交流を強化する。

※3：大連市の第14次5カ年計画の内容を含む

重慶市の動きに焦点を当てて解説する。省・自治区・市の政策を発端に、コロナ禍で、中国西部においてビジネスと人々の生活を大きく変えるまでに、物流の大改革が進んでいたのだ。そのダイナミズムを感じていただけたらと思う。

3 チャイナ・アセアンをつなぐ物流の大変革

コロナ禍でも輸送量は拡大一途

20年以降、新型コロナウイルスの世界的規模での感染拡大（パンデミック）に伴い、各国は住民の行動を制限し、世界的なサプライチェーンの停滞や寸断、運送費の急騰といった大混乱が生じた。ニューヨーク連邦準備銀行が公表した、世界の供給網の逼迫状況を数値化した「グローバル・サプライチェーン圧力指数」を見ると、いかにコロナ禍が異常だったかが改めて分かる【図表4】。コロナ禍で国内外からの貨物が届かず、ビジネスへ甚大な影響が生じ、私生活においても物流の停滞を実感した方は多かったはずだ。しかし世界の物流が凍り付く中、中国の様相は異なっていた。

モノは動く：不動産、人口競争だけでないダイナミクスへの着目

コロナ禍において、中国における物流はどのような変化が生じていたのだろうか。中国において

【図表4】グローバル・サプライチェーン圧力指数

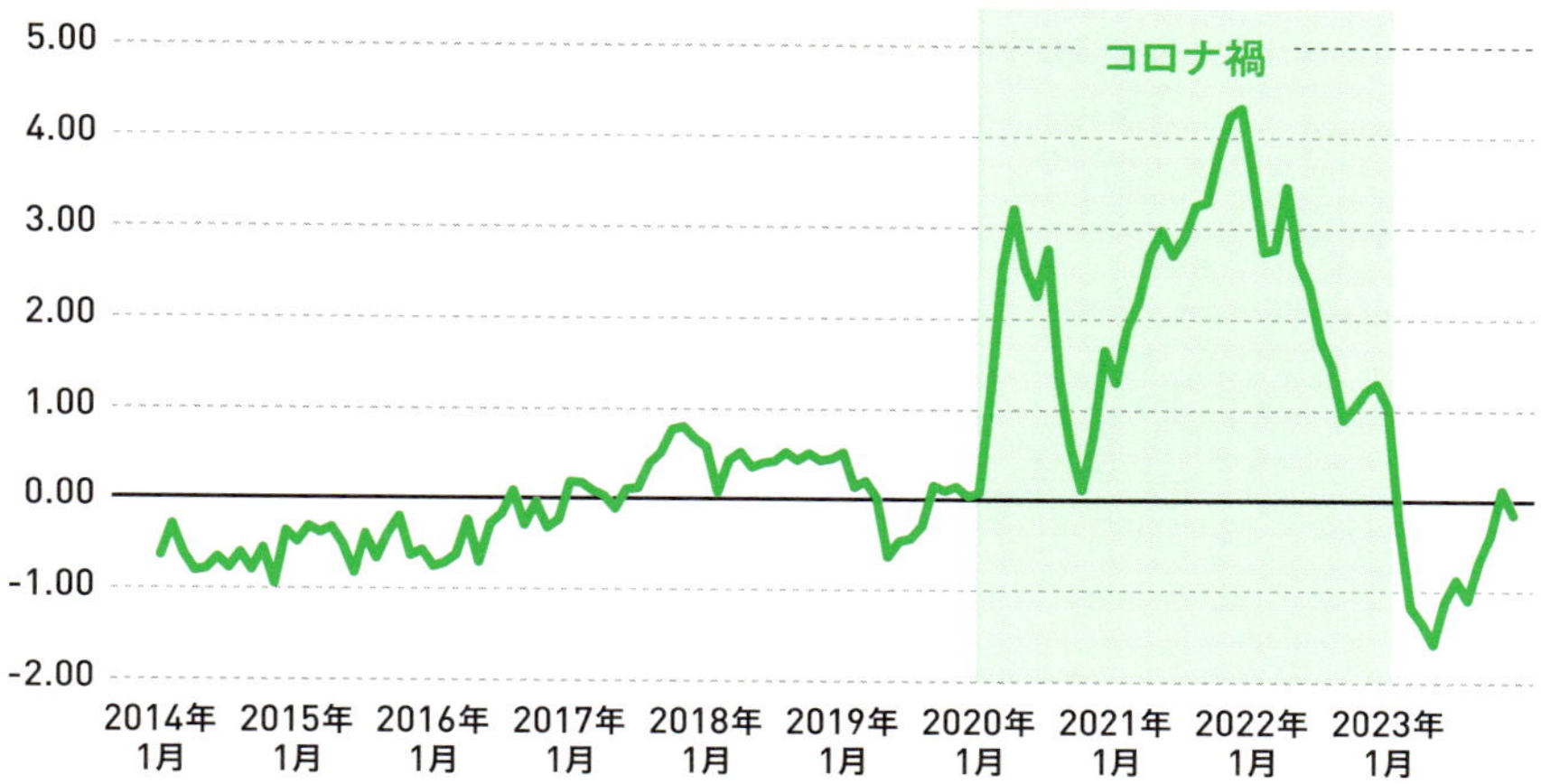

出所：米国ニューヨーク連邦準備銀行データ（2024年2月6日取得）を基にMonitor Deloitte Institute, Japan作成。

は国際貿易貨物量の約95％は海上輸送による（21年）といわれている。[11] そこで、中国の物流の変化を追う主な指標として、19〜22年の中国の自治体別の港湾におけるコンテナ取扱量（TEU＝20フィートコンテナ換算）と貨物取扱量（トン）を見てみよう。ただし貨物取り扱いの総量は、コンテナに限らず、鉄鉱石や石炭といったばら積み貨物（バルク貨物）などを含む。従って、取り扱う貨物の種別により港湾の取扱量に差が出てくる。

まず図表5左側のコンテナ取扱量（TEU）で見ると、広州港、深圳港をはじめとした多数の港を抱える広東省が突出しており、これに上海市そして寧波・舟山港を抱える浙江省が続く。遼寧省は、大連港や営口《エイコウ》港を有するが、遼寧省のみ明らかな下落トレンドにあるようだ。

これは、東北部の人口の減少や、冬季の利用制限、中国各地と欧州を結ぶ列車「中欧班列」の発展の影響を受けているためと見られる。しかし、遼寧省を除く

【図表5】中国省・市別のコンテナ取扱量及び貨物取扱量

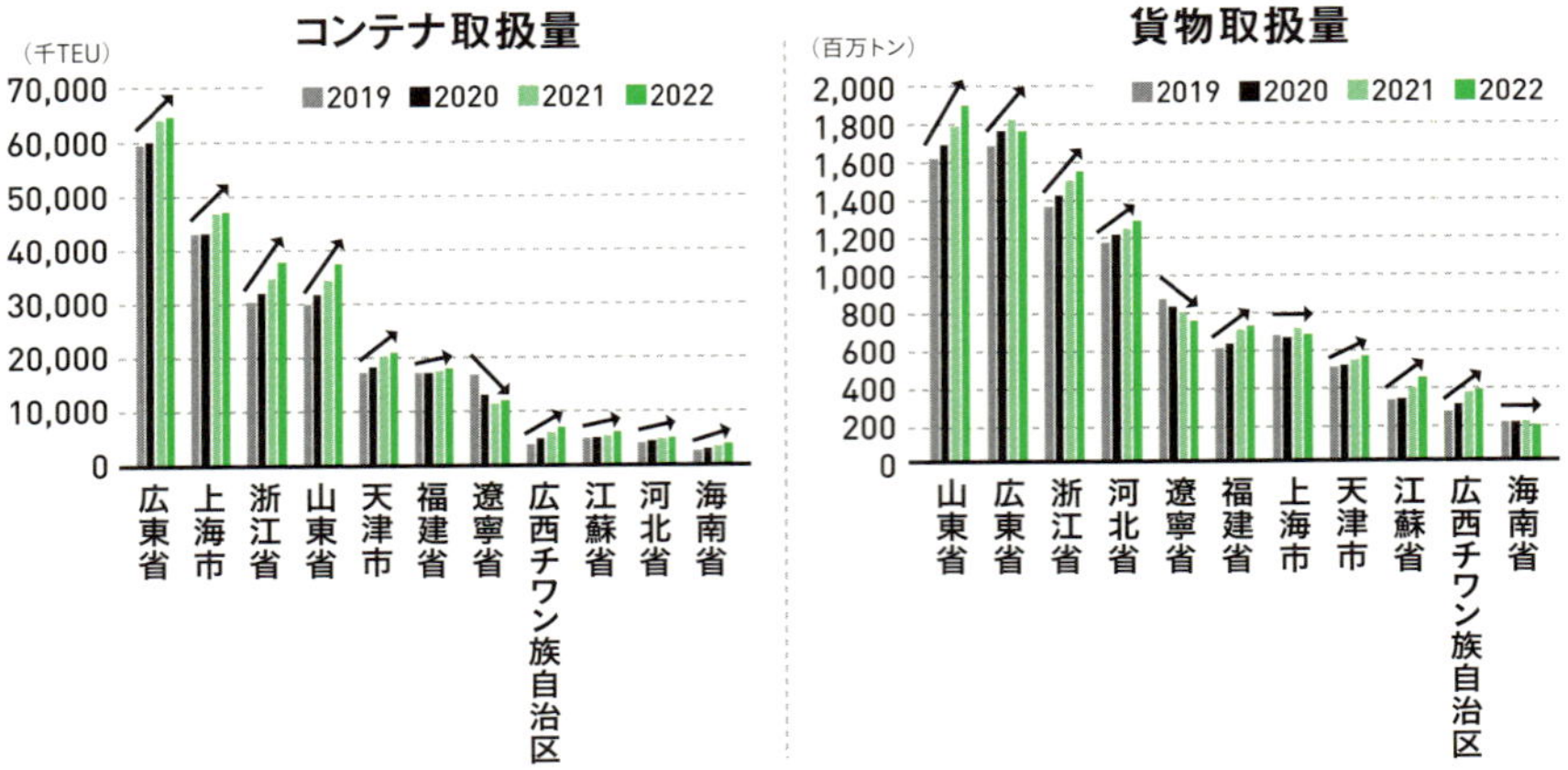

出所：CEICのデータ（“CN: Coastal Port: Container Throughput: TEU” 及び “CN: Coastal Port: Freight Throughput”, 2024年1月31日取得）を基にMonitor Deloitte Institute, Japan作成。

多くの都市では、新型コロナウイルス感染症流行の初期である19～20年にかけては、コンテナ取扱量が微増、または停滞傾向にはあったものの、21年以降は、増加傾向にあったことが見て取れる。

次に、図表5右側より貨物取扱量で見てみよう。都市の取扱量の順位に違いが見える。目立つのは山東省の急成長だ。山東省は、日照港のスマートグリーン鉄鉱石ターミナル、煙台港のサプライチェーンハブ、ボーキサイトターミナルといった、専門港としての発展を遂げていることが、成長ドライバーとなっている。

広東省、浙江省に続いて、河北省の貨物取扱量の多さも、コンテナ取扱量と比較した際にその規模の大きさが目立つ。河北省は中国最大級の鉄鉱石ターミナルと石炭ターミナルを有する唐山港があり、その発展が影響しているのだろう。コンテナ取扱量と比較して、一層の重量物を専門に取り扱う港を中心とした発展が見られるが、基本的にはコロナ禍を通じても、その取扱量は増えている。

中国はコロナ禍で、ロックダウンを徹底した。この間、サプライチェーンの乱れはあったものの、港湾コンテナ取扱量と貨物取扱量の両方の実績を見ると、物流をますます増加させてきたのである。

小漁村（広西チワン族自治区）があっという間に東京港をしのぐ大発展 東部を超える新興港の現実

その中でも、成長率を見ると、明らかに特異な発展を遂げている省がある。広西チワン族自治区である。広東省や浙江省などと比べて、その名前は一般にはなじみが薄いかもしれない。

同自治区は中国西部に位置しベトナムと国境を接しており、南部は海に面する。つまりＡＳＥＡＮとは陸路と海路の両面でつながっているわけだ。自治区の首都は南寧市で、毎年中国・ＡＳＥＡＮ博覧会が開催される。多様な民族が住む自治区だが、その名の通り、チワン族は人口の３割ほどを占めている。23年の１人当たりＧＤＰは中国平均の８万９３５８元[12]（約１７９万円）を下回る５万４００５元[13]（約１０８万円）であり、特に沿岸部としては比較的経済の発展が遅れていた地域だ。この地域がＡＳＥＡＮとの貿易で重要な役割を果たしていることは前著でも述べた。

広西チワン族自治区は、欽州港を中心として、防城港、北海港の３つの港を有し、これらを総称して「北部湾港」と呼ぶ。コンテナ取扱量（ＴＥＵ）と貨物取扱量（トン）の双方について、それぞれ上位10港における19～22年における年間平均成長率を見てみよう。すると、北部湾港においては、コンテナ取扱量で年間平均成長率22・４％（１・８倍）、貨物取扱量で年間平均成長率13・２％

（１・５倍）を記録している。これは、それぞれで他の上位10港と比較しても断トツの数字だ。いかに北部湾港の成長率が著しいか明らかだろう【図表6】。改めて言うが、コロナ禍での成長なのだ。そして、北部湾港は、他の主要港が位置する東南沿岸部ではなく、最西部に位置しており、明らかに異質な存在である【図表7】。

また、北部湾港における規模の拡大も見逃せない。規模が小さい港だから成長率が高い、といったレベルではないのだ。19～22年の期間にかけて、北部湾港におけるコンテナ取扱量（ＴＥＵ）は３１９万ＴＥＵ増となっている。[14] これは世界最大のコンテナ取扱量を誇る上海港の同期間の増加量３９６万ＴＥＵに迫るものだ。[15] また世界的な海運専門誌である「ロイズリスト」が発表した世界のコンテナ港湾取扱量ＴＯＰ１００港[16]によると、22年では東京港が46位だが、北部湾港（欽州港・防城港・北海港）の主要港である欽州港は東京港を抜いて既に35位に位置している。東京港の取扱量が停滞している間に、広西チワン族自治区の小さな漁村だった場所に、あっという間に東京港を追い越すような国際ハブ港が生まれているのだ。まさに目を見張る新事実である【図表8】。

これにとどまらず、広西チワン族自治区は35年までにコンテナ処理量３０００万ＴＥＵ以上の世界一流レベルの港に発展させることを長期開発目標[17]としている。

「西部陸海新回廊」による中国西部の物流の大改革

この広西チワン族自治区における北部湾港の急発展は、一体どのように起きたのか。世界の港湾・

【図表6】コンテナ取扱量及び貨物取扱量の上位10港における2019-2022年の年間平均成長率

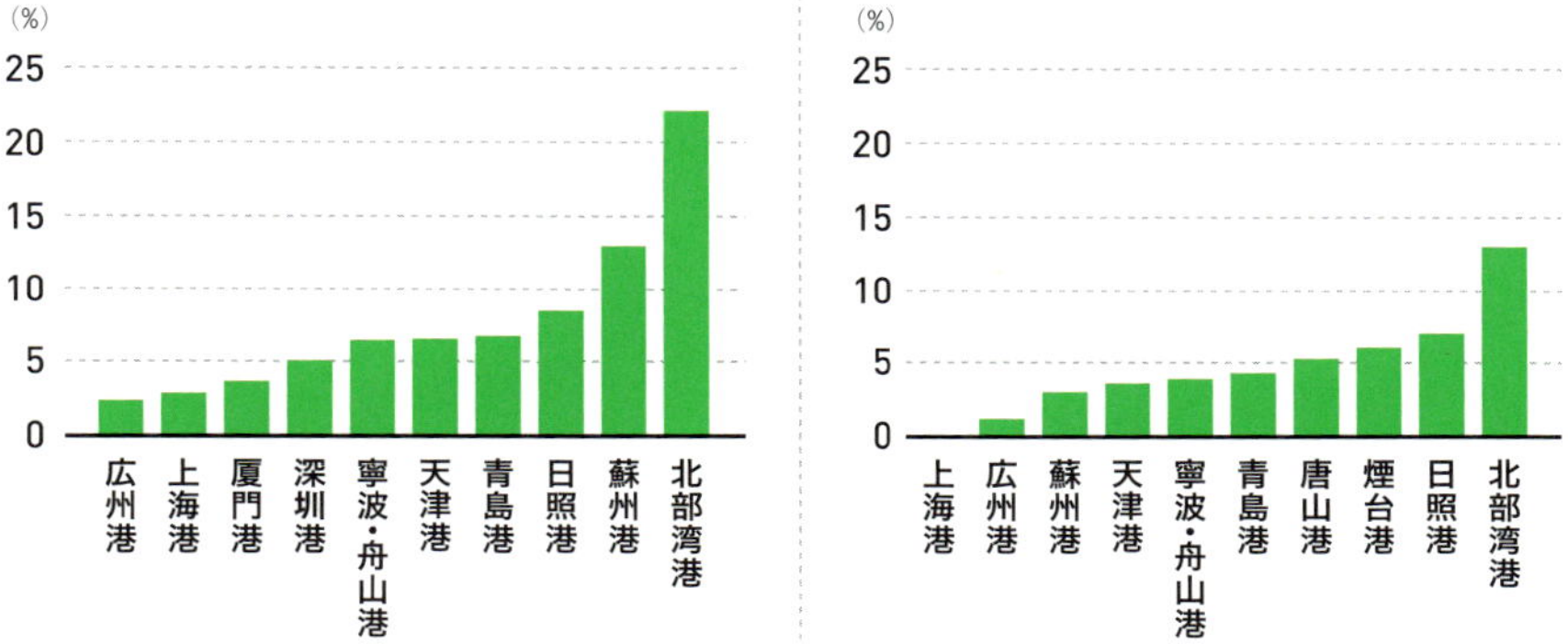

出所:CEICのデータ("CN: Coastal Major Port: Container Throughput: TEU"、"CN: River Major Port: Container Throughput"、"CN: Coastal Major Port: Freight Throughput"、"CN: River Major Port: Freight Throughput", 2024年1月31日取得)を基にMonitor Deloitte Institute, Japan作成。

【図表7】中国主要港の所在地

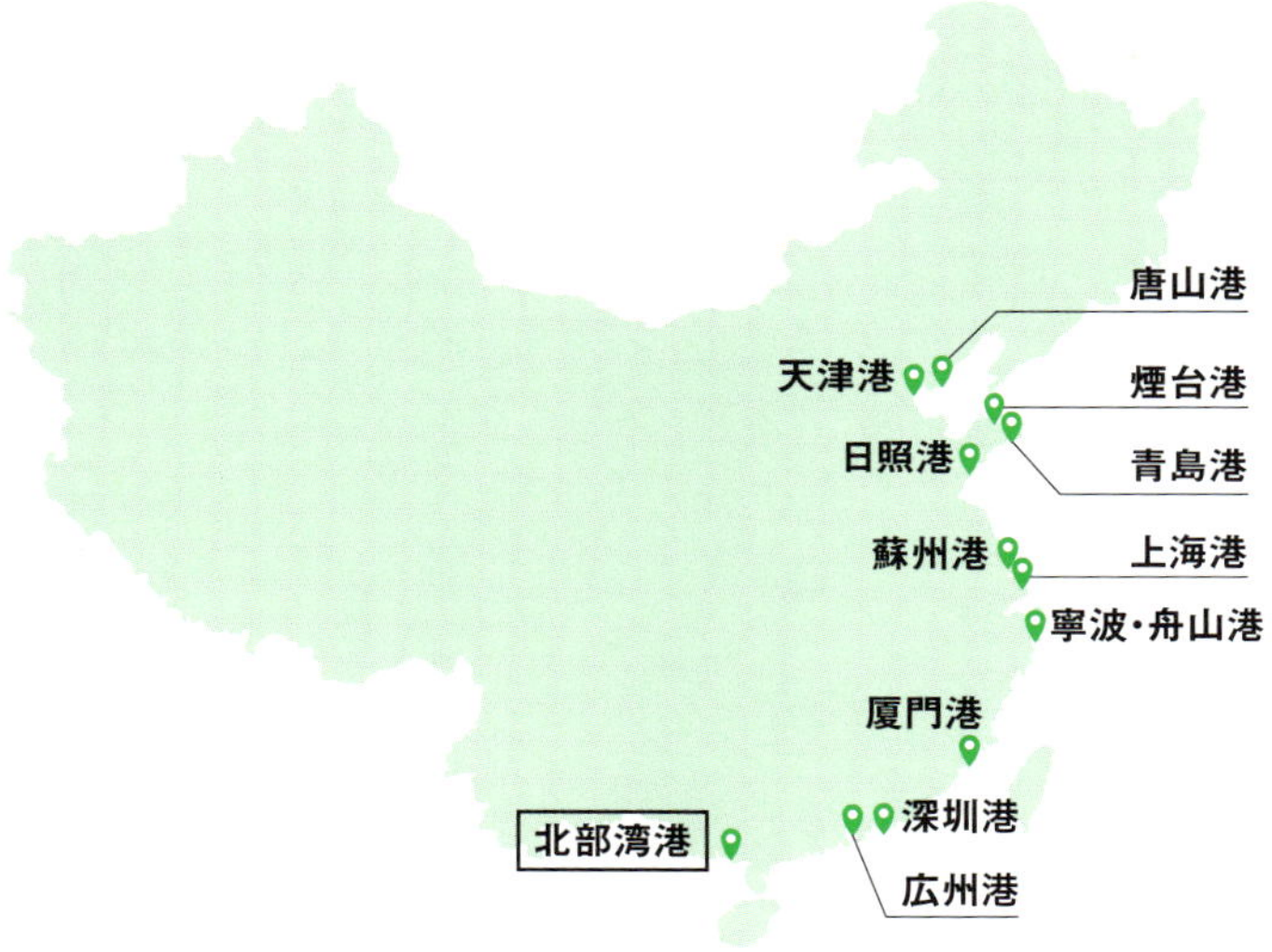

出所:Monitor Deloitte Institute, Japan作成。

【図表8】東京港と欽州港のコンテナ取扱量の推移

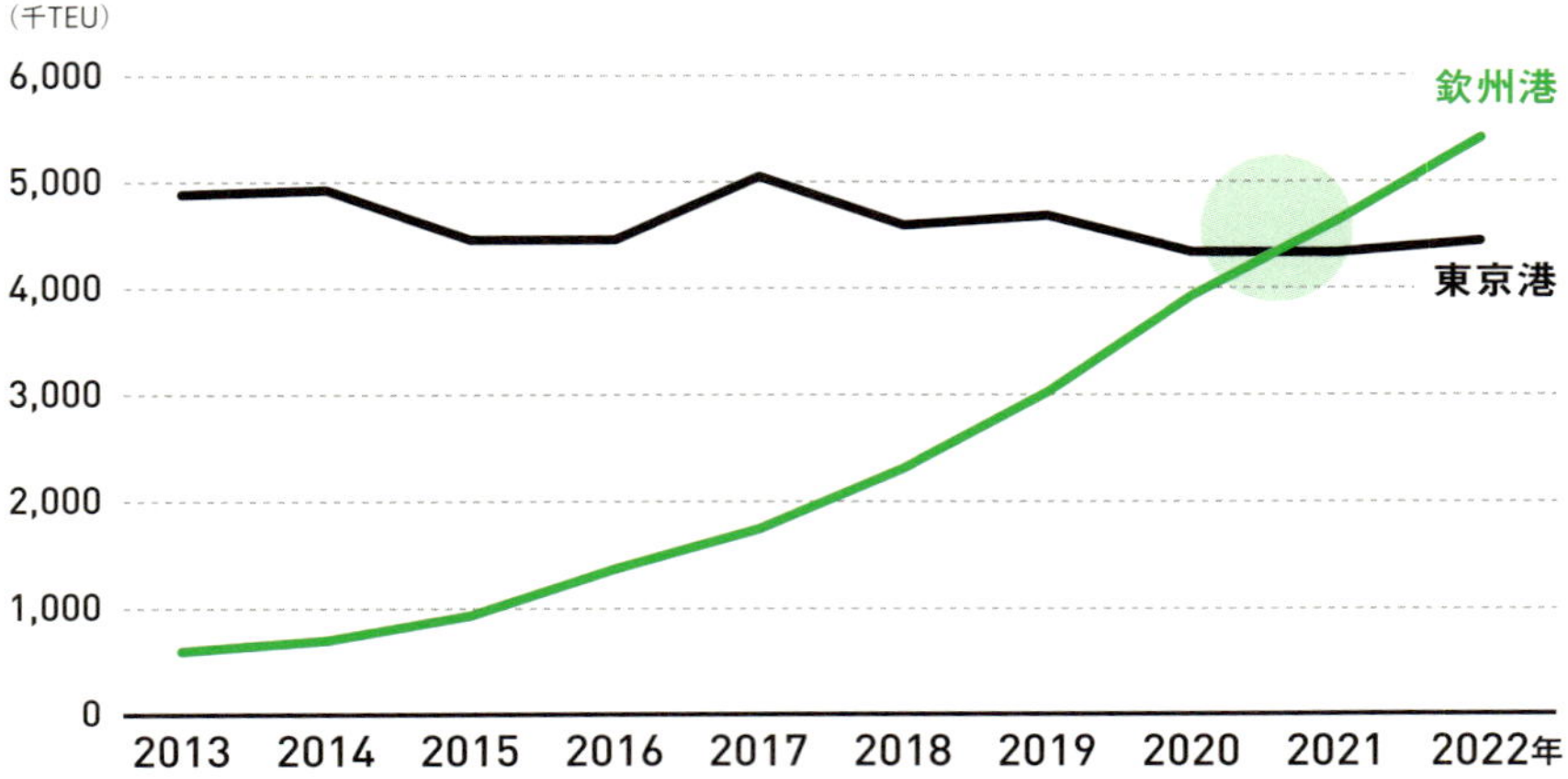

出所：CEICのデータ（“NN: ISL: Container Traffic: Asia: Northeast Asia: Japan: Tokyo” 及び “CN: Coastal Major Port: Container Throughput: TEU: Qinzhou”, 2024年1月31日取得）を基にMonitor Deloitte Institute, Japan作成。

海運関係者向けの中国メディアの「港口圏《コウコウケン》」は、中国の運輸省が発表した22年における中国の港湾コンテナ取扱量のデータに基づいて、「北部湾港は西部陸海新回廊の結節点としての利点を活かし、22年は前年比16・8%増となり、上位10港の中で最も増加率が高かった」[18]と記している。つまり、北部湾港は、この西部陸海新回廊（西部陸海新通道または国際陸海貿易新通道＝The New International Land-Sea Trade Corridor）における要衝として急成長しているというわけだ。

外からは見えにくい「一帯一路」の現実

では、この西部陸海新回廊とは、どのようなものか。西部陸海新回廊は、「一帯一路」と「長江経済ベルト」の交差点に位置する地理的優位性を持つ重慶市が、組織面と運営面の中心地として主導的役割を担っている。

その前身は南向回廊（南向通道）と呼ばれていたが、これをリードしたのも重慶市だ。中国西部は大部分が

【図表9】西部陸海新回廊と従来ルートの比較

出所：中国国家発展改革委員会「西部陸海新回廊全体規画」を基にMonitor Deloitte Institute, Japan作成。

内陸部に位置し、地形が複雑で、これまで東部沿岸部と比べて経済発展、特に交通・物流などのインフラ面で、相対的に遅れていた。以前から、重慶市を中心に、地域戦略としての物流網建設に取り組んでいたが、19年8月に、「一帯一路」政策の国家戦略として、中国西部地域とASEANなどの国々を結ぶ重要なルートを建設し、質の高い経済発展を目指す「西部陸海新回廊全体規画」が国家発展改革委員会より発表された。

西部陸海新回廊は、中国西部の省・自治区・直轄市を、鉄道、海路、高速道路などの交通機関を活用して、ASEANをはじめとした国々と、陸路と海路でシームレスにつなぐ物流網である。その主なルートが、重慶市及び成都市と北部湾港をタテにつなぐものだ【図表9】。

広西チワン族自治区の北部湾港は、中国西部地域からASEANに最も近い港という重要な地理的条件を備えており、とりわけ西部陸海新回廊における陸と海の結節点として発展してきたのだ。習近平総書記が21

年4月に広西チワン族自治区での視察の際、「西部における陸海新回廊の高いレベルでの共同建設」を呼びかけたことから、[19] 広西チワン族自治区が西部陸海新回廊の建設において重要な位置にあることが顕在化したのだろう。

西部陸海新回廊には3つの主要なルートが設けられている。

① 重慶を出発し、貴陽、南寧を通過し、北部湾港に至るルート（中央路）

② 重慶から出発し、懐化、柳州を通過し、北部湾港に至るルート（東路）

③ 成都から出発し、瀘州、宜賓、百色を経て北部湾港に至るルート（西路）

西部陸海新回廊は、前述の通り重慶市が組織面と運営面の中心地として主導的な役割を担う。さらに「13＋2」と呼ばれる、13の省・自治区・直轄市である重慶、四川、雲南、貴州、チベット、陝西、寧夏《ねいか》、甘粛、青海、新疆ウイグル、内モンゴル、広西、海南省と、2つの都市である湖南省懐化《かいか》市と広東省湛江《たんこう》市が密接に協議・協力しており、中国西部の全域をカバーするものとなる[20]【図表10】。

24年2月現在では、西部陸海新回廊の物流網は、中国18省（自治区・直轄市）、70都市、145駅をカバーし、世界120の国と地域の495港に及んでいる。[21] 主な建設例で見ると、重慶市の団結村中央駅は、かつての3車線の小さな駅から、今では12車線に拡大したことで国際貨物ハブ（拠点）に発展した。[22]

重慶市とつながる広西チワン族自治区の欽州港東駅においても、駅長の黄江南氏は「欽州港東駅は開業当時、路線が3本しかなく、貨物列車は週に1〜2本しかなかったが、今では線路が12本あ

【図表10】西部陸海新回廊における「13+2」の地域

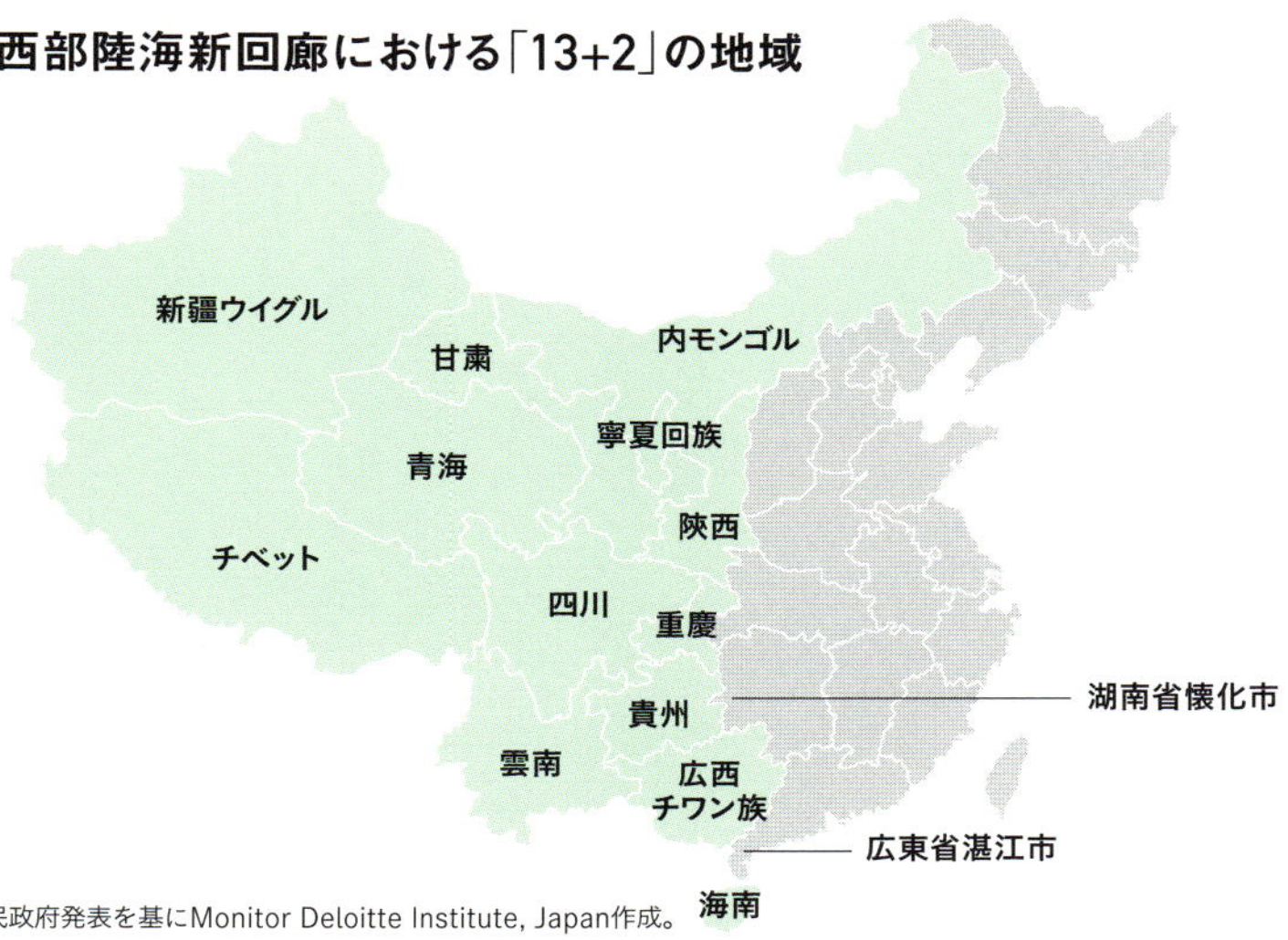

出所：重慶市人民政府発表を基にMonitor Deloitte Institute, Japan作成。

り、毎日20本の陸海複合輸送列車が発着する国際貨物ハブになった[23]」と、その驚異的な発展ぶりを語っている。

23年12月には、広西チワン族自治区の防城港市と、南西端に位置し、陸と海の双方でつながる唯一の港湾都市である東興市を結ぶ「防城港・東興鉄道」が開通した。[24] これにより、防城港市から東興市の移動は現在の道路での運行60分から、鉄道での約20分に短縮され、北部湾港の経済圏の物流網がさらに改善された。[25]

西部陸海新回廊の西路も建設が進められており、唯一欠落している区間となる黄通（貴州省）・百色（広西チワン族自治区）鉄道も23年12月に着工した。西路の完成後、成都から欽州港までの輸送距離は現在の1697㎞から1440㎞に短縮される予定となっている。[26] 東路においても、その重要な構成要素である、河南省焦作市と広西チワン族自治区柳州市を結ぶ焦柳鉄道の懐化～柳州区間の電化改修[27]や、集中メンテナンス[28]が進められている。

西部陸海新回廊の発展は港湾や鉄道網の建設加速に限らない。22年8月28日に、南寧市横州市と北部湾港を結ぶ全長134・2㎞、総額約727億元（1兆4540億円）に及ぶ平陸運河の建設が正式に開始され[29]、22年12月15日には南寧、欽州、北海を結ぶ高速道路の拡張が完了[30]、また南寧の「4時間航空物流サークル」がASEANと南アジアの10カ国・17都市で形成されるなど[31]、発展が続いている。

西部陸海新回廊が意味するASEANとの緊密化

西部陸海新回廊における鉄道・海上の複合一貫輸送列車は17年の178本から22年には8820本と6年間で約50倍[32]、輸送したコンテナ量は17年の3382TEUから22年の75万6000TEUへと6年間で約223倍に増加している[33]【図表11】。いかにその成長のスピードが著しいかが分かる。

ただ、このような鉄道・海上の複合一貫輸送列車が「13＋2」省の全てで成長しているとは言い難いかもしれない。政策上、「13＋2」をアピールするものの、本音としては、重慶や広西チワン族自治区を中心とした、ASEANとの貿易を中心に行う地域を集中的に発展させるつもりなのであろう。内モンゴル自治区や寧夏回族自治区などの地域での発展が見られるかというと、甚だ疑問であり、一歩引いて見る必要がある。

報道によれば、中国商務部国際貿易経済合作研究院は「国際新陸海貿易回廊に関する2023年開発報告書」を作成し、その中で、国際新陸海貿易回廊の建設を共同で行う省、自治区、直轄市と

【図表11】西部陸海新回廊における鉄道・海上複合一貫輸送量の変化

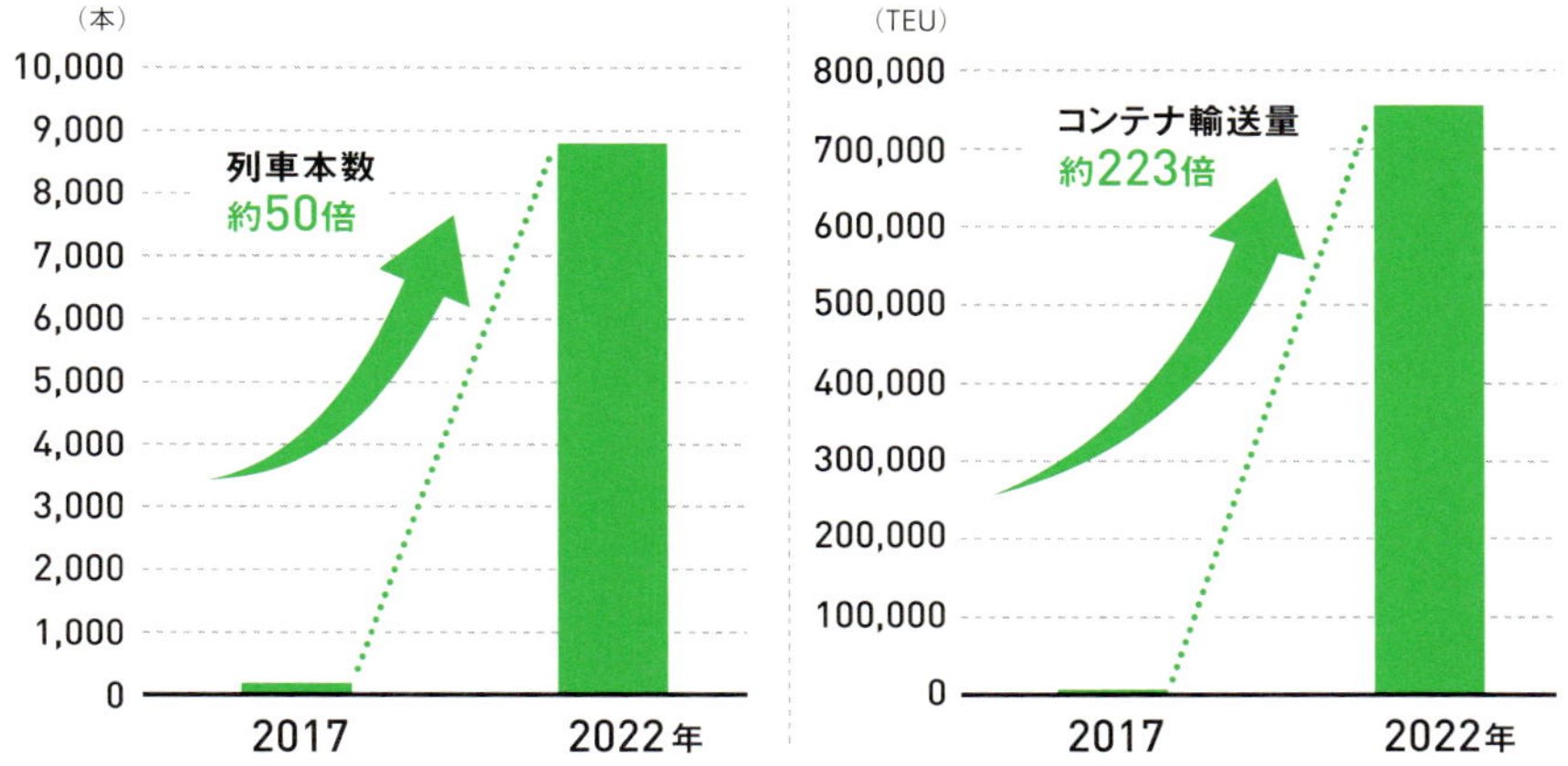

出所：中国中央人民政府、重慶市人民政府発表を基にMonitor Deloitte Institute, Japan作成。

ＡＳＥＡＮ間の貿易額は17年の７５６億米ドルから22年には１３１０億米ドルへと倍近く増加し、年平均成長率は11・６％となっていること、また、過去6年間で、西部陸海新回廊を共同建設する省、自治区、直轄市の総ＧＤＰは34％増加し、消費財の総売上高は22％増加したと述べているという。[34]

既に相当の発展が見られる西部陸海新回廊ではあるが、実はまだその途上に過ぎない。前述の「西部陸海新回廊全体規画」によると、西部陸海新回廊は25年までに基本的な整備の完了、35年までに完全な整備の完了が目標とされており、今後、より一層の発展が見込まれている。

中国西部にも食い込むシンガポールのしたたかな取り組み

このような西部陸海新回廊の急速な発展には、シンガポールの協力があったことが見逃せない。そもそも西部陸海新回廊の前身となる南向回廊は、前述の通り、15年の「重慶・シンガポール戦略的接続性実証プロジェクトの建設に関する枠組み協定」に端を発するものだ。

重慶からの陸海複合一貫輸送のオペレーションを担う中国・シンガポール重慶戦略コネクティビティソリューションズ社（Sino-Singapore Chongqing Connectivity Solutions Co., Ltd）には、シンガポール政府系の港湾管理会社PSA、シンガポール最大手の船会社パシフィック・インターナショナル・ラインズ（PIL）、大手物流会社YCHグループ、香港を拠点とする嘉里物流聯網（ケリー・ロジスティクス・ネットワーク）などが出資している。[35] PSA及びPILは欽州港のターミナルの建設・運営にも関わっている。[36] 加えて、PSAは22年7月には、広西チワン族自治区の北部湾港を管理する北部湾港集団と、サプライチェーンの深化、グリーン港とデジタル化を進めるための協力覚書を締結したことも象徴的だ。[37]

またPILは、中国とASEANを結ぶ「中国シンガポール南寧国際物流園」に出資しており、建設・運営にも関わっている。[38] PILグループの張松生会長は、「近年、広西チワン族自治区におけるPILグループの貨物量は急速に増加している」[39] と述べており、実際に西部陸海新回廊の発展がPILグループの貨物量を増加させていることがうかがえる。他にも中国西部とシンガポール間で密接な結びつきを示す例は数知れない。

シンガポール港は、前述の「ロイズリスト」が発表した22年における「世界のコンテナ港湾取扱量上位100港」では世界2位だった。[40] しかし、近年では同リストで世界3位である中国の寧波・舟山港にその差を詰められている。またシンガポール港からわずか数十kmしか離れていない、マレーシアのタンジュンペラパス港の発展も著しく、17年には19位だったが、22年には15位にまで躍進している。[41] このようにシンガポール港の、世界のハブ港としての地位が危ぶまれる中で、シンガポールは中国本土での物流で稼ぐための戦略も見据えているのではないか。

以上のように、近年急速な発展を遂げる西部陸海新回廊を、企業が活用した事例として、中国からASEANへの事例、ASEANから中国への事例、そしてもう一つ進んだ例として、中国を経由したASEANからEUへの物流について取り上げる。

「西部陸海新回廊」を使い、中国とASEANの物流時間を大幅に短縮

西部陸海新回廊を活用し、中国からASEANへの物流を大幅に改善した企業例として、重慶市に本社を構える、中国企業トップ500の一つ、賽力斯集団（セレスグループ、旧称ソコングループ）が挙げられる。[42]

セレスグループは、新エネルギー車（EV）及び従来のガソリン車の両方について、完成車及び部品の研究開発、製造、販売、サービスを行うメーカーであり、その売上高は21年の167億元（約3340億円）から23年の358億元（約7160億円）へと2倍以上の成長を遂げている。[43] 同社がファーウェイ（HUAWEI、華為）とタッグを組み立ち上げた主力ブランドAITO（アイト、問界）は、24年1~3月の高級ブランド売り上げランキングで、ドイツ御三家、テスラに次いで5位にランクインするなど、同社は中間層のみならず高所得者層に至るまで幅広い人気がある。[44]

セレスグループは重慶市にある両江工場、鳳凰工場、そして24年2月に完成・生産開始した第3工場の3拠点に加え、インドネシアにも完成車のスマート工場を有している。

西部陸海新回廊建設以前は、セレスグループでは「インドネシアに自動車部品を送る際、従来の川と海を利用した輸送方法（一般的に、長江に沿って上海まで輸送し、その後上海から東南アジアに輸送するモデルを指す）では、30日を要していた」[45]（海外事業部ゼネラルマネジャー張星燕氏）という。

この物流の日数が、西部陸海新回廊によって劇的に短縮された。セレスグループは他社に先駆けて西部陸海新回廊に着目した。製造する自動車部品について、19年4月という早い段階でコンテナ25個、500万元（約1億円）以上を重慶市から鉄道に積み込み、南に向かって広西チワン族自治区の欽州港で船に積み替え、インドネシアに運んだ。[46]

張星燕氏は、インドネシアに輸出する自動車部品について、「西部陸海新回廊ではわずか18日で到着し、輸送効率が大幅に改善されている[47]」と語っている。セレスグループのインドネシア工場の現地の年間最大生産能力は5万台に達し、東南アジア市場での事業を拡大しているが、間違いなくこの西部陸海新回廊の発展が貢献しているだろう。

セレスグループは西部陸海新回廊の活用をより一層進めている。23年3月には、西部陸海新回廊を用いて、欧州向けに新エネルギーの完成車両モデルを輸出したが、これは、西部陸海新回廊を用いて新エネルギー車両を複合一貫輸送した初めての例となる。[48] インドネシア向けの自動車部品と同様に、欧州向けのＥＶ車両の輸送についても、張星燕氏は、「従来の方法と比較して、西部陸海新回廊は輸送時間を10～20日間短縮できる」[49]と述べている。22年時点で、西部陸海新回廊を通じて、1万TEU以上の完成車と部品を世界に輸出しており、その額は20億元相当に及んでいる。[50]

西部陸海新回廊運営・組織センター所長の劉瑋（リウ・ウェイ）氏は、「全体として、自動車製品は、この国際回廊（西部陸海新回廊）で最も価値が高く、輸送量が最も多い製品の一つになりつつある」[51]と述べている。西部陸海新回廊は、中国西部地域の産業発展の在り方に変化をもたらしているのである。だが新たな物流網の威力はこれだけではない。

ASEANから新鮮な最高級ドリアン（猫山王）も中国へ

23年11月10日、中国北部の山西省龍城万達広場のスーパーマーケット美特好（メイト）に、マレーシア産ドリアンの最高級品種「猫山王」をブランド化した「猫山恋」が正式参入した。[52]「猫山王」は、ドリアン界のエルメスやロールスロイスとも呼ばれ、中国で熱烈な愛好家が存在する。これをブランド化した「猫山恋」は1玉で300～600元（約6000～1万2000円）ほどで売られている。一般的なドリアンの数倍の価格だ。猫山恋の購入者[53]からは、「マレーシアで食べたものと同じ本場の味だ」「特に新鮮」「素晴らしい」と好評だ。

タイ産のドリアンは7～8割程度熟した果実を収穫しており、輸送の過程でほどよく熟されるので、輸送面では比較的扱いやすいとされる。他方、マレーシア産の「猫山王」は、完熟して木から落ちたものを収穫・輸送するので、賞味期限が非常に短い。このため、より高度な物流網が求められるのだ。実は、中国北部の山西省のスーパーマーケット美特好で流通し、食卓に上る「猫山恋」は、北部湾港の管理・運営を行う広西チワン族自治区人民政府直属の国有企業・北部湾港集団の子会社である広西北港物流有限公司（北部物流）が立ち上げたブランドであり、西部陸海新回廊の発展と切り離せない関係にある。

その経路を追ってみよう。23年9月9日、冷凍・殻付き丸ごとのマレーシア産ドリアンの最高級品種「猫山王」が、西部陸海新回廊のうち「マレーシアクアンタン港－北部湾港－四川・重慶」の複合一貫輸送ルートで初輸送された。[54] 果樹園で成熟して木から落ちたドリアンをすぐに選別し、液体窒素で急速冷凍し、中新南寧国際物流園の冷蔵倉庫に到着するまで、全プロセスをマイナス18度に保つコールドチェーンで運んだのだ。南寧国際総合国際物流区有限公司の陳禹豪氏は、「マレーシアでの収穫から輸入の通関まで、以前よりも5日間短縮され、猫山王の最も本物の味が完全に復元された[55]」と語っている。

その後、北部物流と、山西全球蛙電子商取引有限公司（実店舗にEコマースプラットフォームを展開する企業[56]）が、冒頭に記した通り、山西省のスーパーマーケット美特好に「猫山愛」を扱う1号店として出店した。ブランドとしてお披露目されたのだ。南寧市のフラッグシップ店のオープンからわずか2カ月で、北部湾港から約2000km も離れた山西省のスーパーマーケットに進出したのだ。これは北部湾港の高度なコールドチェーンの物流網があるからこそ実現したものだ。

このように、西部陸海新回廊の発展は、中国とＡＳＥＡＮの物流の時間を縮める一方で品質を高め、家庭の食の楽しみ方まで変えているのだ。

中国が中継地点に？　ASEANとEUの新たな結合

西部陸海新回廊の発展の影響は、中国とASEAN間の物流の発展にとどまらない。中国を経由して、ASEANと欧州をつなぐ物流に発展させようという動きもある。重慶を結節点として、欧州とつなぐ鉄道「中欧班列」と連携させるのだ。

21年において、コロナ禍の拡大により海上コンテナ輸送コストが大幅に上昇し、サプライチェーンの混乱が生じていた最中のことである。韓国のサムスン電子、フランスのスポーツ用品大手のデカトロンは、東南アジアで生産した電子製品や衣料品を欧州に輸出する際、従来通りの海路ではなく、代替ルートとしてベトナムから重慶まで、そして重慶から欧州まで一貫して鉄道で輸送した[57]。このような動きは、新型コロナウイルス感染症の拡大による一時的なものだったわけではない。サムスン電子やデカトロンについては、西部陸海新回廊を使って重慶に輸送し、その後、中欧班列で貨物を運ぶことが増えている、と23年2月に報道されている。

このように中国を経由して、ASEANから欧州に貨物が輸送されるのは、中国にとってもプラスとなる。フランスのリール・カトリック大学のエリック・モテット教授は、ベトナムメディアRFI Vietnamによるインタビューで「実際、中国も交通インフラシステムから利益を得る必要があるため、ベトナムが自国の鉄道システムを利用することを歓迎している。これは中国政府にとって、中国国内で建設されたインフラプロジェクトへの巨額投資を相殺するために重要である[58]」と指摘している。

また近年は、中国の8大港湾（上海港、天津港、広州港、青島港、寧波港など）におけるコンテナ取扱量の予測と、実際の貿易額に差が生じ始めているという話もある。その理由は、海上輸送との連結を含め、上記の事例のような鉄道や、高速道路といった陸上輸送が、顕著な勢いで発展したからだと考えられる。コロナ禍を経て、輸送方法が多様化を遂げているのだ。

以上のように、中国は、これまでの物流の中心を担ってきた東部沿岸に加え、特に中国西部において、西部陸海新回廊という形で急速に物流ネットワークを拡大させ、中国西部と、ASEANをはじめとする国々との物流の迅速化・高度化・強靭《きょうじん》化を進めた。

日本では「中国の『一帯一路』政策が行き詰まっている」との議論がもっぱら交わされている。だが、それは前述したような実相を見落としている。中国が「一帯一路」を提唱したのは13年だが、既に10年以上が過ぎており、現実には中国国外の外資系企業を巻き込んで、着々と、そして一層顕著に進んでいる。

結びと次章へ向けて

以上、日本からはなかなか見えにくいチャイナ・アセアンのつながりについて、中国の物流面から語ってきた。中国は「中・東盟5カ年計画」という形で、中国とASEANの発展のグランドデザインを描き、さらに、省・自治区・市が競争しながら戦略を立て、ASEANに攻め込んでいるのだ。

本章では、政策がビジネスと人々の生活まで変えたダイナミクスの例として、広西チワン族自治区の欽州港と重慶市に焦点を当てた。従来、発展を牽引《けんいん》した東部沿岸部ではなく、西部内陸に位置する自治体が、ASEANとの物流を大幅に改善するのみならず、ASEANと欧州をつなぐ結節点として発展しつつあることは、まだ知られていない。

次章では、マクロの視点から、中国、ASEAN両地域の貿易・投資・国際収支のデータを分析し、この地域の経済の動きを追っていく。

Chapter 2 ▸▸▸ Take Away

☑ 「見えにくいところに焦点を当てる」レンズで成長機会を見逃さない。

☑ 中国の物流は、コロナ禍や中国減速論の中でも、群を抜いて大きく成長していた。

☑ 中国西部は、チャイナ・アセアンにおける物流の結節点のみならず、ASEANと欧州の交差点にもなりつつある（中国の交差点化）。

Chapter 3

マクロ経済統計から見るチャイナ・アセアンの変化

3章では、マクロ経済統計に基づくデータ分析を通して、前章までに浮かび上がってきたチャイナ・アセアンの実態と変化を追う。ここでのエッセンスは、一つのデータ、つまり一枚のレンズだけでなく、複数のレンズを使って、対象を多面的に観察することにある。すなわち貿易・投資・国際収支という3つの観点から、何が言えるのかを改めて探っていく。いわば、複数の鳥の眼による分析であるとも言えよう。

特に貿易については、チャイナ・アセアン間の「モノの流れ」を子細に追うため、モニターデロイト インスティテュート ジャパンが120万行以上に及ぶ膨大な輸出入統計を「分解」、つまり国際貿易における世界共通の品目番号である「HSコード」[1]の単位までバラして分析を行った。いわゆるビッグデータを用いた分析だ。手前味噌になるが、手間と費用をかけた非常に高度な分析である。多大な苦労はあったが、分析データの一部を本書で公開する。

3章では、まず第1節で中国とASEANの貿易を見ていく。コロナ禍の最中も含め右肩上がりではあったが、その質が変化している。またASEAN各国の中でも、「持てる国」と「持たざる国」の間で差が広がり始めている。

第2節の投資の面では、中国とASEANの間に生じた「すれ違い」に着目する。すなわち、中国がASEANに対し、得意とする先端領域や資源獲得で絞り込みをかけながら、一層入り込んでいく半面、ASEANは中国への投資を手控え、米国やインドに目を向けている。

第3節では、より総合的に、国際収支の観点から、中国とASEANが置かれた関係を見る。データを見る限り、中国の対外投資は必ずしも、うまくいっているようには見えない。「一帯一路」

の推進も見直さざるを得ないのではないか。一方、ASEANも、域内に投資をした外国企業にロイヤリティー（配当金）を支払い続けており、外国企業頼みの構造から脱却しきれていない。

このようなチャイナ・アセアンという舞台において、日本が入り込める場所はまだまだあるにもかかわらず、どこか隙間風が吹いているのではないか。本章の最後に、この疑問について考察したい。米国の動きにも注目が必要だ。このままでは、「日本抜き」の世界が到来しかねない。

1 貿易：世界で最も大きな伸びを示す

地政学上のリスクが高まる中で拡大

2013～23年の世界の貿易額（輸出額FOB[2]＝Free On Board船上渡しベース）を見ると【図表1】、米中貿易摩擦や新型コロナウイルス感染症拡大といった地政学上のリスクやパンデミックが発生した18～20年にかけては貿易額が一度落ち込んでいる。しかし、その後世界の貿易額は急回復し、22年には過去最高額（約25兆ドル、約3750兆円）に達した。

23年は、世界経済の鈍化に伴い貿易の停滞が指摘された。だが、その実績を見ると確かに22年と比較すれば成長が鈍化している傾向にはあるが、依然として21年の貿易額を上回っており、引き続き高い水準にあったことが分かる。

【図表1】 世界の貿易額（輸出額FOBベース）

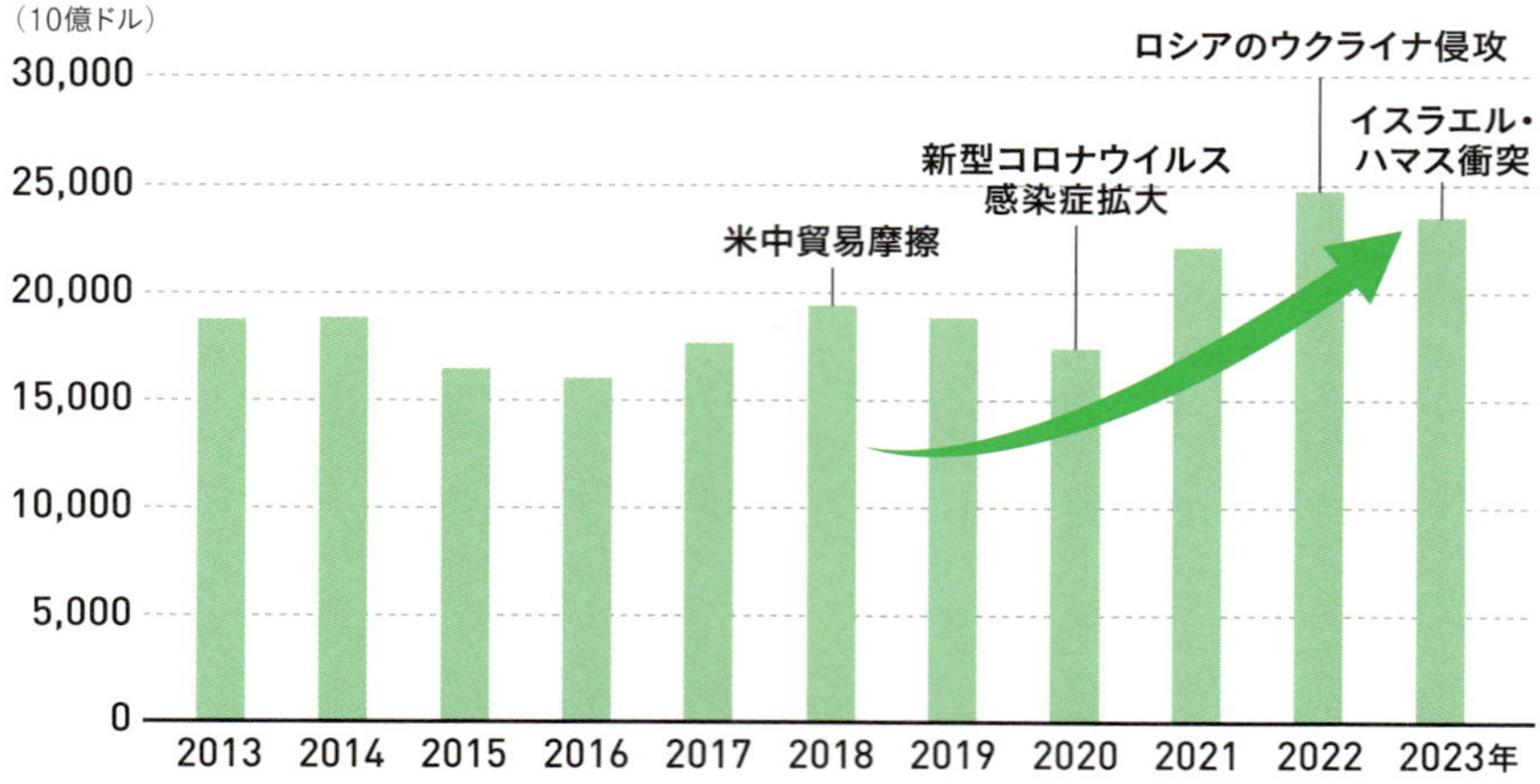

出所：IMF Dotsのデータ（2024年3月29日版）を基にMonitor Deloitte Institute, Japan作成。

世界の貿易は、米中対立の常態化、ロシアのウクライナ侵攻、イスラエル・ハマス衝突といった地政学上のリスクの高まりに反して、ますます拡大傾向にあるといえよう。

世界の貿易における チャイナ・アセアンの位置付け

では、チャイナ・アセアンの貿易は、世界の貿易と比較すると、どのように見えてくるだろうか。世界の貿易額は、地政学イベントの発生が加速した18～23年にかけて約1・21倍（年平均成長率＝以下年平均3・9％）の成長を遂げた。

当然ながら、この世界の貿易額は経済レベルや規模の異なる国・地域全体の統計であり、各地の成長率にはバラつきが生じている。そこで、世界の貿易を「先進国同士の貿易」「先進国と新興国の間の貿易」「新興国同士の貿易」の3パターンに分けて見ていこう。[3]

【図表2】コロナ前後における世界の貿易（FOBベース）の変化

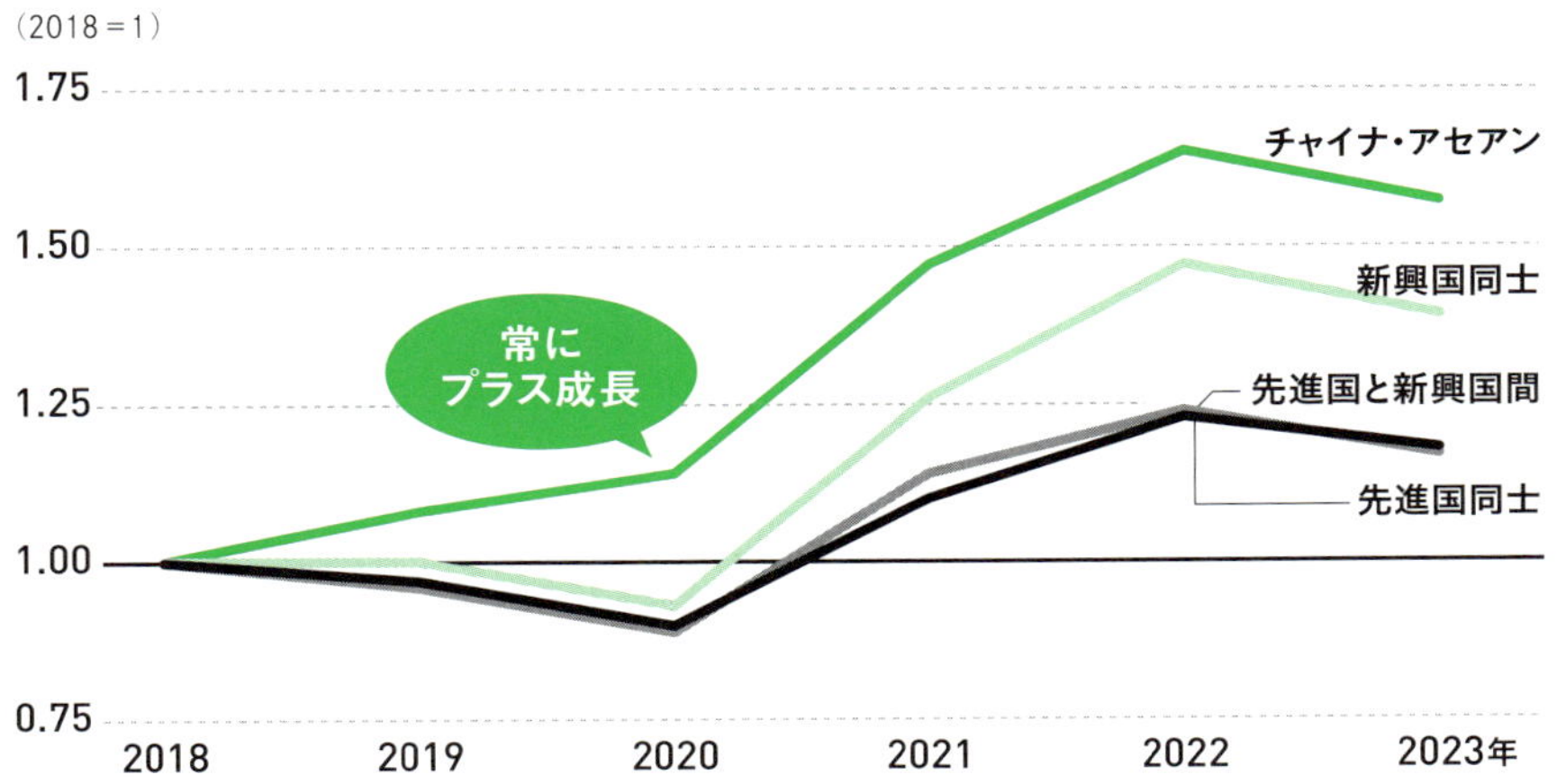

出所：IMF Dotsのデータ（2024年3月29日版）を基にMonitor Deloitte Institute, Japan作成。

すると、図表2の通り、最も伸びが大きいのは「新興国同士の貿易（約1・39倍、年平均6・9％）」であることが分かる。「先進国同士の貿易（約1・18倍、年平均3・4％）」と「先進国と新興国の間の貿易（約1・17倍、年平均3・1％）」はむしろ、世界の平均を下回っているのだ。新興国同士の貿易が、地政学上のリスクなどの高まりなどが生じた18～23年の6年間において、世界の貿易額の成長を押し上げたといえる。

チャイナ・アセアンの貿易の大部分は、この18～23年にかけて最も伸びていた「新興国同士の貿易」に位置付けられる。[4] 驚くことに、チャイナ・アセアンの貿易の成長率は、「新興国同士の貿易」の成長すらも凌駕しており、約1・57倍（年平均9・4％、世界平均の倍以上）にまで達している。

さらに興味深い点として18～23年におけるチャイナ・アセアンの貿易額の推移を見ると、世界の貿易は、18～20年にかけて落ち込んだものの、チャイナ・アセアンの貿易は、同期間も成長しており、米中貿易摩擦

【図表3】 中国の主要貿易相手国（輸出入額合計）

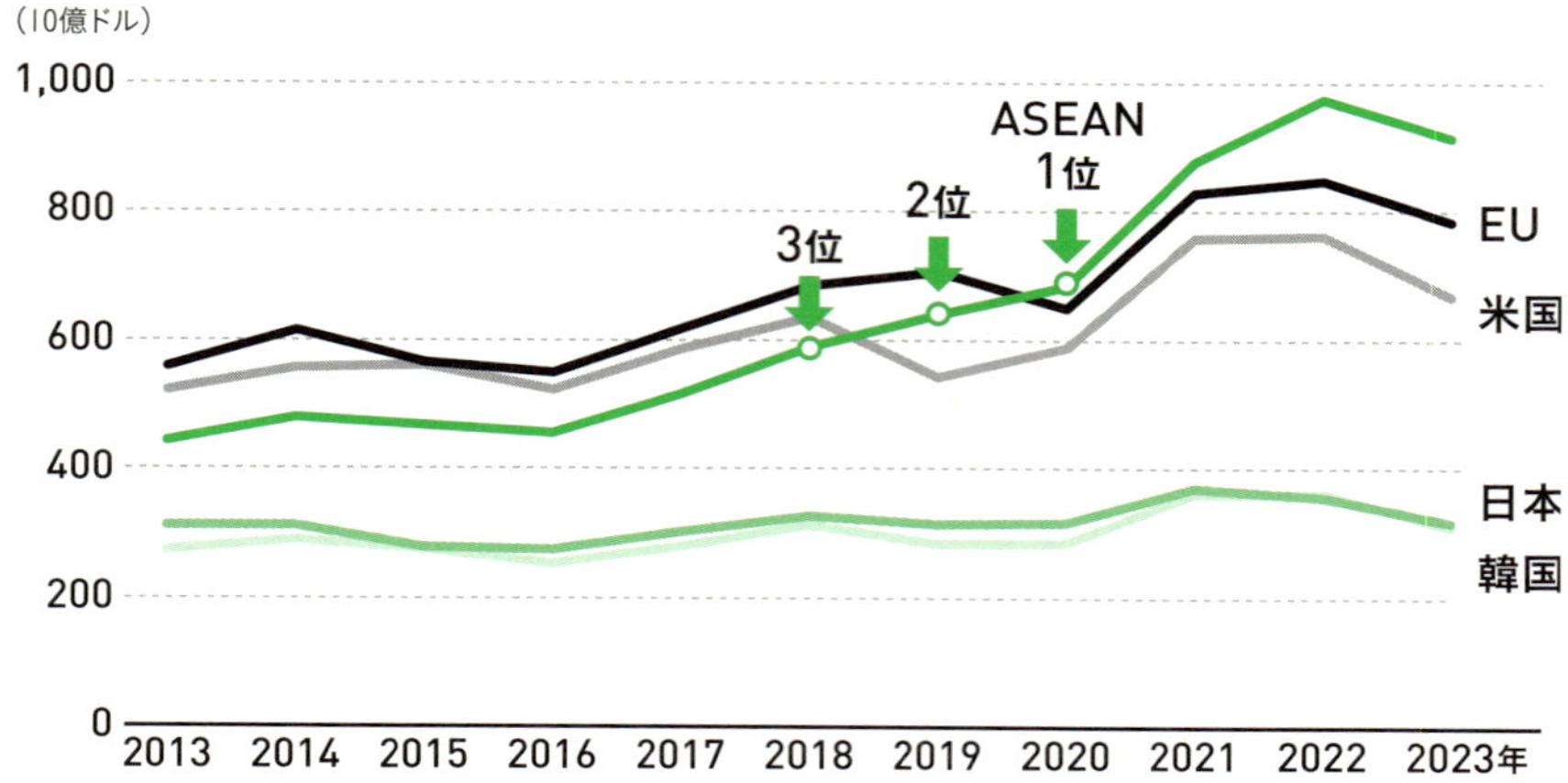

※EUは2019年まではEU28カ国、2020年以降は英国の離脱に伴いEU27カ国を集計
出所：International Trade Centreのデータ（Trade Map, 2024年4月6日取得）を基にMonitor Deloitte Institute, Japan作成。

や新型コロナ禍が起きていた期間を通じても、ますますその関係を深めていたことがうかがえる。

中国から見たASEANとの貿易

チャイナ・アセアンが世界の中でも著しい発展を遂げている貿易圏であることは確認できたが、中国側の目線、ASEAN側からの目線で見ると、お互いは貿易相手としてどのような位置付けであったのだろうか。

まず中国から見た貿易額（FOBベースの輸出額及びCIF[5]ベースの輸入額の合計）では、ASEANは18年時点では、EU、米国に次ぐ3番目の貿易相手であったが、19年に米国を抜き第2位、続く20年にはEUを抜きトップとなっている【図表3】。

ASEANから見た中国との貿易

他方、ASEANから見た貿易額（同様に、FOB

【図表4】ASEANの主要貿易相手国（輸出入額合計）

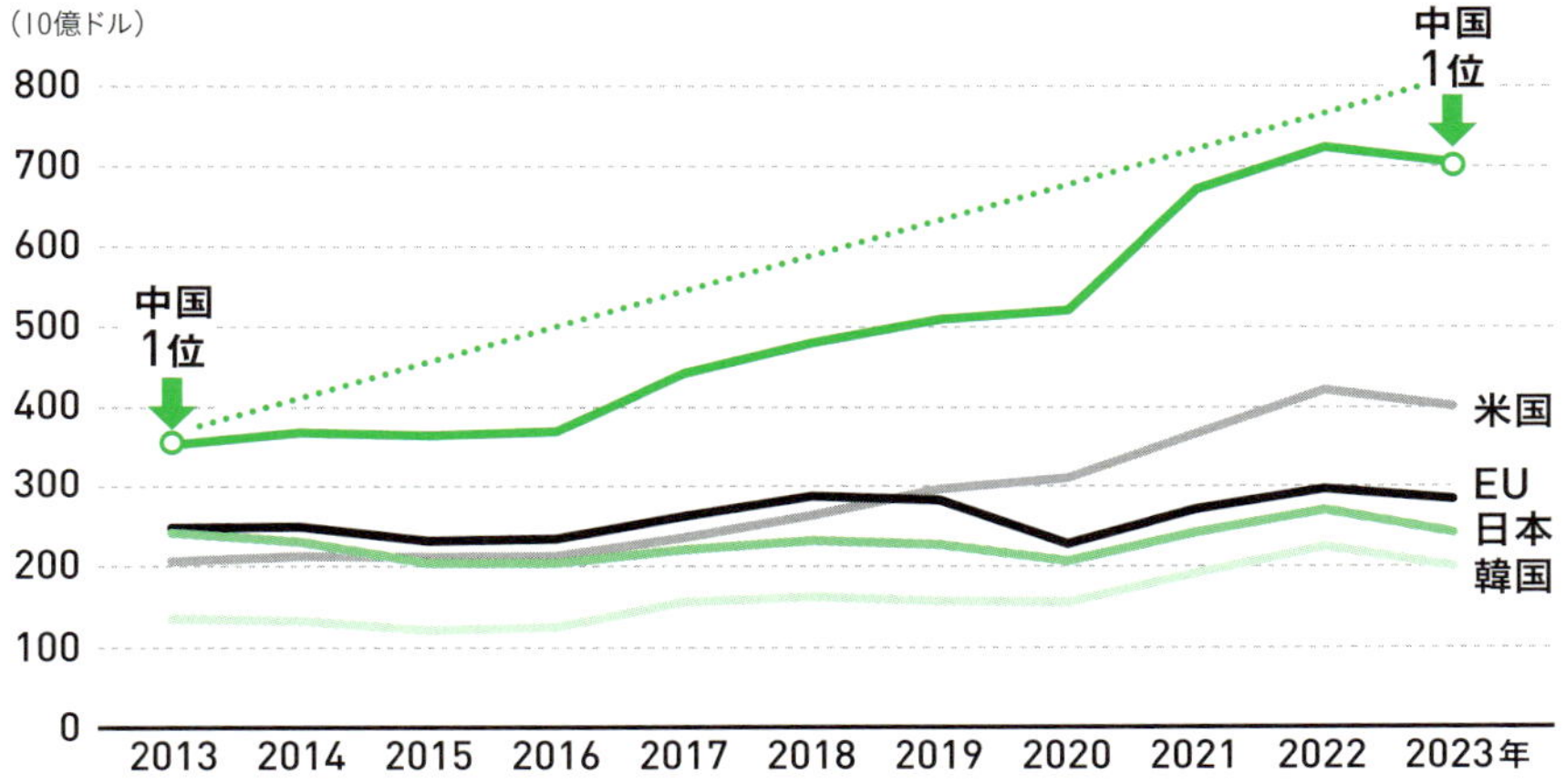

※EUは2019年まではEU28カ国、2020年以降は英国の離脱に伴いEU27カ国を集計
出所：ASEAN Statsのデータ（2024年4月19日取得）を基にMonitor Deloitte Institute, Japan作成。

ベースの輸出額及びＣＩＦベースの輸入額の合計）で見ると、13～23年にかけて、中国は一貫して最大の貿易相手国となっている【図表4】。

これまで見たように、世界の貿易は地政学上のリスクの高まりが生じた中でも伸び続けており、特に新興国においてその成長が著しい中で、チャイナ・アセアンの貿易が、世界の貿易が停滞していた時期を含め突出したレベルで成長を続けていた。

23年時点では、中国から見ても、ＡＳＥＡＮから見ても、互いが貿易相手トップとなり、世界の最も発展を続ける突出した貿易経済圏の一つといえる。

ビッグデータで分析する チャイナ・アセアンの貿易の変化

貿易額を見る限り、チャイナ・アセアンの関係性は強固なものであるが、今が黄金期かもしれない。中国経済が減速する中で、ＡＳＥＡＮの中には、中国に対する姿勢を変化させている国もある。一方で、中国との関係性を想像以上に深めている国もある。このような環境下で、チャイナ・アセアンの貿易も、新たなステージを迎えているのかもしれない。今回は、チャイナ・アセアンの膨大な輸出入統計[6]に基づき、細かい品目に分解して輸出入品の流れを把握した。これにより、中国とASEAN各国とが、どのような経済あるいは特定の産業において、どのようなつながりがあるか、改めて解釈し直すという作業を試みた。

分析方法としては、中国からASEANへの輸出（FOBベース）と、中国のASEANからの輸入（CIFベース）に分け、国際貿易における世界共通の品目番号「HSコード」（あらゆる貿易対象商品を数字で表す。例えば、身近なものでいえば、スマートフォンは一般的にHS8517・13に分類される。日本語では「輸出入統計品目番号」「関税番号」「税番」と呼ばれている）を用いて、13～23年の各国レベルでの貿易品目の動きを調べた。

ちなみに、HSコードの上6桁は世界共通で定められており、7桁以降は各国が任意に定めることができる（日本においてはHSコード9桁まで定められている）。本分析では6桁（5000件以上）までを使用した。

なお、本検証は中国とASEANの貿易という国・地域の間で統計データに基づき実施しているが、同様の分析は、実は各企業でも関税法の要件に基づいて保存している「輸入許可通知書」と「輸出許可通知書」の項目をデータ化することで、自社について実施することが可能だ。

では、少し細かい解説になるがお付き合いいただきたい。

【図表5】中国のASEANへの国別輸出額（FOBベース）

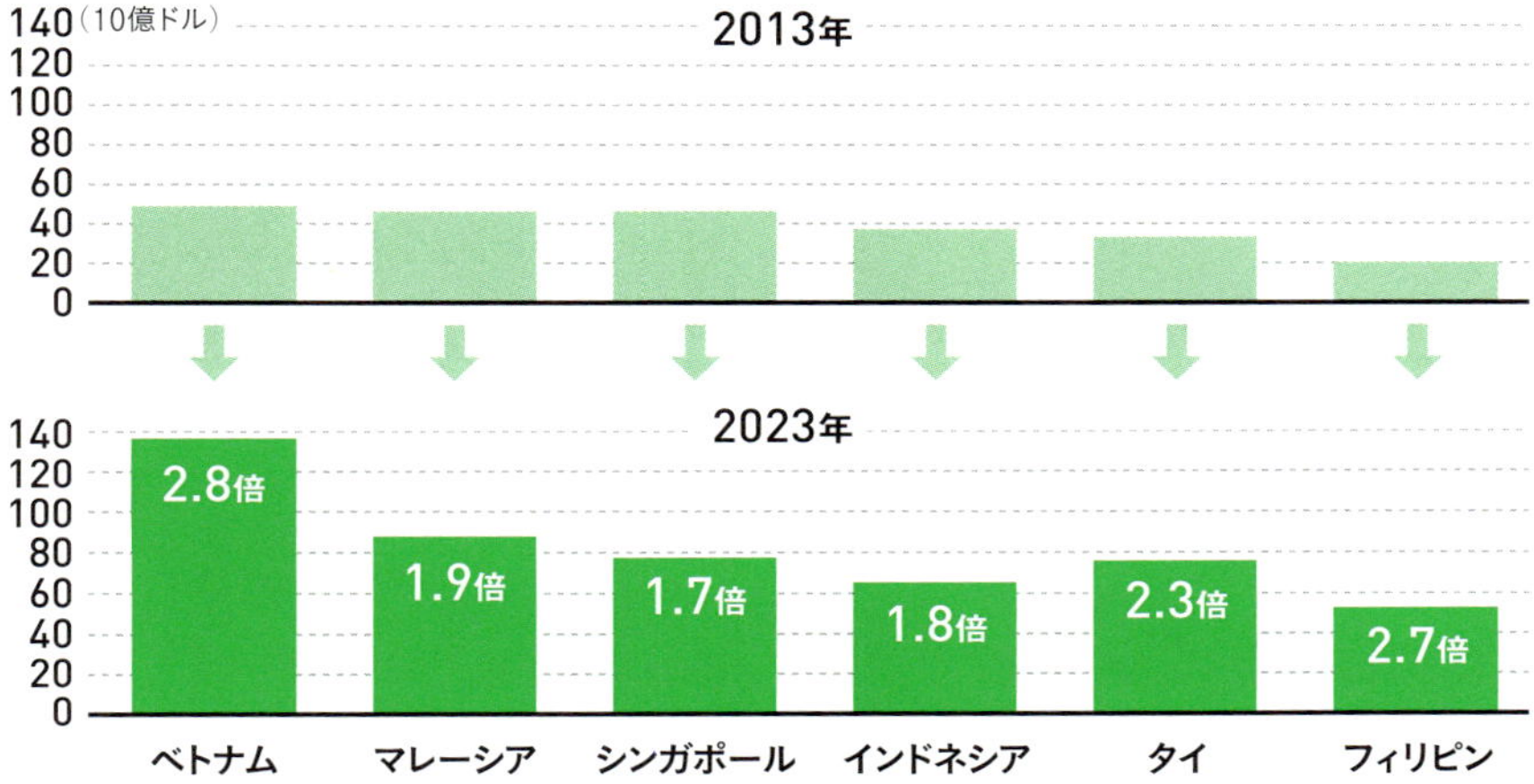

出所：International Trade Centreのデータ（Trade Map, 2024年4月3日取得）を基にMonitor Deloitte Institute, Japan作成。

中国からASEANへの輸出

まず、中国からASEAN6カ国[7]への輸出について見ると、13年から23年にかけて、輸出相手としてベトナムが頭一つ飛び抜けてはいるものの、総じて比較的バランスよく輸出額が伸びているように見える【図表5】。また、その品目の内訳は、機械・電気機器、卑金属、繊維を中心とした構成となっており、大きな変化は生じていない【図表6】。

ただ、ASEAN各国の経済力と照らし合わせた場合には見え方が異なる。23年のASEAN全体の名目GDPに占める各国の割合を見ると、インドネシア（36・0%）、タイ（13・5%）、シンガポール（13・2%）、フィリピン（11・5%）、ベトナム（11・4%）、マレーシア（10・9%）と続く[8]。他方で、23年の中国からASEAN各国への輸出額で見ると、インドネシアやタイといった23年の名目GDPトップ2の国が、輸出先としては5位、4位に位置付けられる。

【図表6】 中国のASEANへの品目別輸出額（FOBベース）

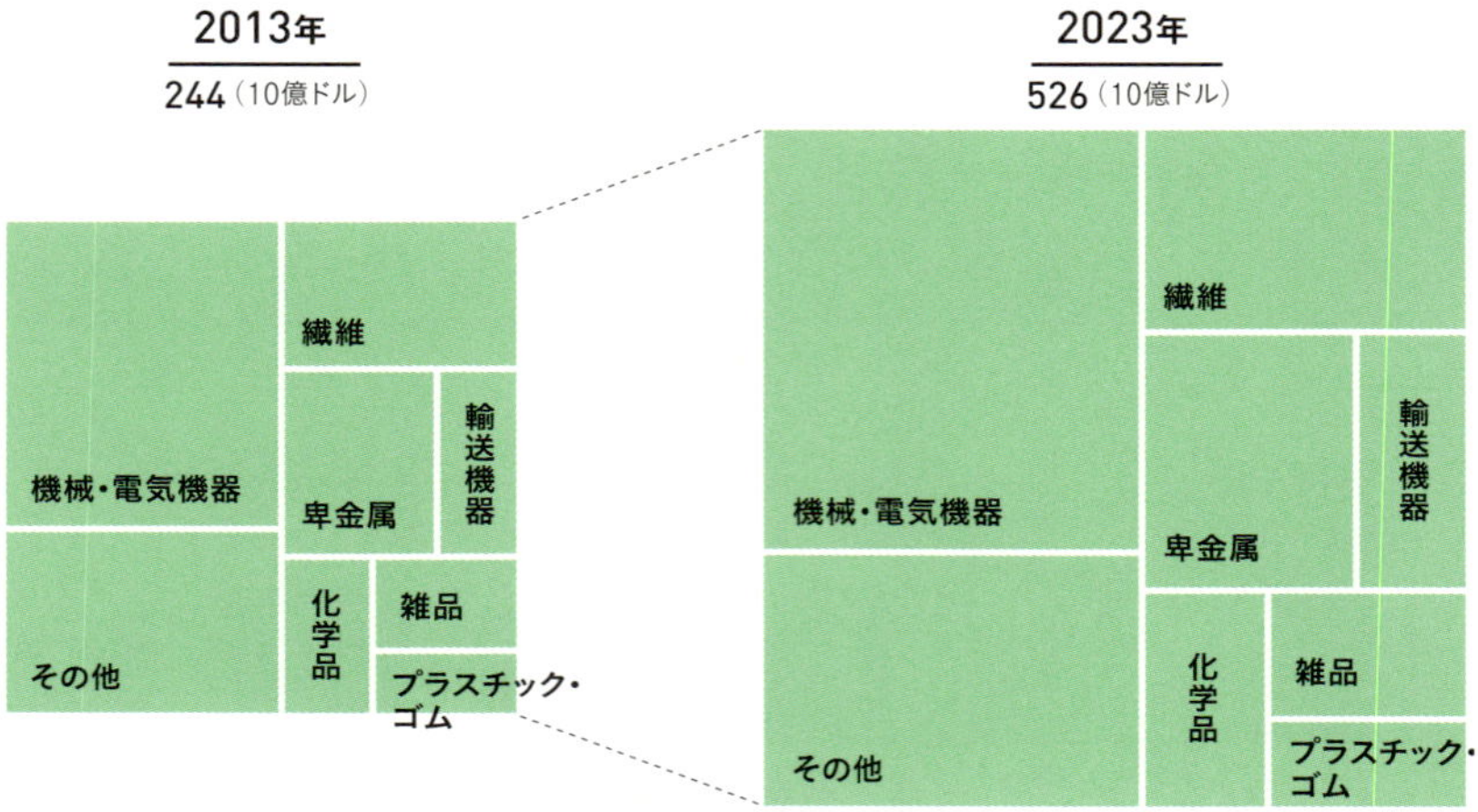

出所：International Trade Centreのデータ（Trade Map, 2024年4月3日取得）を基にMonitor Deloitte Institute, Japan作成。

その中で、名目GDPでASEANの5番手であるベトナムは、中国からASEANへの輸出相手としては、13年の時点で既にトップではあった。そこからさらに飛躍し、13～23年の間に2・8倍（年平均11・0％）と、ASEAN6カ国の中で、最も拡大したのだ。

だが、この結果には注意が必要だ。ベトナムへの輸出が増加したといっても、ベトナムのGDP（23年は4337億ドル）が広東省のわずか4分の1に過ぎない[9]ことを考えると、ベトナム国内での消費のために、中国から完成品の輸出が増えたというわけではないようだ。その根拠となるのが、中国が輸出している品目だ。

中国からベトナムへの輸出品目を詳細に見ていくと、機械・電気機器が中心であり、その割合は一段と高まっている。輸出額としては、13年から23年にかけては3・9倍（年平均14・7％）と著しい増加が見られ、その他の品目の2・3倍（年平均8・9％）を大きく上回る【図表7】。

【図表7】 中国のベトナムへの品目別輸出額（FOBベース）

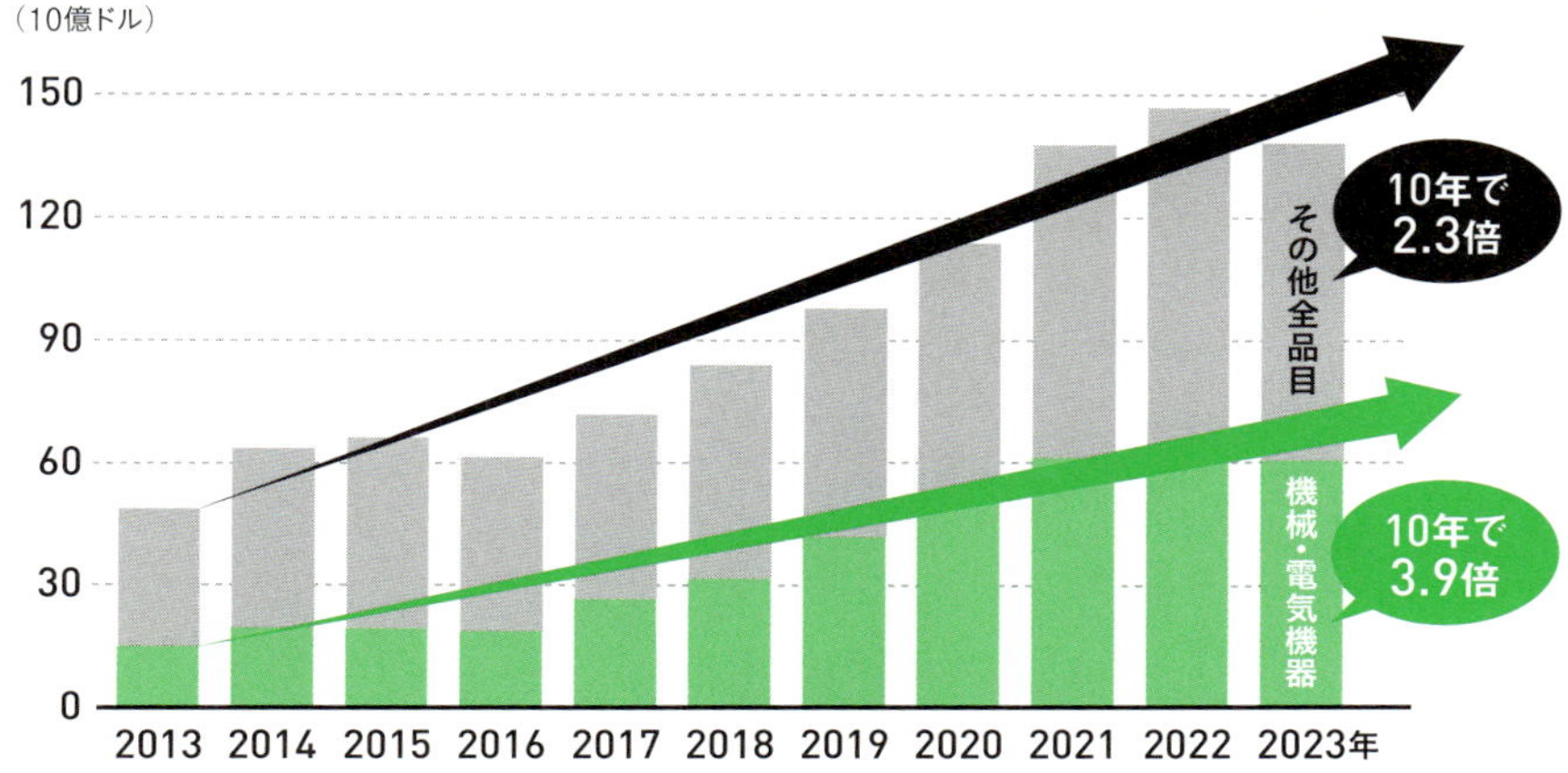

出所：International Trade Centreのデータ（Trade Map, 2024年4月3日取得）を基にMonitor Deloitte Institute, Japan作成。

機械・電気機器の品目は多岐にわたるが、23年における代表的なものは集積回路（プロセッサー及びコントローラー）[10]、電話機等の部分品[11]、集積回路（メモリ）[12]、フラットパネルディスプレーモジュール[13]、リチウム・イオン蓄電池[14]だ。主にベトナムの基幹産業であるスマートフォンなどの生産のために、中国から輸出されているものと推測される。

実際に、スマートフォンのODM（相手先ブランドによる設計・製造）で世界的に知られる中国の華勤技術（Huaqin Technology）の取締役会事務局長の王志剛（ワン・シーガン）氏は、中国メディアでベトナム工場は依然として中国から多くの部品を輸入する必要があることを指摘し、「スマートフォンは1500から1600の部品から構成されるが、産業チェーンの完全性の点で中国に匹敵する国はない」と述べている[15]。仮に脱中国に踏み切ったとしても、その移転先はまだ産業チェーンが構築されておらず、結局は中国からの部品輸入頼みになってしまうという構造だ。これが中国からベトナムへの輸出額増加の背景といえよう。結局のところ、脱中国の動きは、むしろ中国の産業チェーンの国際的な影響力を高めるという、逆説的な結果が生じかねないのだ。

結論として、中国からASEANへの輸出を見ると、各国に対しても、品目でも、バランスよく拡大の傾向にある。中でも顕著な輸出先となっているのはベトナムで、とりわけ機械・電気機器に関しては、前述したような製造拠点の移転とそれに伴う部品の輸出増加という両国の関係が背景にある。

column

チャイナ・プラス・ワンの真実

話はややそれるが、米中対立を背景に、中国に投資してきた日韓含む外資系企業（主にグローバル・ウエスト）が生産拠点の脱中国を進めており、その移転先としてASEANが有力候補に挙げられる点に触れておきたい。ベトナムを筆頭に、マレーシア、タイなどが注目されているが、インドネシアを含めても、中国からの移転先としてはまだまだ難しい面が多いのではないか。

中国の23年の名目GDPは約17兆6620億ドル（約2649兆3000億円）であるのに対し、ASEANのGDPは約3兆8101億ドル（約571兆5150億円）ほどだ。[16]

同様に、中国の22年の人口は約14億1000万人に対し、ASEANの人口は約

6億8000万人である。[17] 中国の国土面積は約960万㎢、ASEANのそれは約449万㎢だ。[18]
それぞれの規模の面で、いかに差が大きいか分かるだろう。まして、中国並みの資本インフラの蓄積があるかというと、ASEAN諸国はまだまだだ。
また、ASEANの、さらにその先の移転候補国としてインドの名前挙がるが、当のインドのインフラや資本整備はさらにASEANとも開きがある。ヘッジング先としての議論はもっと先の話だろう。

中国のASEANからの輸入

次に、中国のASEANからの輸入を見ると、その逆の中国からASEANへの輸出と比較して、より顕著な変化が生じている【図表8】。13年にはASEAN6カ国で横並びともいえるものであったが、23年では大きなバラつきが発生しているのだ。23年には、マレーシア、ベトナム、インドネシアの3カ国で、中国のASEANからの輸入額の69・4%を占める。他方で、シンガポール、タイ、フィリピンは、いずれも13年から23年にかけて存在感が低下している。

中国のASEAN各国からの輸入額において、なぜここまでのバラつきが生じたのか。まずその品目だが、マレーシア、ベトナム、インドネシアの3カ国において、それぞれ成長分野が大きく異なっている【図表9】。

13年から23年にかけて、マレーシアからの輸入は、従来多かった機械・電気機器の割合が落ち込んだ代わりに、石油・天然ガスといった鉱物資源（約6・9倍、年平均約21・3％）が急激に伸びている。ベトナムは機械・電気機器が一貫して伸長している（約7・8倍、年平均約22・9％）。インドネシアは機械・電気機器の割合が著しく低い一方で、一度落ちて戻ってきた鉱物資源（約1・3倍、年平均約2・9％）に加え、ニッケルといった卑金属（約38・3倍、年平均約44・0％）が急増している。

中国のASEAN各国からの輸入額にバラつきが出ているのは、ASEAN各国それぞれの成長産業が異なるからであり、このことをより詳細に示すものとして、図表10と図表11を挙げた。2つの図表は、13年と23年時点における、輸入品目上位5品目（HSコード4桁レベル）を示している。[19]

これを見ると、13〜23年にかけて約5・5倍（年平均約18・6％）の成長を遂げた中国のベトナムからの輸入は、13年では機械・電気機器、繊維製品、資源が混在していたが、23年には機械・電気機器に集中している。とりわけ、23年のフラットパネルディスプレー（FPD）モジュールは米ドルベースで222億ドルにも及んでおり、13年の中国のベトナムからの全品目の輸入額169億ドルを大きく上回ることから、いかに大きな変化が生じているかが分かる。

なお、ベトナムは、中国からの輸出相手国として13年から一貫してASEANの中でトップに位置していた。その半面、中国の輸入相手国としては18年ごろにASEANの中でトップになった。かつては中国から中間財をベトナムに輸出し、ベトナムで組み立てて世界に完成品を輸出する流れ

【図表8】 中国のASEANからの国別輸入額（CIFベース）

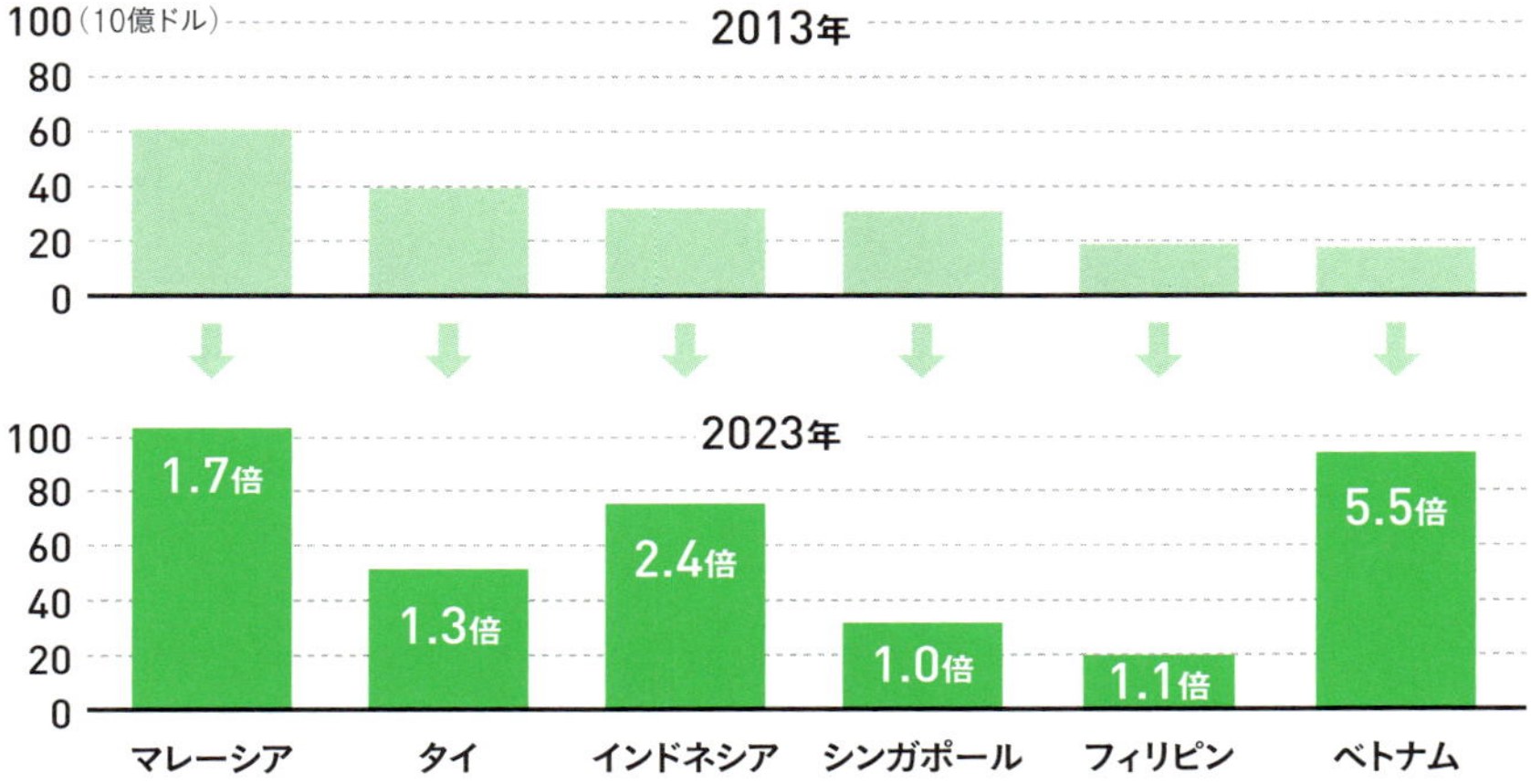

出所：International Trade Centreのデータ（Trade Map, 2024年4月3日取得）を基にMonitor Deloitte Institute, Japan作成。

【図表9】 中国のマレーシア、ベトナム、インドネシアからの品目別輸入額（CIFベース）

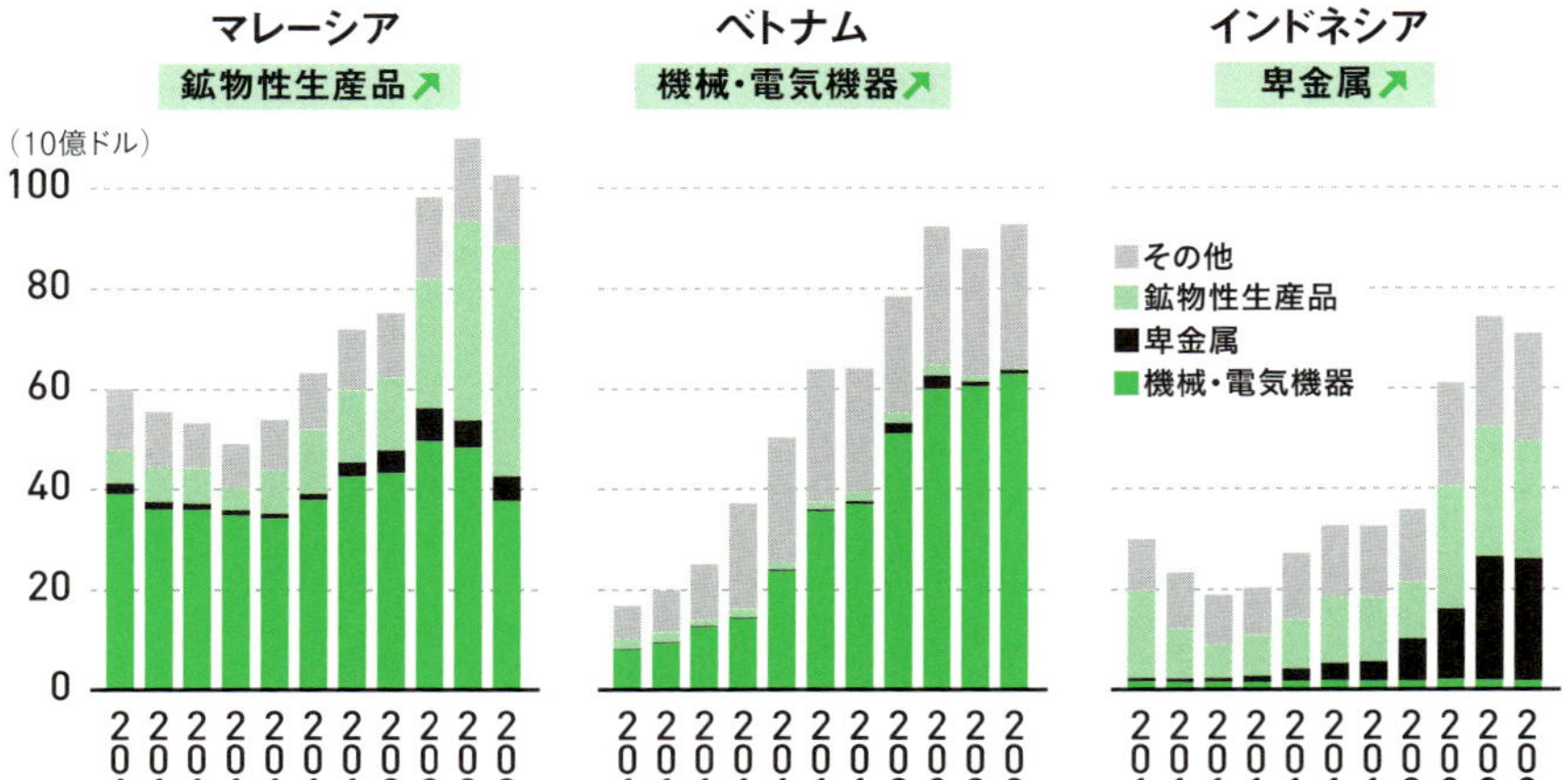

出所：International Trade Centreのデータ（Trade Map, 2024年4月3日取得）を基にMonitor Deloitte Institute, Japan作成。

【図表10】2013年における中国のASEAN各国からの輸入品目TOP5（単位：10億ドル）

2013年	マレーシア 計60.1	ベトナム 計16.9	インドネシア 計31.4	タイ 計38.5	シンガポール 計30.1	フィリピン 計18.2
1	集積回路 (HS8542) 29.0	集積回路 (HS8542) 2.8	石炭 (HS2701) 5.2	コンピュータ (HS8471) 4.9	集積回路 (HS8542) 6.4	集積回路 (HS8542) 5.5
2	石油製品 (HS2710) 3.4	送信機器・カメラ等 (HS8525) 1.6	亜炭 (HS2702) 3.0	天然ゴム (HS4001) 3.6	石油製品 (HS2710) 4.3	コンピュータ (HS8471) 2.6
3	パーム油 (HS1511) 2.9	石炭 (HS2701) 0.8	ニッケル鉱 (HS2604) 3.0	集積回路 (HS8542) 3.0	ディスク・テープ等 (HS8523) 1.2	ニッケル鉱 (HS2604) 1.5
4	半導体デバイス (HS8541) 2.8	綿糸 (HS5205) 0.8	アルミニウム鉱 (HS2606) 2.4	配合ゴム (HS4005) 2.1	エチレン重合体 (HS3901) 1.1	コンピュータ等部分品(HS8473) 1.5
5	コンピュータ (HS8471) 2.0	マイクロホン (HS8518) 0.8	パーム油 (HS1511) 2.0	コンピュータ等部分品(HS8473) 1.6	環式炭化水素 (HS2902) 1.1	半導体デバイス (HS8541) 0.8
全品目に占める割合	67%	40%	50%	39%	47%	66%

※HS4桁上位5件の抽出にあたっては未分類の品目を除く
出所：International Trade Centreのデータ（Trade Map, 2024年4月3日取得）を基にMonitor Deloitte Institute, Japan作成。

が中心だった。それが近年では、まずベトナムが中国から原材料や部品などの中間品を輸入し、その後、ベトナムでフラットパネルディスプレーモジュールといった中間品を組み立て、中国に送り返すといった、双方向の中間品貿易が増えたことが一因のようだ。

ただ、ベトナムについてはもう一歩進んだ分析が必要だろう。米サンタクララ大学のLong Le氏は、イーストアジアフォーラムへの寄稿の中で「ベトナムのハイテク輸出が国の成長を後押しする一方で、ベトナムの総輸出額の約70%が外国企業によって牽引《けんいん》され、外国による先進分野への資本投下への依存度が高まっている。[20]」と指摘している。「外国企業」と一括《くく》りにされてはいるが、その影響度合いが強いのは、韓国と米国だろう。サムスン電子ベトナムは、22年に６５０億ドル相当の製品を世界に輸出したと報道されている。[21] 22年のベトナムの輸出総額が約３７００億ドルであり、う

【図表11】2023年における中国のASEAN各国からの輸入品目TOP5（単位：10億ドル）

2023年	マレーシア 102.5	ベトナム 92.8	インドネシア 74.2	タイ 50.9	シンガポール 31.4	フィリピン 19.5
1	原油 (HS2709) 28.2	FPDモジュール (HS8524) 22.2	フェロアロイ (HS2702) 14.7	集積回路 (HS8542) 5.9	半導体等製造装置 (HS8486) 5.8	集積回路 (HS8542) 7.0
2	集積回路 (HS8542) 22.6	集積回路 (HS8542) 15.1	亜炭 (HS2702) 11.0	コンピュータ (HS8741) 5.7	集積回路 (HS8542) 5.6	ニッケル鉱 (HS2604) 2.0
3	石油製品 (HS2710) 7.4	ディスプレー、送受信機器、カメラ等部分品 (HS8529) 8.7	石炭 (HS2701) 7.3	生鮮フルーツ (HS0810) 5.0	ゴールド (HS7108) 3.2	コンピュータ等部分品(HS8473) 1.0
4	瀝青質混合物 (HS2715) 5.3	コンピュータ (HS8741) 3.6	ニッケル中間品 (HS7501) 5.5	合成ゴム (HS4002) 2.4	石油製品 (HS2710) 1.6	コンデンサー (HS8532) 1.0
5	天然ガス (HS2711) 4.4	電話機・部分品 (HS8517) 3.5	パーム油 (HS1511) 3.9	エチレン重合体 (HS3901) 1.5	エチレン重合体 (HS3901) 1.4	半導体デバイス (HS8541) 1.0
全品目に占める割合	66%	60%	57%	41%	56%	62%

※HS4桁上位5件の抽出にあたっては未分類の品目を除く
出所：International Trade Centreのデータ（Trade Map, 2024年4月3日取得）を基にMonitor Deloitte Institute, Japan作成。

ち、機械・電気機器は１７００億ドルであることを踏まえると、[22]いかにサムスン電子がベトナムの輸出増加に寄与しているかが分かるだろう。

また、米インテル・プロダクツ・ベトナムのジェネラル・ディレクター、キム・ファット・オーイ氏は、「当社がベトナムに来て以来、輸出額は７８６億ドル、22年単年でも１１５億ドル、23年上半期で41億ドルに及んでいる」[23]と語っている。22年におけるベトナムの集積回路（プロセッサー及びコントローラー）の輸出額は１３２億ドルであるため、相当部分をインテルが占めているものと推察される。

しかしながら、外資系の牽引でベトナムの輸出が成長していても、それを支えるものとしてベトナムの地場産業が育っているかというと、そうではないようだ。国際労働機関（ＩＬＯ）のレポート[24]は、Pham Song Thi Pham氏らのベトナムの電子産業に係る政策及び技術発展に係る論文[25]を引用し、サムスン電子ベトナムの93社のサプライヤーのうち、ベトナム企業は7社のみであり、これらのベトナム企業は付加価値の低い作業にしか従事していないことを述べている。またインテルにおいても、生産に要する材料・部品の供給パートナー数百のうちベトナム企業は18社のみだと記している。このように、いくらベトナムの貿易が拡大していても、ベトナムの地場産業が成長したとは言い切れないのだ。

次に、13〜23年にかけて約2・4倍（年率約9・0％）の成長を遂げた中国のインドネシアからの輸入だが、鉱物資源中心の輸入の中でもニッケルの輸入増加が際立つ。インドネシアの鉱物資源は銅、ニッケル、アルミニウムなどがあるが、とりわけニッケルはEV自動車で用いるリチウムバッテリーの正極材として需要が増えている。そのニッケルはインドネシア内に世界最大の埋蔵量があるとされており、スラウェシ島の港には多くの加工工場が並んでいる。

インドネシアの23年の主要な輸出品目はフェロアロイ（合金）だが、その99％以上がニッケル合金[26]だ。加工品であるニッケル中間品の金額も大きい。インドネシアのルフット・ビンサル・パンジャイタン海洋・投資担当調整大臣は、23年5月にインドネシアのメディアで「もし彼ら（中国）がいなければ、我々は３４０億ドル相当のニッケル派生製品を輸出することはできなかった[27]」と述べており、両国にとって、ニッケル産業がいかに重要な意味を持つかが読み取れる。

加えて、従来、強みとしている石炭・亜炭やパーム油といった資源輸出も拡大した。他方、機械・電気機器については、図表9に示した通り、他国と比較して著しく少ない。この点、ベトナムとは対照的だ。

中国のマレーシアからの輸入は約１・７倍（年平均約５・５％）の成長をしているが、機械・電気機器がベースラインとなりつつも、貿易が特に伸びたのは資源だ。すなわち、従来の輸出品である集積回路は13年時は米ドルベースで２９０億ドルだったが、10年後の23年は２２６億ドルで、依然金額は大きいものの、むしろ減少している。一方、原油、石油製品、歴青質混合物[28]、天然ガスといった資源輸出は顕著に伸びており、輸出額に占める割合も増加しているのである。

タイ、シンガポール、フィリピンはどうか。ベトナム、インドネシア、マレーシアの貿易額の伸びと比較すると、輸出するものがあまりなく、停滞傾向にあったと言わざるを得ないだろう。

タイは、伸びている品目は生鮮フルーツで、機械・電気機器は苦戦しているようだ。大手銀行系シンクタンクであるカシコンリサーチセンターのシワット・ランソンブーン副社長が「電気機器は時代遅れになってしまった。例えばハードディスクドライブ（ＨＤＤ）からソリッドステートドライブ（ＳＳＤ）への移行は進んでいない。組み立て中心の構造にも問題がある。希望があるとすれば、白物家電の集積を生かしたモノのインターネット（ＩｏＴ）くらいだろうか[29]」と述べているように、機械・電気機器産業をアップグレード出来なかったことが貿易面にも表れている。

見えてくるもの：「持つ国」と「持たざる国」へ

このように、チャイナ・アセアンの貿易は、かつてはＡＳＥＡＮ各国で横並びの傾向であったが、その成長ペースと品目に差が出始めてきており、特に近年では産業チェーンの中で役割を果たすか、資源を有する、ベトナム、マレーシア、インドネシアといった「持つ国」と、売るものがなく停滞傾向にあったと言わざるを得ないタイ、フィリピン、シンガポールといった「持たざる国」の二極分化が加速し始めているといえる。これが世界の貿易の中で、突出して成長・発展しつつあるチャイナ・アセアンの貿易経済圏の実態である。

2 投資：マネーの行き先の変化

中国からASEANへの投資拡大

前節では貿易という観点でチャイナ・アセアンを見てきた。貿易は、企業のビジネス上の判断から、工場を立ち上げ、モノ（製品）を作り、モノが船舶や航空機で運ばれ、国境を越えて通関され、統計に表れるまでには一定の時間を要する。

そこで本節では、企業のビジネス上の判断と直結する、投資の観点から、どのような変化が起きていたのかを分析する。投資とは、分かりやすくいえば、その国の将来に期待し、腰を据えてビジネスをしていくことを指す。ただ、国が集計する投資実績額（実行ベース）においても、やはり集計までに一定の時間を要するものだ。そこで、本節では、最もタイムリーな企業のビジネス上の判断を分析するにあたり、投資実績額（実行ベース）ではなく、個々の企業が投資を報道などで公にした投資予定額（発表ベース）で集計を行っているフィナンシャル・タイムズ社のfDi Markets[30]（グローバルの投資モニタリングツール）による、新規直接投資の分析を行う。

過去最高水準の世界の新規直接投資

貿易と同じように、まず世界の発表ベースの直接投資の動向を見よう。世界の直接投資額は、世界の貿易のように右肩上がりとは言えないが、22年、23年ではリーマン・ショック前の過去最高水準と肩を並べている【図表12】。新型コロナ禍において、確かに一度落ち込んだものの、一層エスカレートする米中対立や、ロシアのウクライナ侵攻、そしてイスラエル・ハマスの衝突など常に地政学的問題が発生する世界の中で、むしろ企業は直接投資に意欲的だった。

ただこれは、世界の直接投資動向をマクロに捉えた場合に見えてくるものである。前節の貿易と同様に、細かい項目に分類して捉え直すことで、見え方が異なってくる。海外新規直接投資の分野（fDi Markets）においても、国別、産業別、そして最小単位まで分解すると各企業の投資事例まで遡《さかのぼ》ることが出来るため、そのレベルまで随時掘り下げる。

脱中国の傾向の一方で欧米向けが拡大

まず、世界の直接投資はリーマン・ショック以降は若干抑制気味であったが、足元の22年から増加傾向にある。だが、実はその資金の向かい先には明確なトレンド転換が生じている。図表13は、

【図表12】世界の新規直接投資額の推移（2004-2023年）

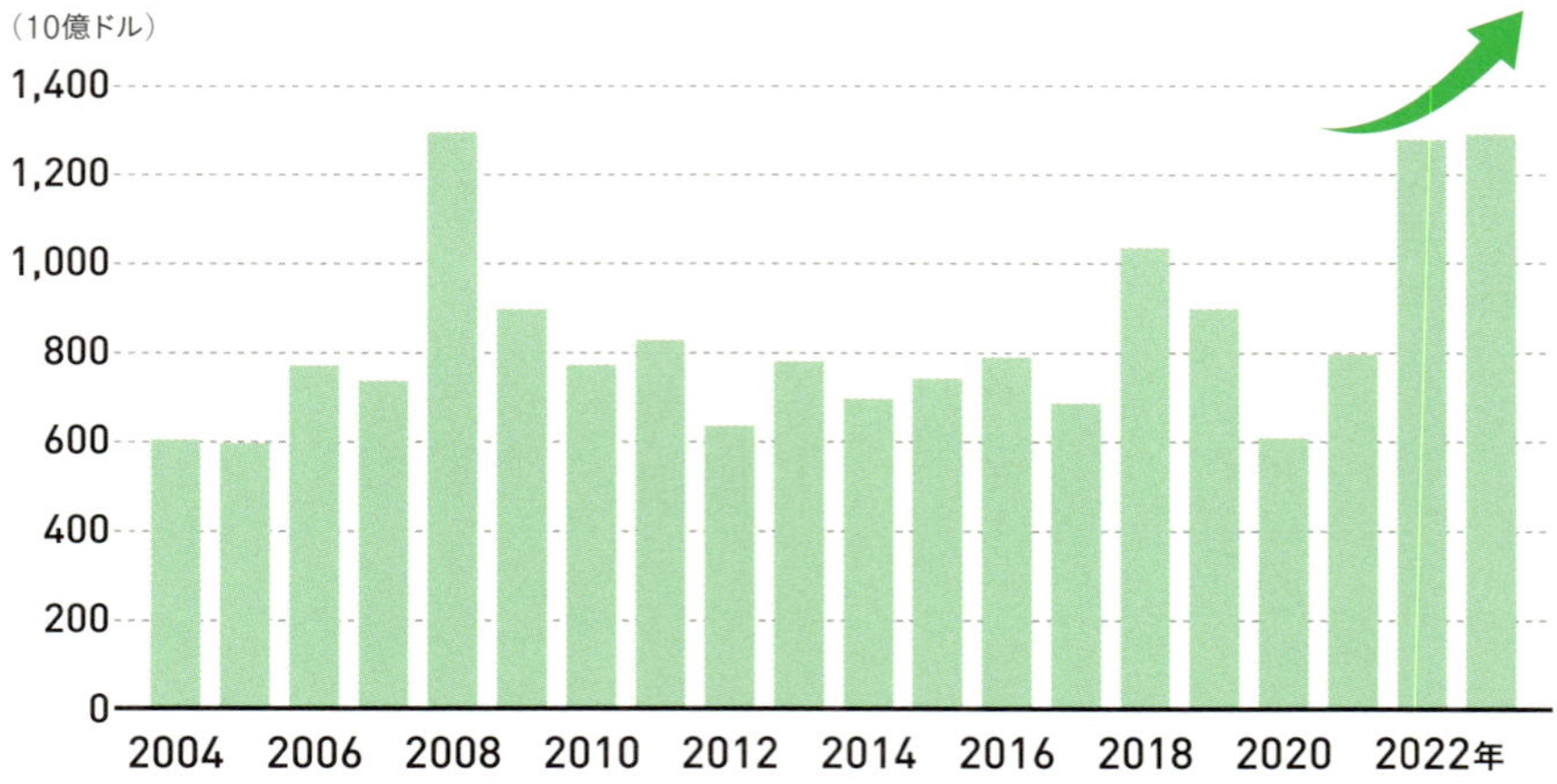

出所：fDi Marketsのデータ（2024年2月20日取得）を基にMonitor Deloitte Institute, Japan作成。

世界の直接投資の向かい先を示したものである。

なお、直接投資の発表ベースの集計では、発表した年に、将来に実行される金額を含めて全額が計上される（例えば、21年に発表された23～25年の投資予定額は、21年に全額計上される）。この場合、単年で比較すると、ボラティリティが激しく、トレンドというものがなかなか見えにくい。

そこで、こういった単年のバラつきの影響を軽減し、より長期の世界の投資トレンドを見るため、本節においては16～19年の合計、20～23年の合計という4年ごとの期間に区切り集計した。特に、16～19年と20～23年の期間はコロナのビフォア・アフターを明確に表すものであり、トレンドを分析するには合理的だ。

この観点から分析をすると、世界の中国への新規直接投資が、コロナ禍・コロナ禍後の20～23年に急激に落ち込んだことが明らかになる。企業の最新の判断としては、デカップリングやデリスキングともいわれるように、脱中国の動きに向かう傾向が見られる。

【図表13】世界の新規直接投資の向かい先（4年ごとに集計）

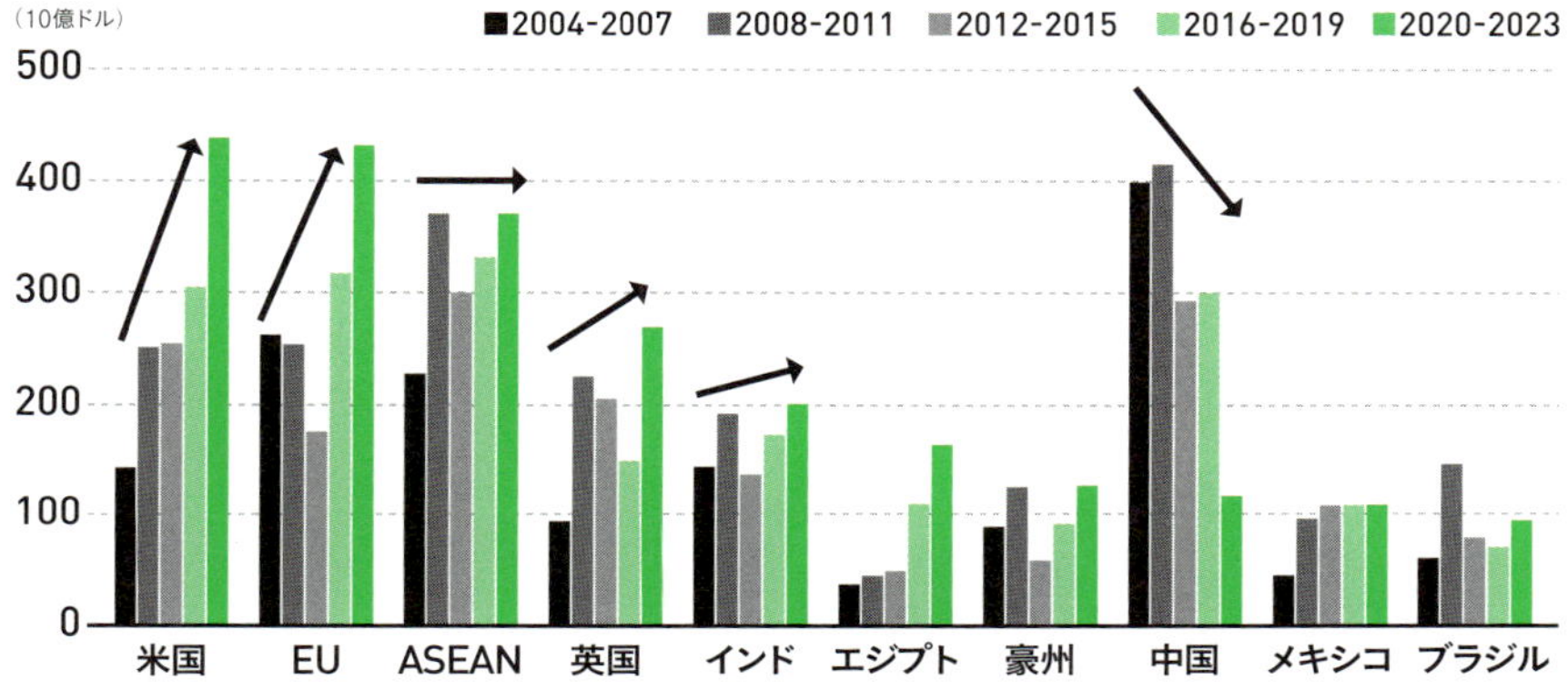

※1 海外直接投資（FDI）の新規案件の投資予定額を4年単位で集計（発表年度ベース。例えば、2021年に発表された2023-2025年の投資予定額は、「2020-2023」に計上）
※2 2020-2023年のデータに基づき、同集計額が最も大きかった10カ国を表記
出所：fDi Marketsのデータ（2024年1月26 〜 29日取得）を基にMonitor Deloitte Institute, Japan作成。

世界が中国への投資を手控える一方で、欧米向けの投資拡大が世界のトレンドだ。これは、世界の投資先が、先進国での最先端技術の開発競争に移っていることを表すのではないか。

アジアの新興国への投資動向

では、ASEANやインドといったアジアの新興国ではどうだろうか。これらの国への投資は、先進国向けほど飛び抜けていないが、ゆるやかに右肩上がりを続けている。これらの国では、資源・エネルギー、インフラ関連の投資に加え、いわゆる大量生産が求められる「そこそこのレベルの汎用品」、例えば最先端ではなく、広く一般に家電や車両に使用される半導体やディスプレーの組み立てや検査といった、後工程への投資が堅調のようだ。

世界の投資トレンドが脱中国、先進国回帰をしていくように、世界経済の構造が徐々に変わっているよう

【図表14】チャイナ・アセアン間の相互新規直接投資（4年ごとに集計）

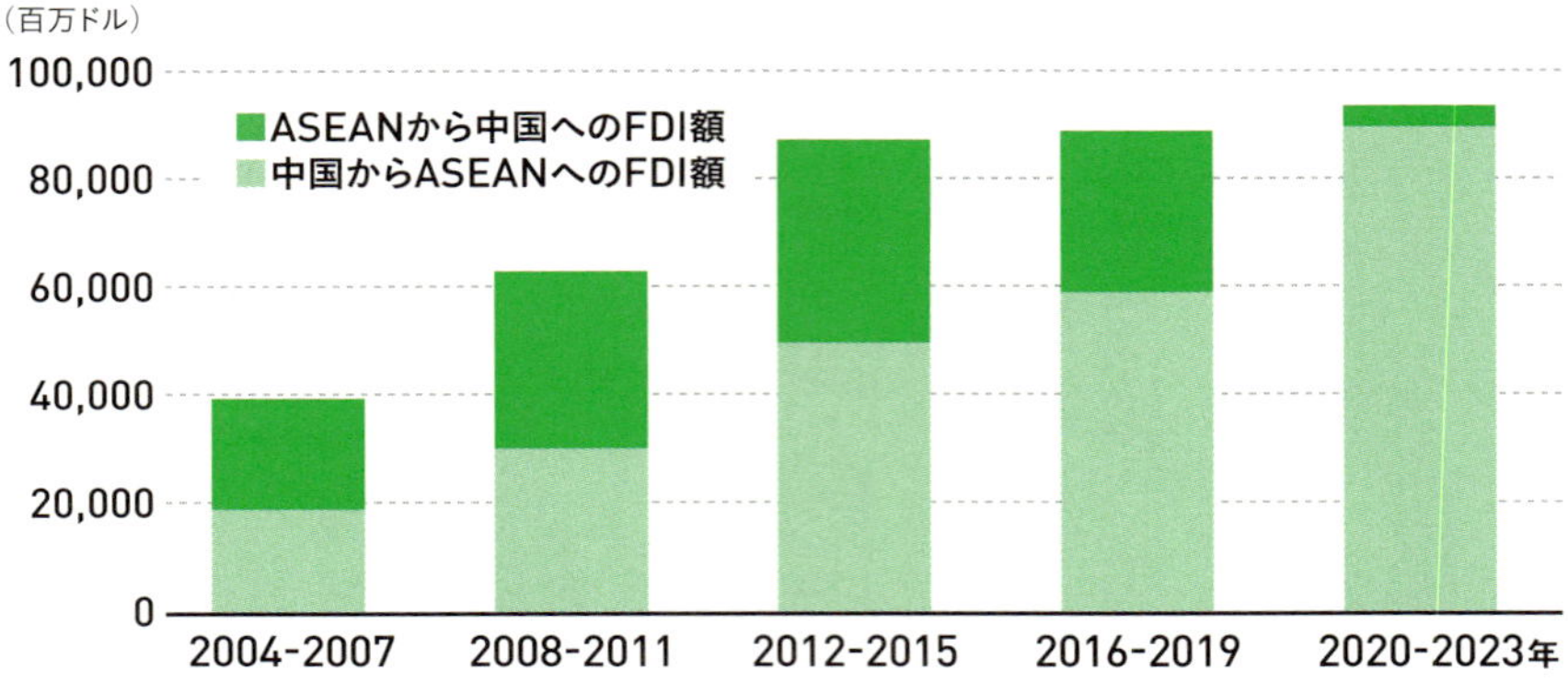

※1 海外直接投資（FDI）の新規案件の投資予定額を4年単位で集計（発表年度ベース。例えば、2021年に発表された2023-2025年の投資予定額は、「2020-2023」に計上）
出所：fDi Marketsのデータ（2024年2月20日取得）を基にMonitor Deloitte Institute, Japan作成。

に見える。では、その中で中国とＡＳＥＡＮ間の投資はどのような関係であったか。図表14に示した中国からＡＳＥＡＮへの直接投資と、ＡＳＥＡＮから中国への直接投資を見ると、少なくとも、16〜19年ごろまでは、中国からＡＳＥＡＮへの投資と、ＡＳＥＡＮから中国への投資は、相互が支え合うともいえるように、バランスが取れたものだった。しかし20〜23年になると、いびつともいえる形でその関係が変化している。中国がＡＳＥＡＮへの直接投資額を増加させている一方で、ＡＳＥＡＮから中国への投資が急減している。

　これは一体、何を意味するのか。中国がＡＳＥＡＮへの直接投資額を特別に増加させているのか、それともＡＳＥＡＮはワン・オブ・ゼムに過ぎないのか。ＡＳＥＡＮは、中国に対し特別に直接投資を行わなくなっているのか、それとも世界全体に対して投資を減らしているのか。複数の理由が想定される。安易に結論を出さず、この変化が何を示すのか、順に見ていこう。

【図表15】ASEANの新規直接投資動向（4年ごとに集計） （単位：百万ドル）

ASEANの直接投資先国	2004-2007年	2008-2011年	2012-2015年	2016-2019年	2020-2023年
1位	中国 (20,517)	中国 (32,863)	中国 (37,740)	中国 (29,989)	インド (23,349)
2位	インド (8,146)	オーストラリア (20,711)	英国 (14,857)	スリランカ (25,116)	米国 (15,086)
3位	パキスタン (4,851)	インド (8,541)	インド (7,643)	オーストラリア (23,449)	ギニア (14,000)
4位	アルジェリア (4,300)	英国 (4,080)	ロシア (5,694)	インド (12,454)	日本 (11,493)
5位	韓国 (1,565)	UAE (3,273)	オーストラリア (5,488)	日本 (9,949)	オーストラリア (5,740)
				10位 米国 (3,359)	8位 中国 (3,935)

※海外直接投資（FDI）の新規案件の投資予定額を4年単位で集計（発表年度ベース。例えば、2021年に発表された2023-2025年の投資予定額は、「2020-2023」に計上）
出所：fDi Marketsのデータ（2024年2月26日取得）を基にMonitor Deloitte Institute, Japan作成。

ASEANから中国への投資は減少

まず、ASEANから中国への投資である【図表15】。ASEANは、04〜19年の間、確かに中国を第一の投資先相手国として投資を漸増させてきた。しかし、異変が生じたのは20〜23年である。中国への投資が急減する一方で、インドそして米国への投資が急拡大している。ASEANから中国への投資は、従来はシンガポールを中心とした不動産分野が多く、その分野への投資手控えも著しかったものの、ほぼ分野を問わず全面的に投資が減った。

もっとも、20〜23年には劇的な投資の落ち込みがあるものの、16〜19年においても、ASEANの対中投資の変化が既に見え始めていた。これは、15年8月に中国の人民元の急落（チャイナショック）が生じたことや、16年12月に習近平指導部が声明で「住宅は住むためのものであり、投機の対象ではない」という声明を出したことから、シンガポールをはじめとして対中投資の主要セクターである不動産について、手控えが生じたことが、要因になっているのではないだろうか。

いずれにせよ、直近のASEANの中国への投資動向は、世界の投資動向とも一致する。すなわち、脱中国、先進国回帰、そしてインドなど低中進国への投資が堅調、という形だ。さらに、トップ5位の投資先国を見た時に気付くことがある。資源が理由であろうギニアは異なるが、インド、米国、日本、オーストラリアはいずれも「インド太平洋経済枠組み」（IPEF[31]）に参加する国々である。大中華経済圏を築いてきたASEANでさえも、中国から、IPEFカントリーに軸足を移しつつあるともいえるのではないか。

しかし、それでも安易に、ASEANは中国への投資を止《や》めたと結論付けるのは早計だろう。ASEANの中で中国への投資が最も盛んなシンガポールの動きに着目してみよう。既に中国減速が明らかであった23年9月時点においても、シンガポール政府が所有する投資会社「テマセク・ホールディングス」の中国担当責任者のイービン・ウー氏は、ミルケン・インスティテュート・アジア・サミットにおいて「中国には先端製造業やエネルギートランジション領域といった魅力的な投資機会がある。人々は従来型の製造業や不動産といった伝統的なセクターの弱さに気をとられ、新興領域を見落とす傾向がある[32]」と述べている。

さらに、政府系投資ファンドGICのCEOリム・チョウ・キアット氏も、中国の特定分野への投資を倍増しているとし、「我々にとって、中国は間違いなく投資対象だ。例えば、中国はグリーンテクノロジーといった世界をリードする領域がある[33]」と述べている。

【図表16】中国の新規直接投資動向（4年ごとに集計）

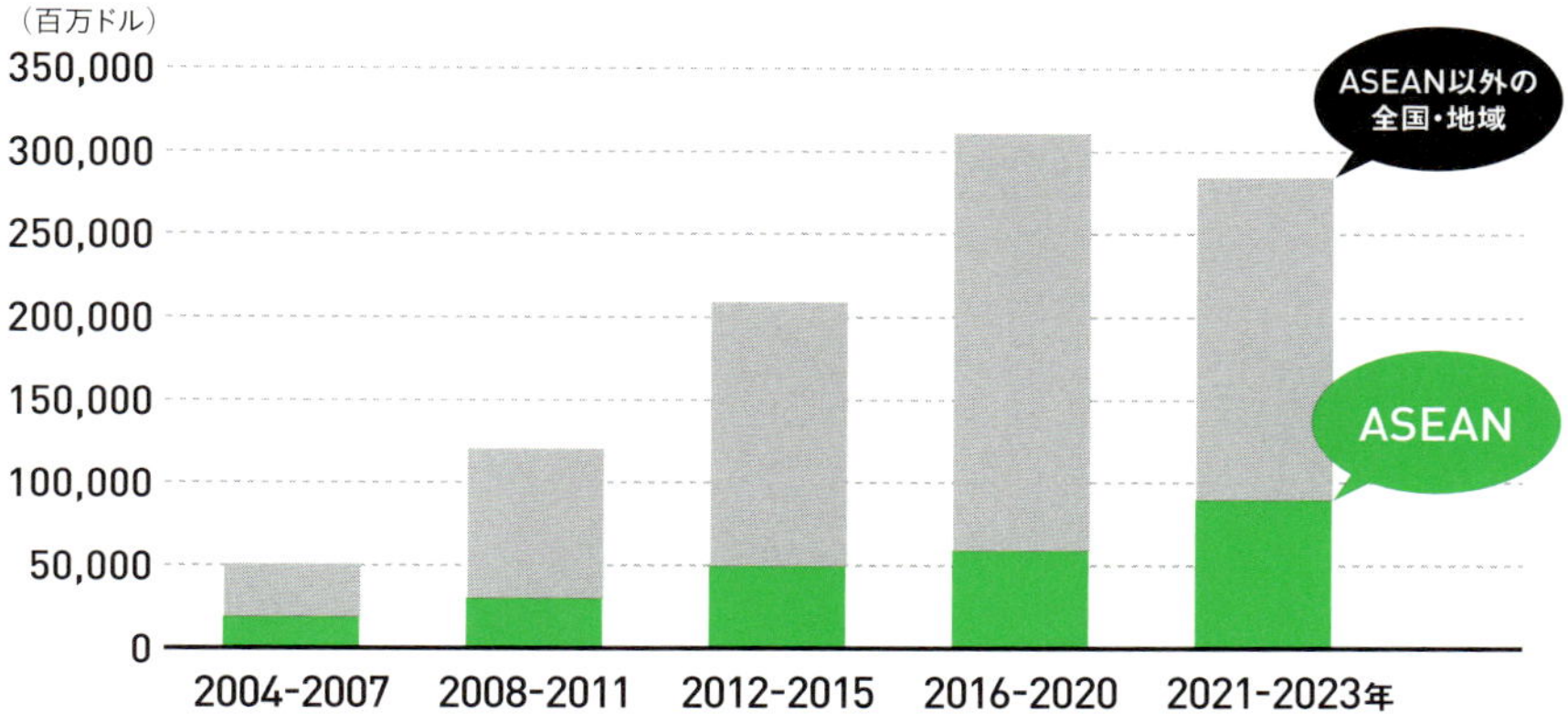

※1 海外直接投資（FDI）の新規案件の投資予定額を4年単位で集計（発表年度ベース。例えば、2021年に発表された2023-2025年の投資予定額は、「2020-2023」に計上）
出所：fDi Marketsのデータ（2024年2月26日取得）を基にMonitor Deloitte Institute, Japan作成。

彼らは虎視眈々《たんたん》と今後も中国への投資を狙っているのだ。同様にいつか、シンガポールに限らず、ASEANからの中国投資も戻ってくる可能性もある。むしろ、今、中国に目を向けずにいると、中国経済の力が戻った際には手遅れで、中国に入り込めない事態も生じ得るというわけだ。

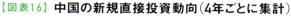

中国からASEANへの投資は拡大

では、中国からASEANへの投資はどうか。中国にとって、ASEANは一貫して第一の投資先である【図表16】。ASEANからの中国投資は減っているにもかかわらず、中国からASEANへの投資は20～23年においても、ますます投資を拡大させているのだ。とりわけ16～19年と比較して、投資額全体は落ち込む中でも、ASEANに対しての投資は引き続き拡大していることが注目される。中国から離れつつあるASEANと、それとは対照的に、一層ASEANへの投

【図表17】中国のASEANへの投資領域の変化（4年ごとに集計）

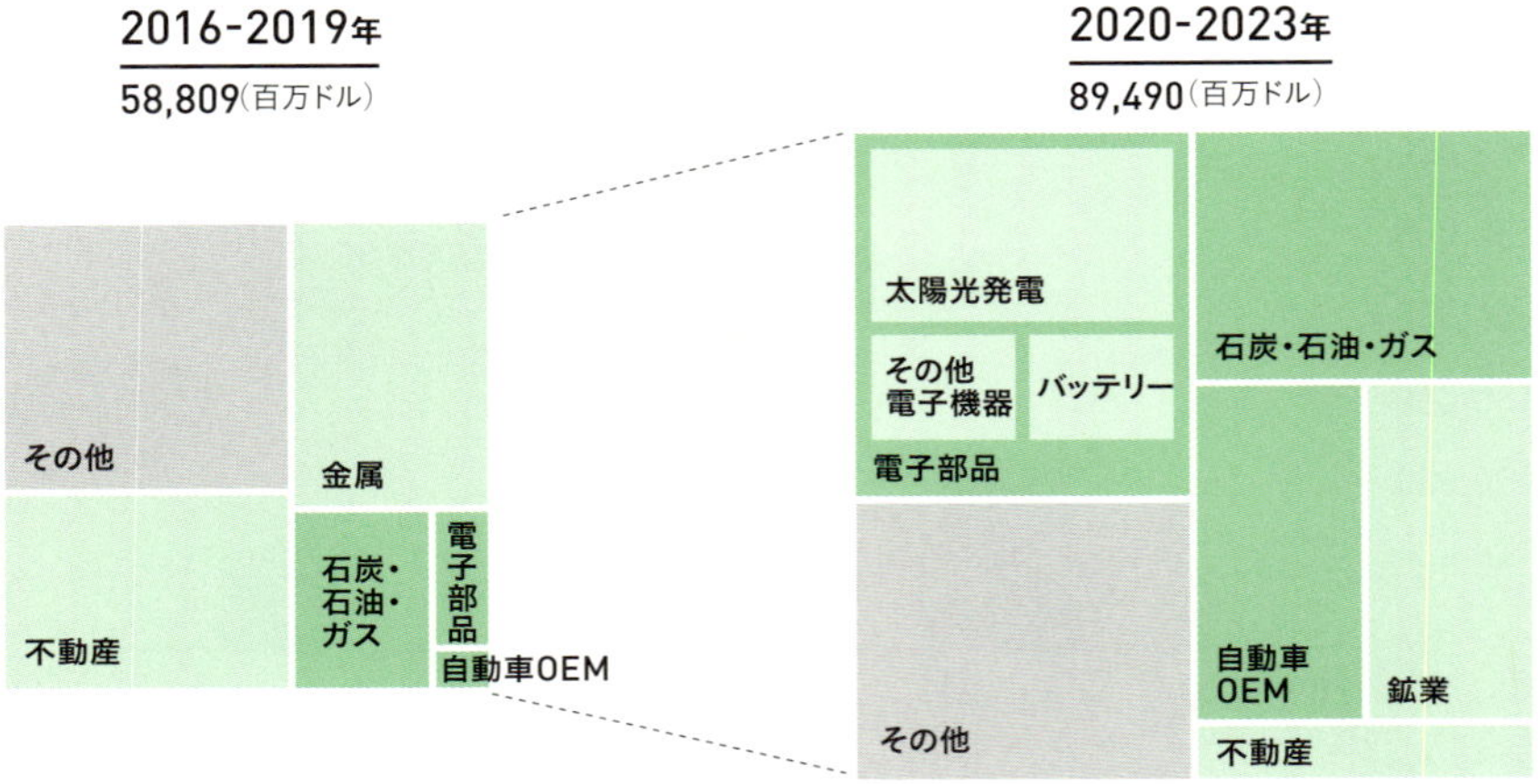

出所：fDi Marketsのデータ（2024年2月28日取得）を基にMonitor Deloitte Institute, Japan作成。

資を推し進める中国という構図に、中国における、ある種の焦りや緊迫感、必死さが見え隠れするのではないか。

では、中国はどのような領域でASEANへの直接投資を増加させているのだろうか。16〜19年と20〜23年の投資領域を比較すると、大きく進展した領域が3つに絞られることが分かる【図表17】。

すなわち、①電子部品②自動車OEM（相手先ブランドによる製造）③石炭・石油・ガスである。

さらに、その3領域を詳しく見ると、確認出来る限りだけでも、①電子部品では太陽光発電とバッテリーで約75％とその大部分を占め、②自動車OEMでは大部分が中国の自動車企業・吉利汽車によるものであり、その狙いはEVであろうことが推測できる。③石炭・石油・ガスでも大部分が、石油精製に集中している。太陽光発電、バッテリー、EVといえば、まさに中国が得意としている先端領域だ。加えて、従来型の石油資源の獲得も狙っているようだ。

【図表18】中国のASEANへの投資領域別の投資先国（4年ごとに集計）

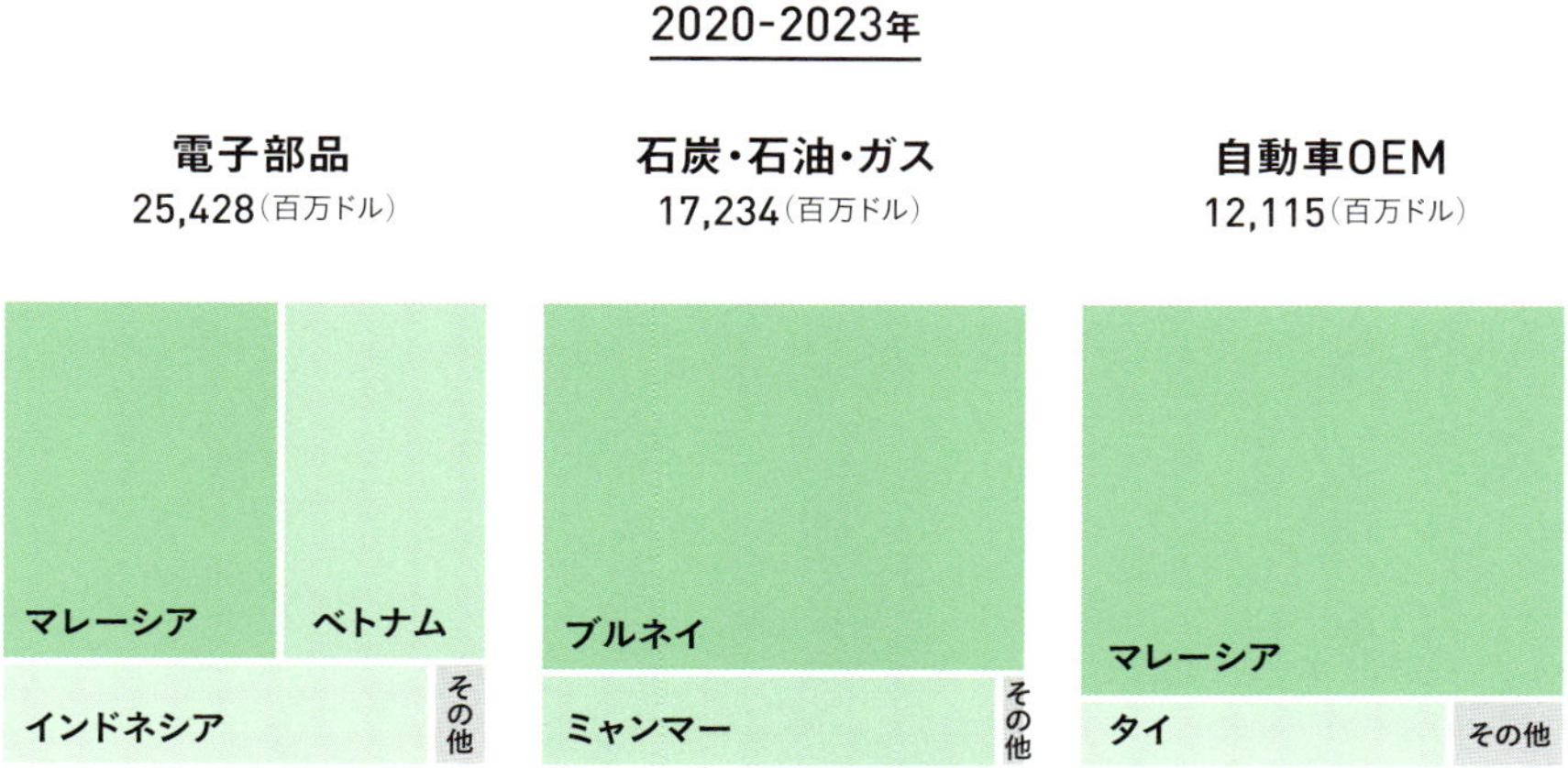

出所：fDi Marketsのデータ（2024年2月20日取得）を基にMonitor Deloitte Institute, Japan作成。

半面、世界で投資額が集中している半導体については見る影もない。貿易では、中国のＡＳＥＡＮ各国からの輸入品目では集積回路がトップ品目に入っていたが、それらは中国がＡＳＥＡＮに投資したものではなく、欧米先進国がＡＳＥＡＮで投資・製造したものであるという裏付けになる。

さらに、①電子部品、②自動車ＯＥＭ、③石炭・石油・ガスがそれぞれＡＳＥＡＮのどの国で投資されているのかを見てみよう【図表18】。

電子部品は、マレーシア、ベトナム、インドネシアの3カ国でほとんどを占めている。まさに貿易面で「持つ国」として分類された3カ国である。マレーシアでは、既存の電子機器産業や組み立てといった産業力から、太陽光発電の主な輸出基地とされているのではないか。インドネシアでは、ニッケルを有することから、その下流化としてのバッテリーだ。ベトナムでは、レンズ、カメラ、ＰＣＢ（プリント基板）、ディスプレーといった投資に集約され、スマートフォン関係と見られる。

自動車OEMにおいても、発表ベースではタイではなく、マレーシアへの投資が最も大きいのだ。前述の吉利汽車だが、そのCEOであるエリック・リー氏は「我々は東南アジア諸国の市場見通しに自信を持っており、質の高い発展を通じて地域経済統合を共同で構築していく」[34]と語っている。マレーシアの自動車メーカーであるプロトンと提携し、そこに軸足を置くことで、東南アジアへのEVの展開を図っているものだろう。

次に、石炭・石油・ガスについて見ると、ブルネイ1カ国がほとんどを占めている。これは、恒逸石化有限公司1社によるものだ。同社は中国の浙江恒逸集団（70％）とブルネイのダマイ・ホールディングス（30％）との合弁会社である。[35] 同社の石油化学プロジェクトの第1段階は19年11月に既に稼働しており、今回の投資はその拡張に関わるものだ。

このように、中国はASEANへの投資に当たっては、得意領域と資源に絞っており、かつまた、その投資先の国も絞る、というダブルの絞り込みをかけているといえよう。

チャイナ・アセアンは、貿易において変質を迎えていたが、投資でも同様に変質しつつある。ASEANは明らかに中国から他の国々に向き始めている。他方、中国は、得意領域と国を絞って投資を行っている。このように、すれ違いが生じているのだ。

ところで、中国の先端領域以外の大量生産品はどこに行ってしまったのか。やはり地続きのASEANでは、新たに工場投資などをせず、中国で生産し物流で消費地製品を送る、ということとなのだろう。もちろん外資系企業が中国からASEANに工場を移す動きはあるが、それでも地場の裾野産業で新たな産業チェーンを作れるはずもなく、結局は中国からの部品の輸入依存となる構造だ。結論から言えば、既に世界最大の産業チェーン網を作り上げた中国にとって、「投資せず輸出する」形で十分なのだろう。そうすることで、中国国内の雇用も守ることができる。ただ、中国の最先端領域については、呼び込むＡＳＥＡＮのしたたかさがあり、中国も現地のマーケットの拡大を狙い投資する。資源は産出する現地への直接の投資が必要だから投資する。これが中国の言い分に見えるし、数字がそのように物語っている。

3 国際収支：貿易等で稼いだマネーの行方

データから見えてくる経済関係

これまで、中国とＡＳＥＡＮとの関係について、貿易と投資の観点から分析し、両者の関係の変質を指摘した。貿易と投資は、国家の経済関係を見るにあたり、非常に重要なファクターであることは間違いないが、それだけでは不十分だ。モノの動きでは捉えられないサービスや、投資から得られる利子・配当、海外での出稼ぎ、そして金融資産がどういう形で流れていったか、といった点が抜け落ちているからだ。

そこで、ここからは国際収支の観点で分析を進めたい。国際収支とは、一定期間における、分析対象国の居住者とその他の諸外国やそれに準ずる地域の居住者（＝非居住者）との間における、経済の取引（モノ、サービス、配当・利子、無償取引、金融資産の動き）による収支を体系的に表したものである。

国際収支の基本形は、貿易収支＋サービス収支＋第一次所得収支（利子・配当金等）＋第二次所得収支（無償の外国送金等）の合計である経常収支に、資本移転等収支（無償の固定資産等の提供や債務免除等）を足したもので、原則として金融資産に係る債権・債務を表す金融収支と一致する。すなわち差し引きすると、ゼロになる（ただし、統計上の限界から実際には誤差脱漏が発生する）。

もっとも、日本などの一部の先進国においては、日本対ＡＳＥＡＮといった地域別の国際収支が作成されているが、中国とＡＳＥＡＮ各国においては、このような地域別の国際収支が作成・公開されていない。ただ貿易と投資については、チャイナ・アセアンの間の関係を既に読み解いた。その点を踏まえた上で、中国、ＡＳＥＡＮの国際収支表（対世界）を読み解いてみよう。

中国の国際収支

まず中国の国際収支を見るに、貿易収支の黒字がますます拡大している傾向が見える【図表19】。この動きは、対ＡＳＥＡＮだけではない。やはり世界の工場としての立ち位置を盤石にしているものと解釈できる。さらに、コロナ後の23年には確かに元に戻りつつあるが、コロナ禍の20〜22年においては中国国内から国外に出かける旅行者の減少からサービス収支の赤字が改善し、ますます黒

【図表19】中国の国際収支表(2010〜2023年)

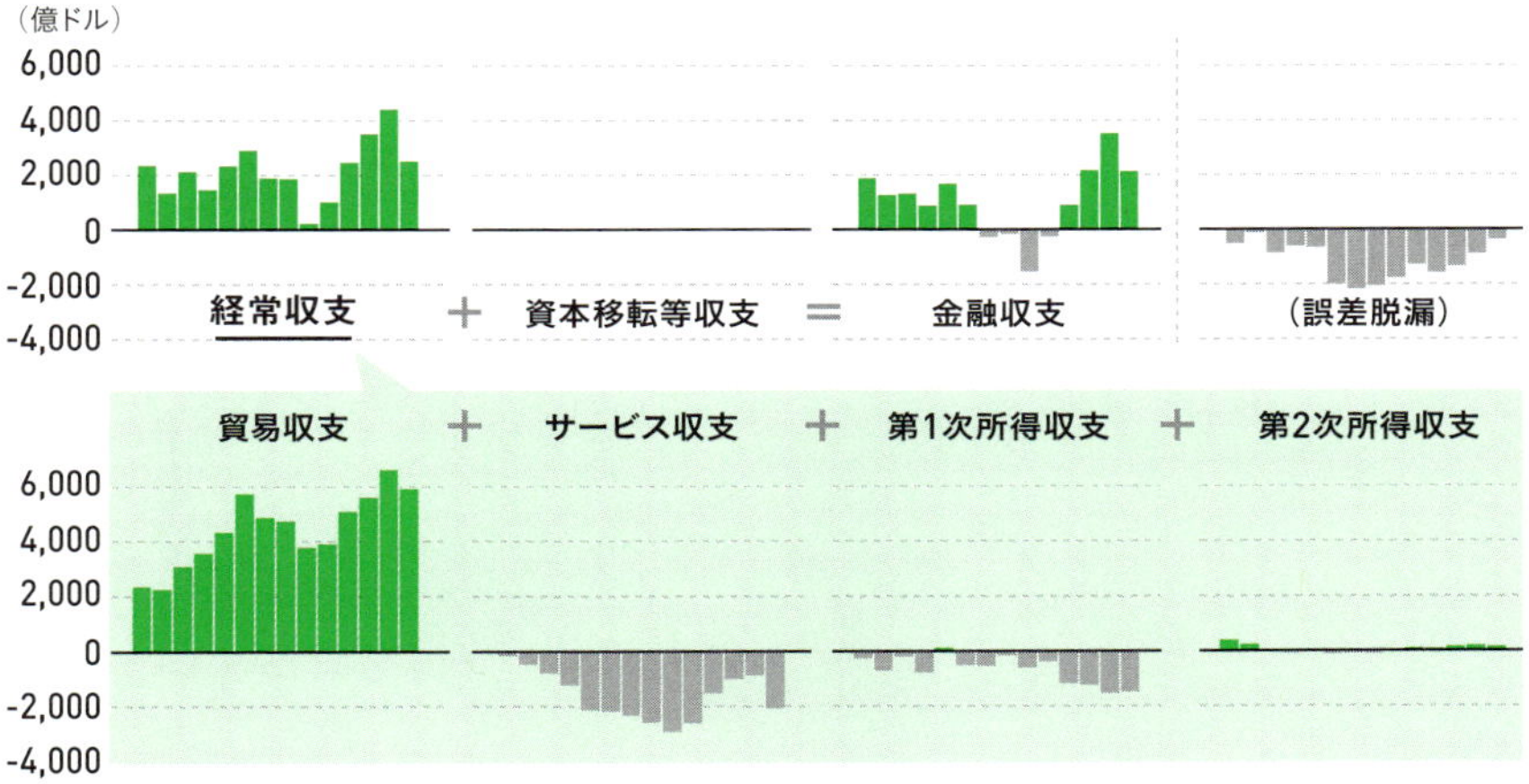

出所:中国国家外貨管理局のデータ(2024年4月11日取得)を基にMonitor Deloitte Institute, Japan作成。

字を積み上げた構造となっている。

他方で、経常収支を見た際に目立つのは、第一次所得収支の悪化である。コロナ禍以前から第一次所得収支は赤字ではあったが、コロナ後、ますます赤字が加速していると見える。これは中国が諸外国に投資して利子・配当を稼ぐよりも、中国が諸外国からの国内投資に対し、利子・配当を支払う方が多いということだ。

中国は改革開放後、外資への門戸を開き、外資からの直接投資で発展してきたことから、その分第一次所得の支払いが多いのは納得できるが、他方で、世界に対する投資も継続的に行っている。23年には中国の対外直接投資資産は1800億ドルを上回る規模だ。これをどう読み解くべきだろうか。

中国の金融資産の流れを、金融収支の面から見てみよう【図表20】。内訳を見ると、「外貨準備」と「その他投資」の金額が目立ち、「外貨準備」には米国債、「その他投資」は現預金や貿易信用、貸し付けなどが含まれる。すると、浮かび上がってくるのは、中国は国際

【図表20】中国の金融収支内訳（2010～2023年）

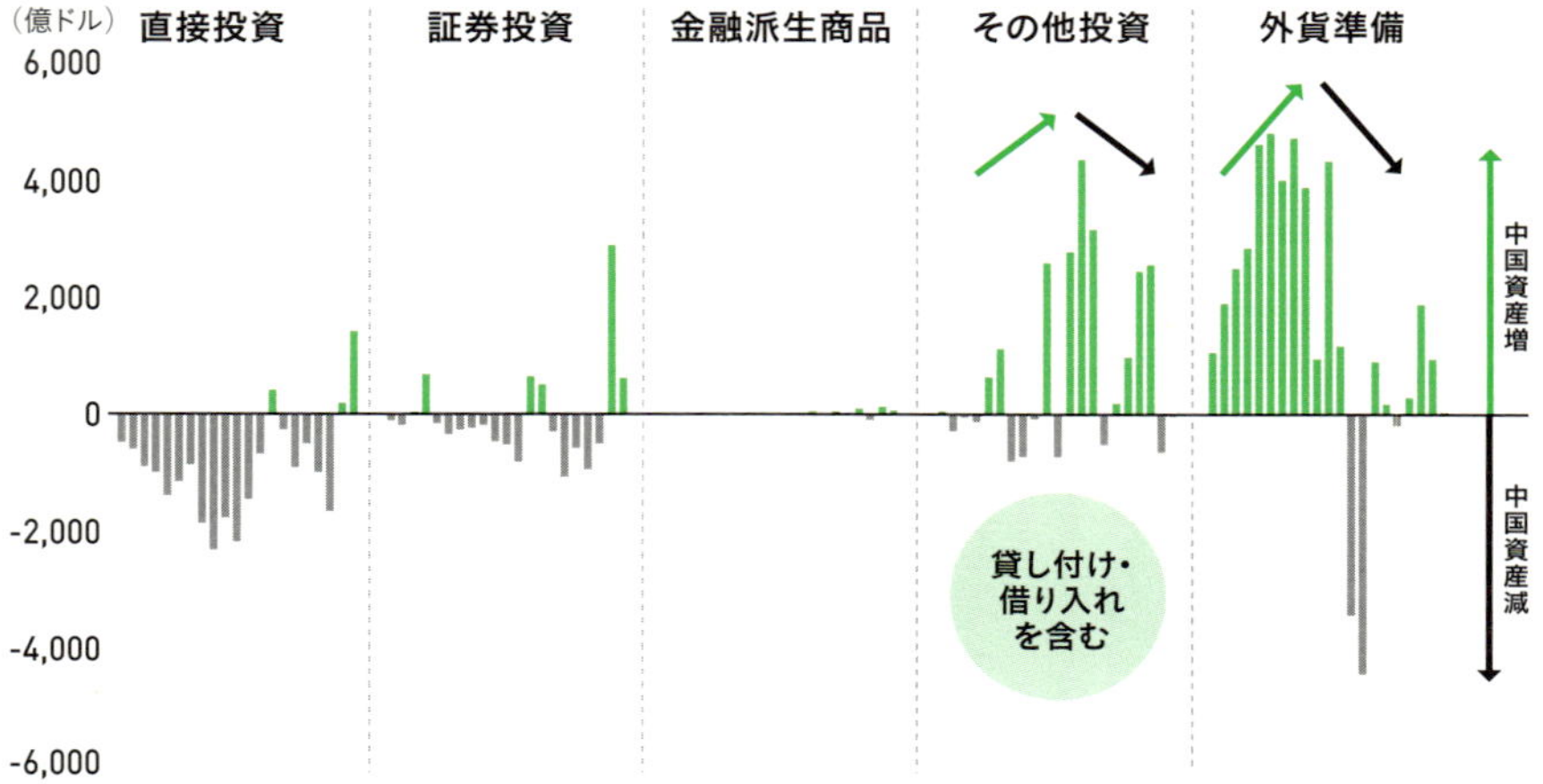

出所：中国国家外貨管理局のデータ（2024年4月11日取得）を基にMonitor Deloitte Institute, Japan作成。

収支で見た場合、貿易を中心として得た経常収支の黒字を、現預金に加え、外貨準備のため込み、直接投資のほか貿易信用・貸し付けという形で主に重厚長大産業系（特に「一帯一路」関連）にお金を回してきたということではないか。もっとも、10年代半ばころまでに「外貨準備」も「その他投資」もピークは過ぎているように見え、「一帯一路」については風呂敷を広げるよりも絞り込みに入っているのかもしれない。

目を引くのは、15年ごろから急激に、誤差脱漏による資本流出が非常に大きな額（サービス収支の赤字に匹敵）として表れている点である。ちなみに「誤差脱漏」とは、「経常収支」＋「資本移転等収支」＝「金融収支」の恒等式が原則成り立つ国際収支において、統計上の限界から発生した誤差を示すものだ。フランスの資産運用会社ナティクシスの首席アジアエコノミストであるアリシア・ガルシア・エレロ氏は、「誤差脱漏は基本的に非公式な手段による居住者の資金流出を映している[36]」と指摘している。ただ誤差脱漏の赤字規模は、23年にかけて年々減少傾向に向かっており、不正な（公式統計に表れてこない）資本流出についての締め付けが功を奏している可能性があるだろう。

加えて、22～23年の動きとしては、脱中国の動きとして諸外国による中国への直接投資・間接投資による資本流入が減少した。[37] これに関し、みずほリサーチ&テクノロジーズ・主任エコノミストの月岡直樹氏は23年の中国への資本流入の急減に係る調査レポートにおいて「……『外資の中国離れ』の光景は、外国企業が中国から雪崩を打って脱出する姿ではない。むしろ、中国への既存の投資を残しつつ、新規投資に関しては距離を置き始めている姿である。また、中国企業による海外からの資金調達が減少していることも、統計上は『外資の中国離れ』のように見えている可能性がある[38]」と指摘しているが、こうした現実感を踏まえた見方が必要であろう。

いずれかの要因により中国への資本の流入が急減していたとしても、上述の通り、「誤差脱漏」に表れる不正な資本流出についても歯止めがかかったことから、ある程度はトントンとなっているという見方もできるだろう。

以上を総合的に読み解くに、中国は、貿易収支の黒字を基本として、特にコロナ禍では、前述のように旅行のストップから赤字要因が改善し、経常収支の黒字をさらに積み上げて、外貨準備への積み立てと、主に重厚長大産業系への投資を行ってきたと考えられる。だが、第一次所得の赤字の増加を見ると、中国から外資系企業に対する高利回りの利子・配当の支払いが増加する中で、外貨準備は国債などで比較的利回りが低く、「一帯一路」を含む投資からも十分にリターンが回収できていない、という状況だろう。

恐らく、ＡＳＥＡＮに対しても同様であろう。すなわち、中国はＡＳＥＡＮに対し貿易で稼ぎ、そして一帯一路などへの投資を行ってきた。だが、そのリターンは十分に回収できていない状況ではないだろうか。中国はＡＳＥＡＮに対して得意領域（太陽光、バッテリー、ＥＶなど）への投資を急拡大する中で、第一次所得収支のリターンを上げていくことができるかが今の課題だと読める。

ASEAN各国の国際収支から透けて見える現実

次に、ＡＳＥＡＮ各国の国際収支表を見てみよう。まずＡＳＥＡＮ各国の経常収支を並べると、各国が置かれた状況が全く異なることが一目で分かる【図表21】。シンガポールとマレーシアは10～22年にかけて経常収支が一貫して黒字である。インドネシアは、20年ごろまで経常赤字国であったが、その後経常黒字国に転換した。逆に、タイは経常黒字国から経常赤字国に転落してしまっている。ベトナム、フィリピンは年によるバラつきが大きいといった具合だ。

次に、ＡＳＥＡＮ各国の貿易収支を並べてみよう。ＡＳＥＡＮはマレーシア、インドネシアを除いて、中国に対しては貿易赤字であるが、図表22によると、ＡＳＥＡＮ各国の国では、フィリピンを除いたすべての国で、実は対世界では貿易黒字の拡大が続いている（なお対世界には、例えばタイであればタイからベトナムへの輸出のように、ＡＳＥＡＮ参加各国間の貿易が含まれている点に留意する必要がある）。

このＡＳＥＡＮの貿易赤字拡大については、この章の最後に考察を加えたい。

【図表21】ASEAN各国の経常収支(2010〜2022年)

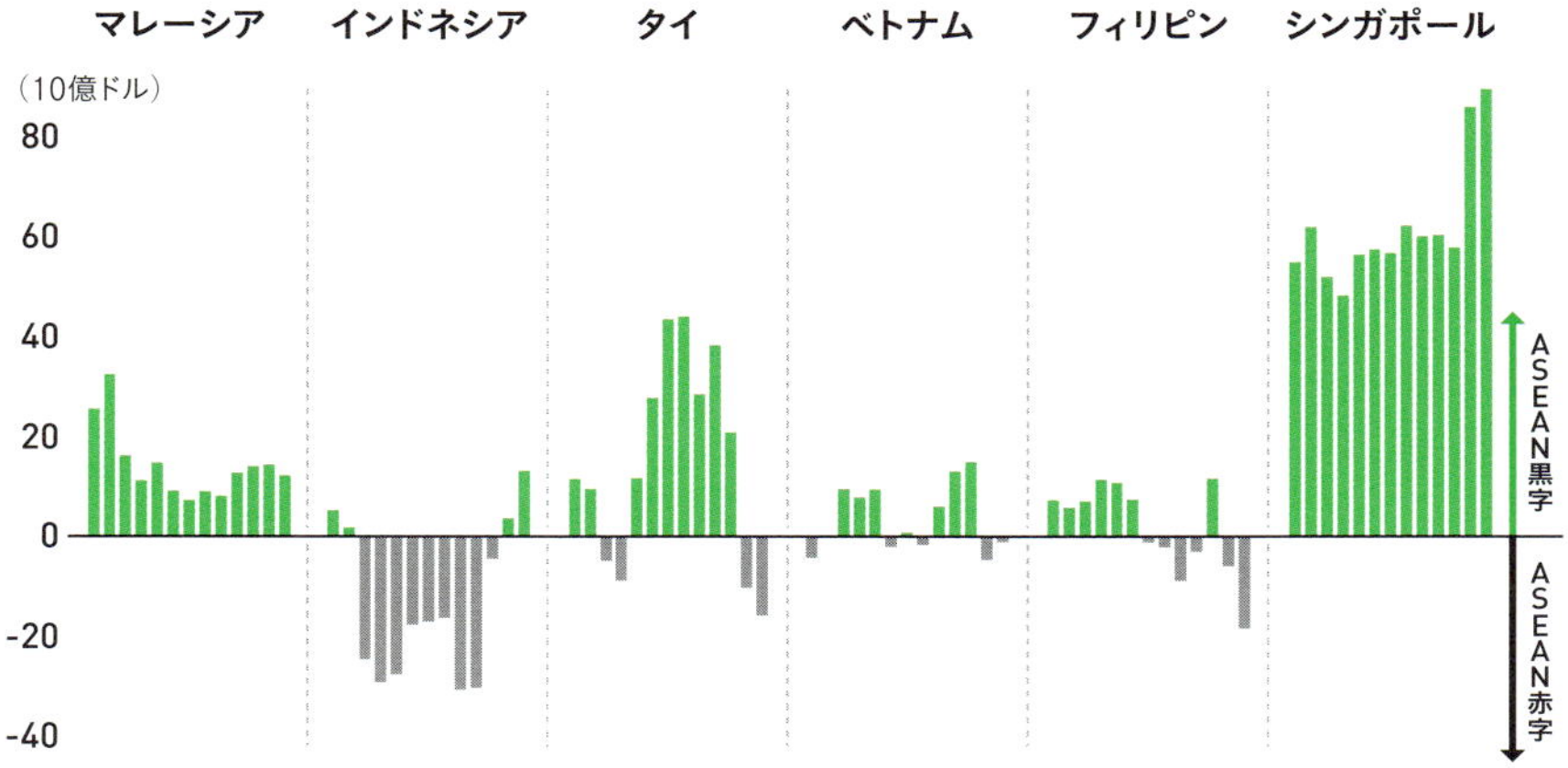

出所:IMF Balance of Payments and International Investment Position Statistics (BOP/IIP)のデータ(2024年4月10日取得)を基にMonitor Deloitte Institute, Japan作成。

【図表22】ASEAN各国の貿易収支の推移(2010〜2022年)

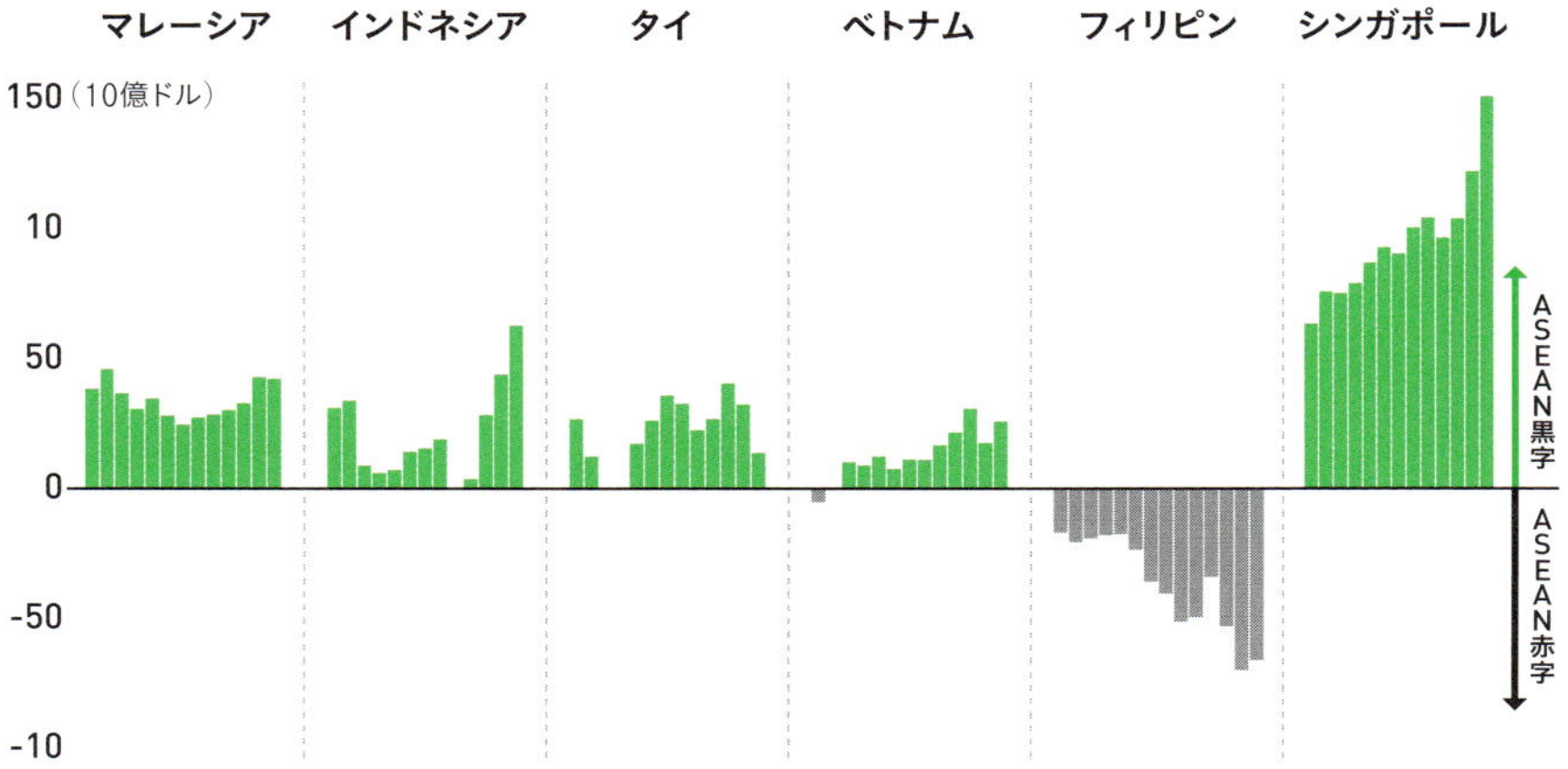

出所:IMF Balance of Payments and International Investment Position Statistics (BOP/IIP)のデータ(2024年4月10日取得)を基にMonitor Deloitte Institute, Japan作成。

【図表23】ASEANの主要輸出相手国（FOBベース）

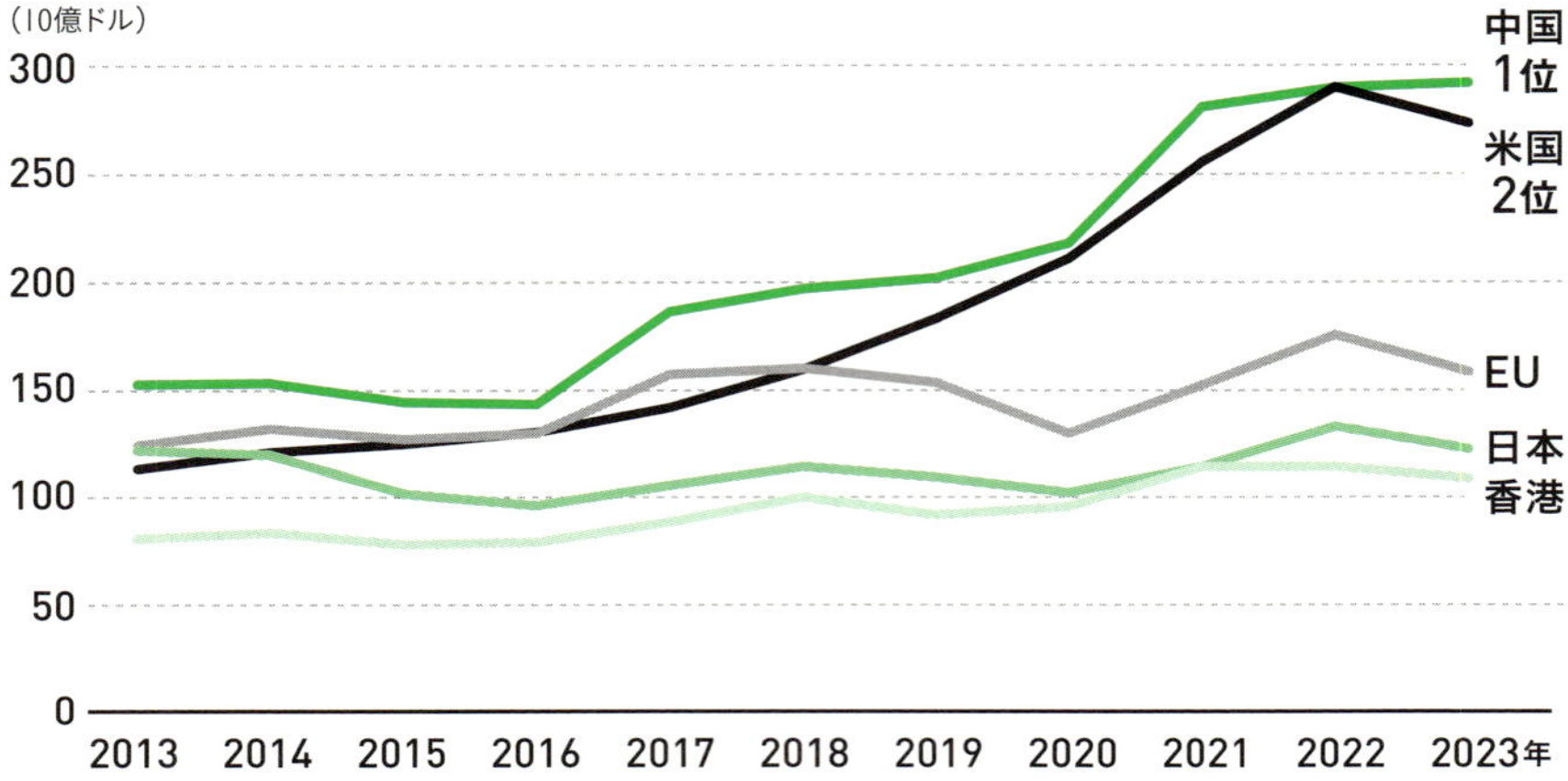

※EUは2019年まではEU28カ国、2020年以降は英国の離脱に伴いEU27カ国を集計
出所：ASEAN Statsのデータ（2024年4月19日取得）を基にMonitor Deloitte Institute, Japan作成。

米国の猛追、置いて行かれる日本

つまり中国からの原材料・中間財輸入を元に、世界を相手に貿易をして稼いでいる可能性を示している。ＡＳＥＡＮの貿易相手国は、輸出入合計では中国が断然1位であったが、輸出・輸入に分解してみると、ＡＳＥＡＮの輸入元としては中国が他国を振り切っている一方で、実はＡＳＥＡＮの輸出先としては、図表23の通り、米国がまさに中国に追い付かんとしているのだ。

世界的に脱中国の動きはあっても、結局中国の産業チェーンがＡＳＥＡＮまで伸びるだけだという見方がさらに現実味を帯びてくる。その伸びた産業チェーンを使って、ＡＳＥＡＮは対米国向け輸出で稼ぐようになったとも解釈できる。

ＡＳＥＡＮの製品であっても、原材料や部品を提供した中国に利益が回る。ある意味、ＡＳＥＡＮからの迂回輸出が指摘されるが、言ってみればＡＳＥＡＮウ

【図表24】ASEAN各国の第1次所得収支の推移（2010～2022年）

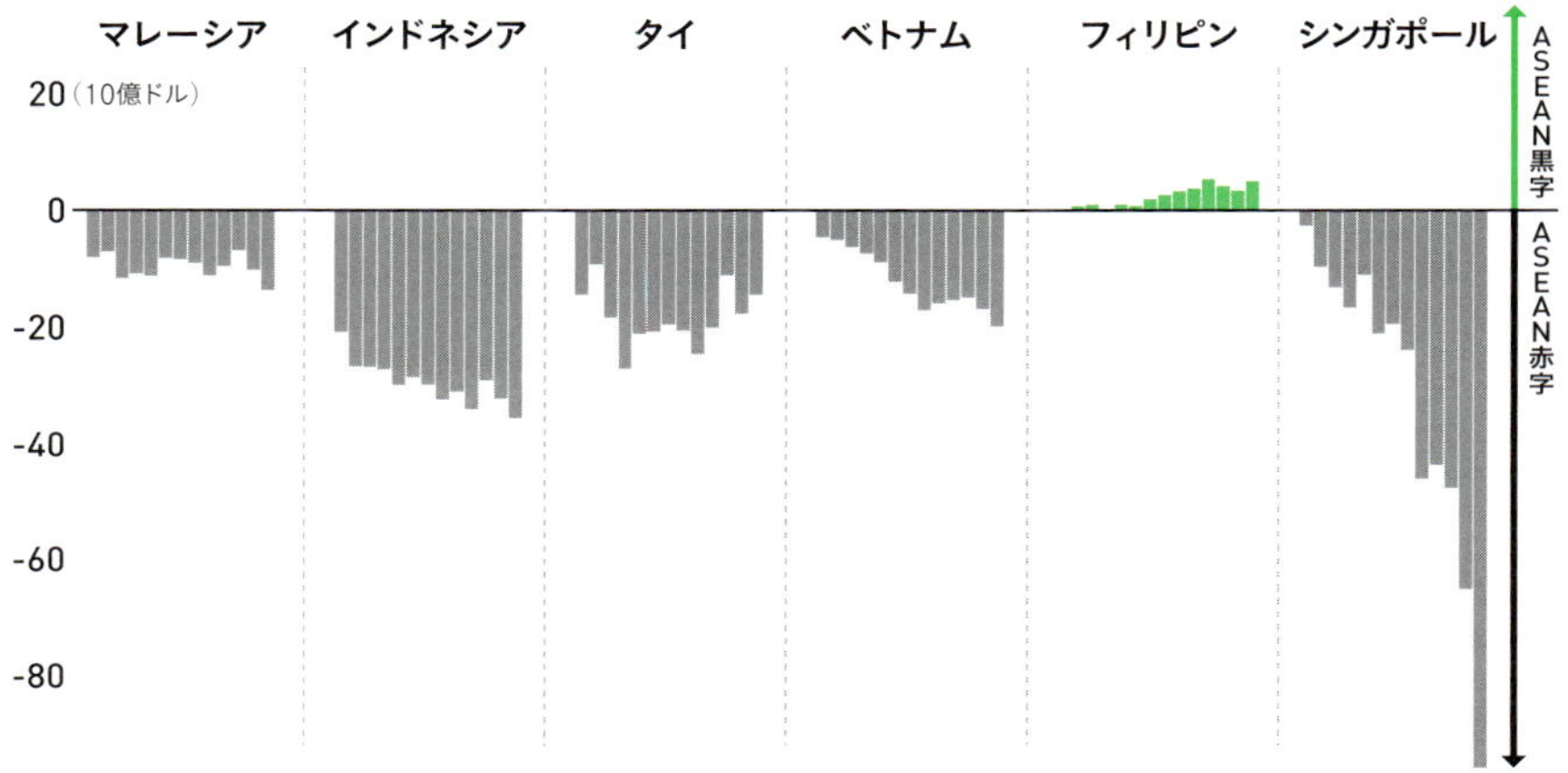

出所：IMF Balance of Payments and International Investment Position Statistics（BOP/IIP）のデータ（2024年4月10日取得）を基にMonitor Deloitte Institute, Japan作成。

オッシングのような構造である。今後の米国の政策によっては、中国に限らず、ASEANも狙い撃ちされるリスクもささやかれているし、実際そう見えてくるのではないか。しかし生産能力の点で、この経済圏に代わるものは世界のどこにもないことも事実だ。この経済圏が機能しなくなれば、猛烈な物不足とそれに伴うインフレの発生が現実味を帯びてくるだろう。

この産業チェーンについては、この章の最後で、改めて考察する。

他方、第一次所得については、フィリピンを除き、シンガポールを含め、軒並み赤字が続いている【図表24】。第一次所得ではなく貿易で稼ぐという発展モデルが続いていることとの証左であろう。もっとも、フィリピンでは第一次所得は黒字であるが、これは投資で得られたものではなく、第一次所得として計上される、短期間の海外労働者、出稼ぎ者からの送金が大きいことによるものである。

【図表25】マレーシアの国際収支表（2010～2022年）

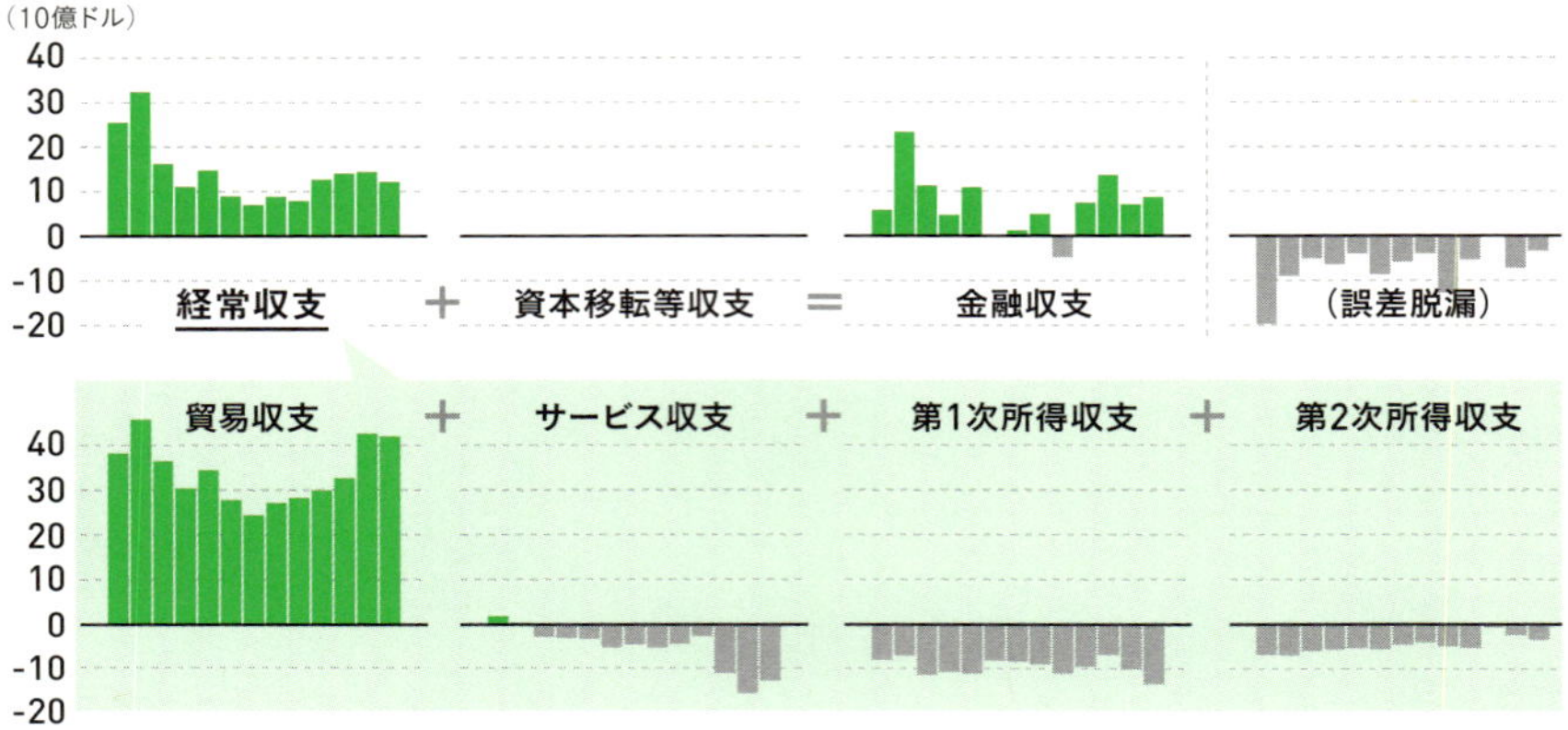

出所：IMF Balance of Payments and International Investment Position Statistics（BOP/IIP）のデータ（2024年4月10日取得）を基にMonitor Deloitte Institute, Japan作成。

■マレーシア

国別に詳細を見ていこう。マレーシアは対中国でも、対世界でも一貫して貿易黒字である【図表25】。サービスも第一次所得も赤字ではあるものの、貿易収支の黒字を食いつぶすことはなく、一貫して経常収支の黒字を保っている。中国に対しても世界に対しても、「持つ国」として、半導体産業や資源を強みに貿易で戦っていくことができるだろう。

■インドネシア

インドネシアは、近年の貿易の黒字の伸びが著しい【図表26】。対中関係で見ても、中国がインドネシアに対して投資を進めていこうとしているのは明らかだが、第一次所得収支でマイナスとなっている。これはインドネシア政府がしたたかに資源の「下流事業の育成」を狙い、投資を呼び込んだ結果として、貿易黒字の増加と、第一次所得収支の双方に表れているのかもしれない。

【図表26】インドネシアの国際収支表（2010〜2022年）

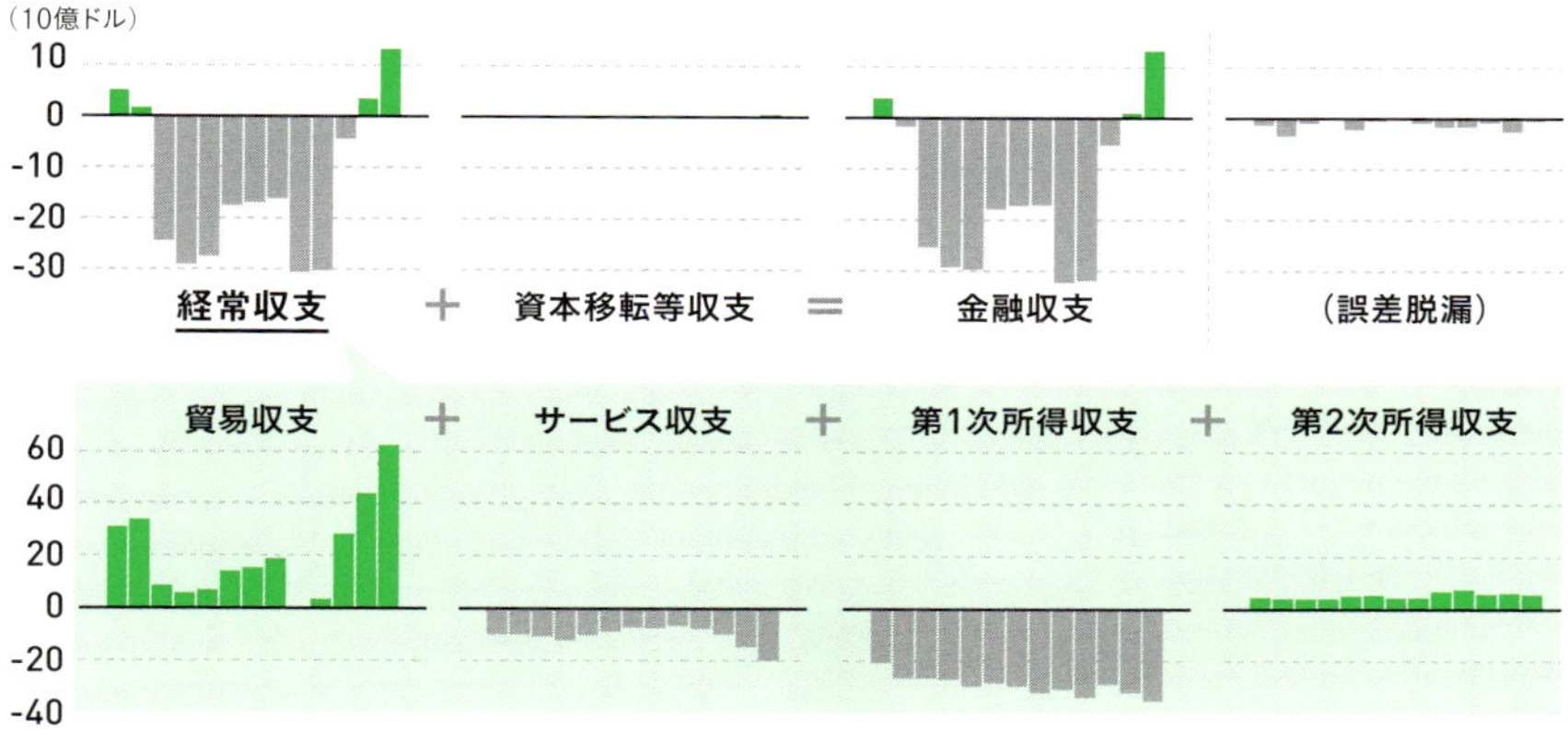

出所：IMF Balance of Payments and International Investment Position Statistics（BOP/IIP）のデータ（2024年4月10日取得）を基にMonitor Deloitte Institute, Japan作成。

これまで長い間経常収支が赤字であったことを考えると、近年の改善は大きな成果だ。ニッケル、石炭、パーム油といった重要な資源を保有し、さらに下流化を推し進めることで、ますます強い発言力を持つ国となっていくのではないのだろうか。

■ベトナム

ベトナムは、明らかに中国の産業チェーンの中に組み込まれて発展している国だ。これまでベトナムの貿易は外資系企業によって牽引されており、ベトナムでの地場企業が育ってはいない課題があることを指摘した。

国際収支表でも、貿易収支の黒字が伸びる一方で、第一次所得収支の赤字も拡大しており、直近では経常黒字化には苦戦していると見え、高付加価値化は喫緊の課題であろう【図表27】。さらに、ベトナムの労働コストと中国の労働コストの差が徐々に縮まっているという指摘もある。

【図表27】ベトナムの国際収支表（2010〜2022年）

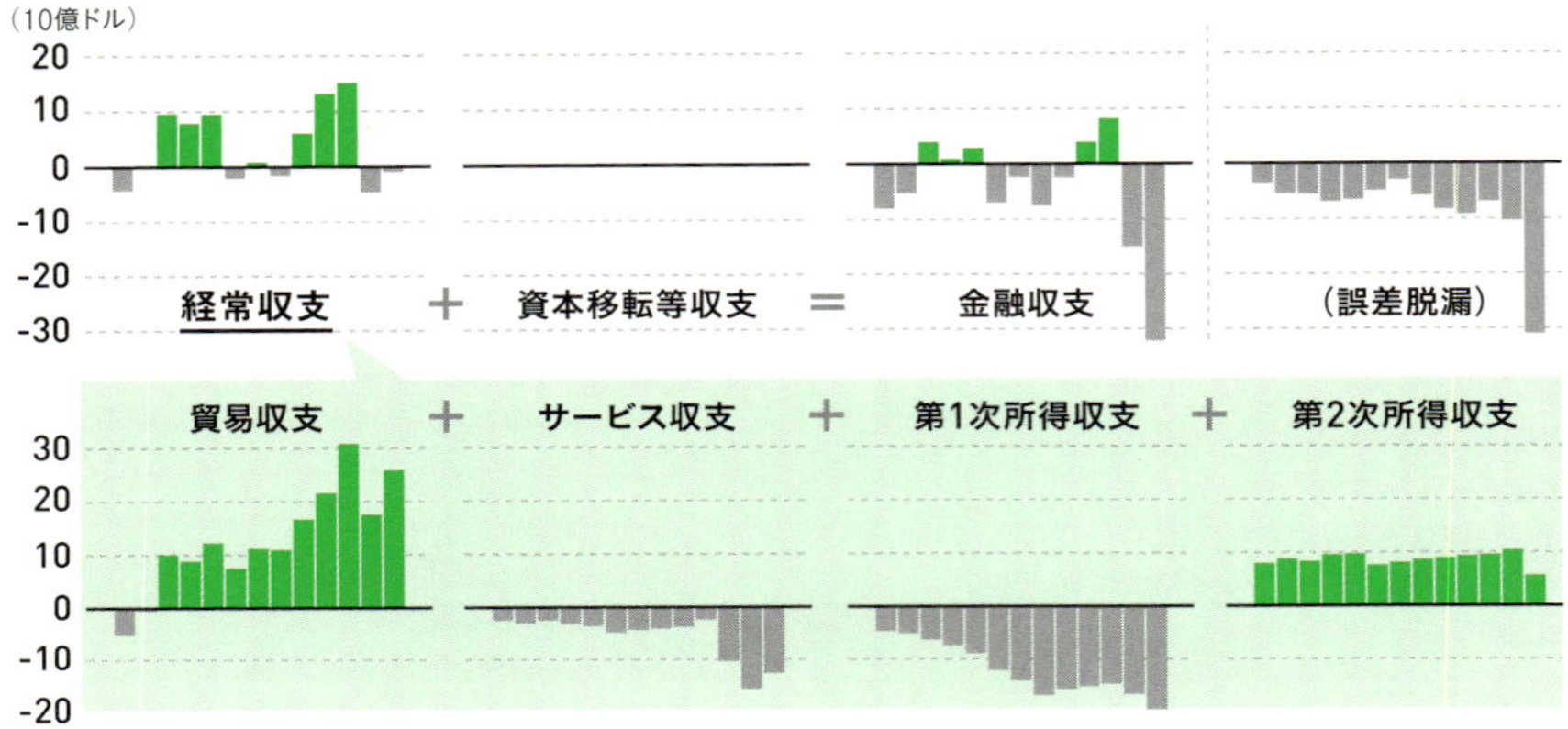

出所：IMF Balance of Payments and International Investment Position Statistics（BOP/IIP）のデータ（2024年4月10日取得）を基にMonitor Deloitte Institute, Japan作成。

それでもなお、陸続きで、産業チェーンとして中国とつながり、その役割を果たしていけること、チャイナ・プラス・ワンの筆頭候補として世界からも注目されていることは、少なくとも向こう数年間にわたってはカードを持っているものといえる。

■シンガポール

では、対中貿易で「持たざる国」に見える3カ国についてはどうだろうか。シンガポールを見ると、対中国では赤字であり、貿易も伸び悩むが、対世界では圧倒的な黒字である【図表28】。サービス収支も、とりわけ、金融サービス収支での黒字と輸送サービス収支での黒字が飛び抜けている。

さらに、他のASEAN国では黒字要因であった旅行サービスは、逆に赤字要因となっており、旅行収支に頼っていない。貿易でも金融サービス、輸送サービスでも生きていける、やはり、したたかな、洗練された強い国だろう。

【図表28】シンガポールの国際収支表（2010～2022年）

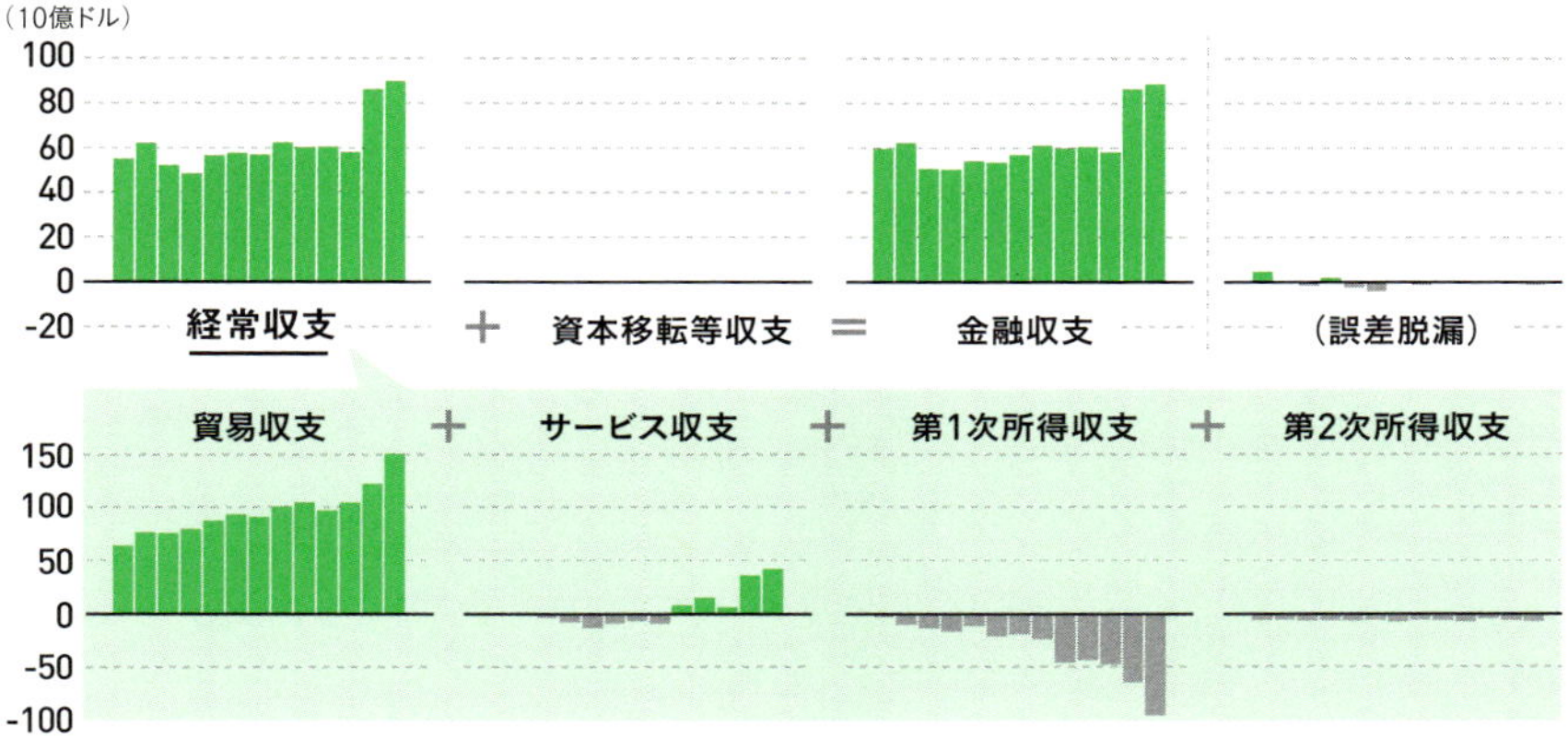

出所：IMF Balance of Payments and International Investment Position Statistics（BOP/IIP）のデータ（2024年4月10日取得）を基にMonitor Deloitte Institute, Japan作成。

■フィリピン

フィリピンも、非常に面白い動きをしている。他のASEAN国と異なり、むしろ貿易が赤字で、サービスが黒字という全く異なる構造をしている【図表29】。これは、フィリピンが世界有数のITを活用した業務委託サービス全般（IT-BPM）の提供地であることが背景にある。

そして、何と言っても、特異なまでに第二次所得収支が大きい。確かに近年こそ貿易赤字が拡大しているが、安定したサービス、そして外国での出稼ぎで戦っていく、他ASEAN国とは異質な領域で戦うことのできるプレーヤーといえよう。

■タイ

最後にタイはどうだろうか【図表30】。近年では経常収支が赤字転落している。稼ぎ頭であった貿易収支も、直近では落ち込んでいるようだ。サービス収支も悪化

【図表29】フィリピンの国際収支表（2010〜2022年）

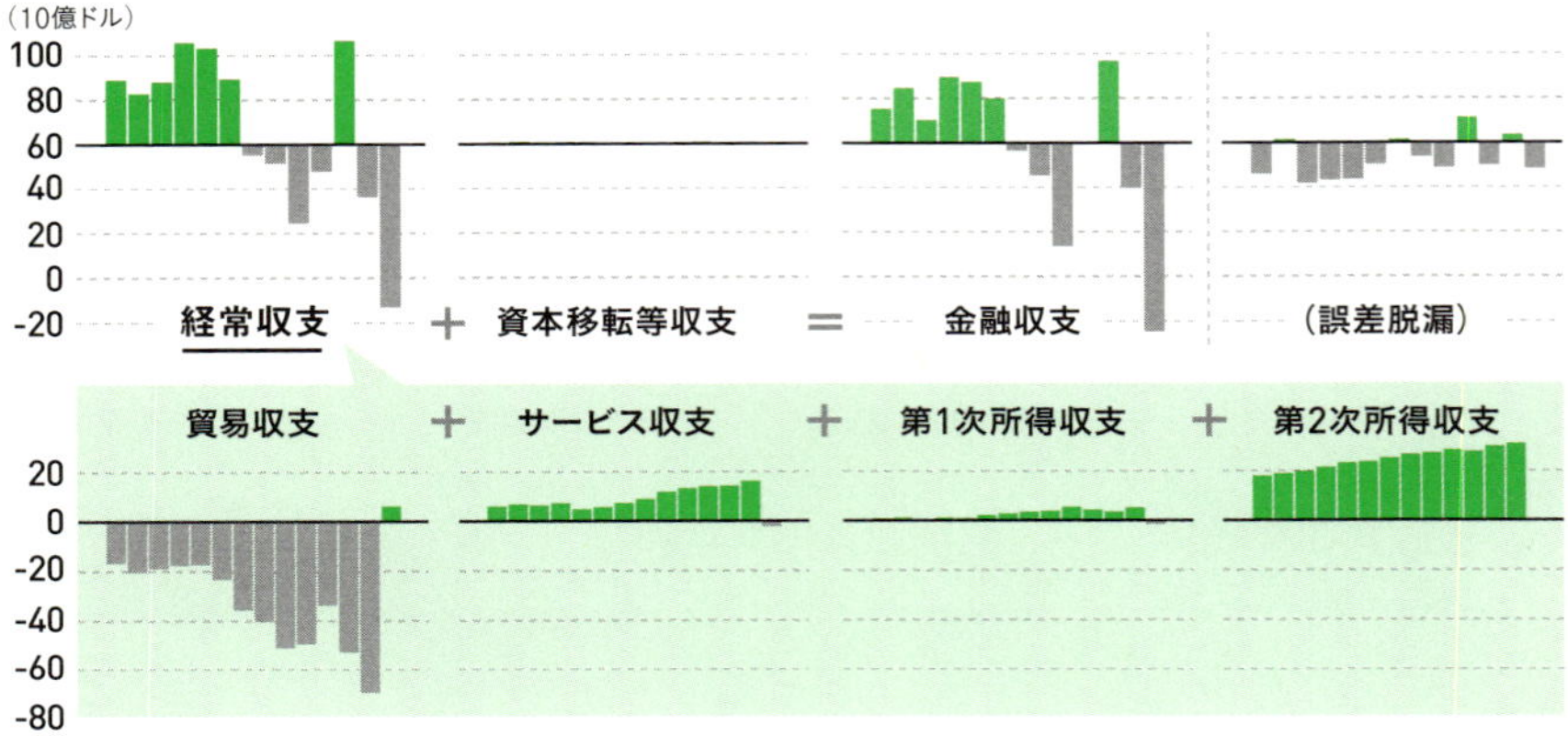

出所：IMF Balance of Payments and International Investment Position Statistics（BOP/IIP）のデータ（2024年4月10日取得）を基にMonitor Deloitte Institute, Japan作成。

しており、インバウンド観光客の減少による影響があまりにもダイレクトに効いた。第一次所得収支の赤字幅も、若干の改善は見られるが、なお大きい。

貿易のページで指摘したように、タイは中国に対して、ベトナムのように機械・電子機器類の輸出を伸ばすことが出来ていない。アユタヤ銀行によるリサーチ（Wanna Yongpisanphob氏）は「タイのICメーカーは、労働集約的な業務に重点を置く下請け企業になりがちで、タイよりも人件費が安く、国内生産の改善が進むベトナムなどとの競争激化に直面している」[39]と、ASEAN域内の競合による状況の悪化を指摘する。

このままではタイは、国としての競争力を失い、これを好機と捉えた中国によって、貿易を中心としてますますのみ込まれてしまうのではないか。実際にタイでは、中国製品の流入に対する警戒感も強い。タイ工業連盟（FTI）のKriengkrai Thiennukul会長は、「中国製品の流入によってタイの20の産業がダメージを受けており、これまでの5〜6業界から増加している」

【図表30】タイの国際収支表（2010〜2022年）

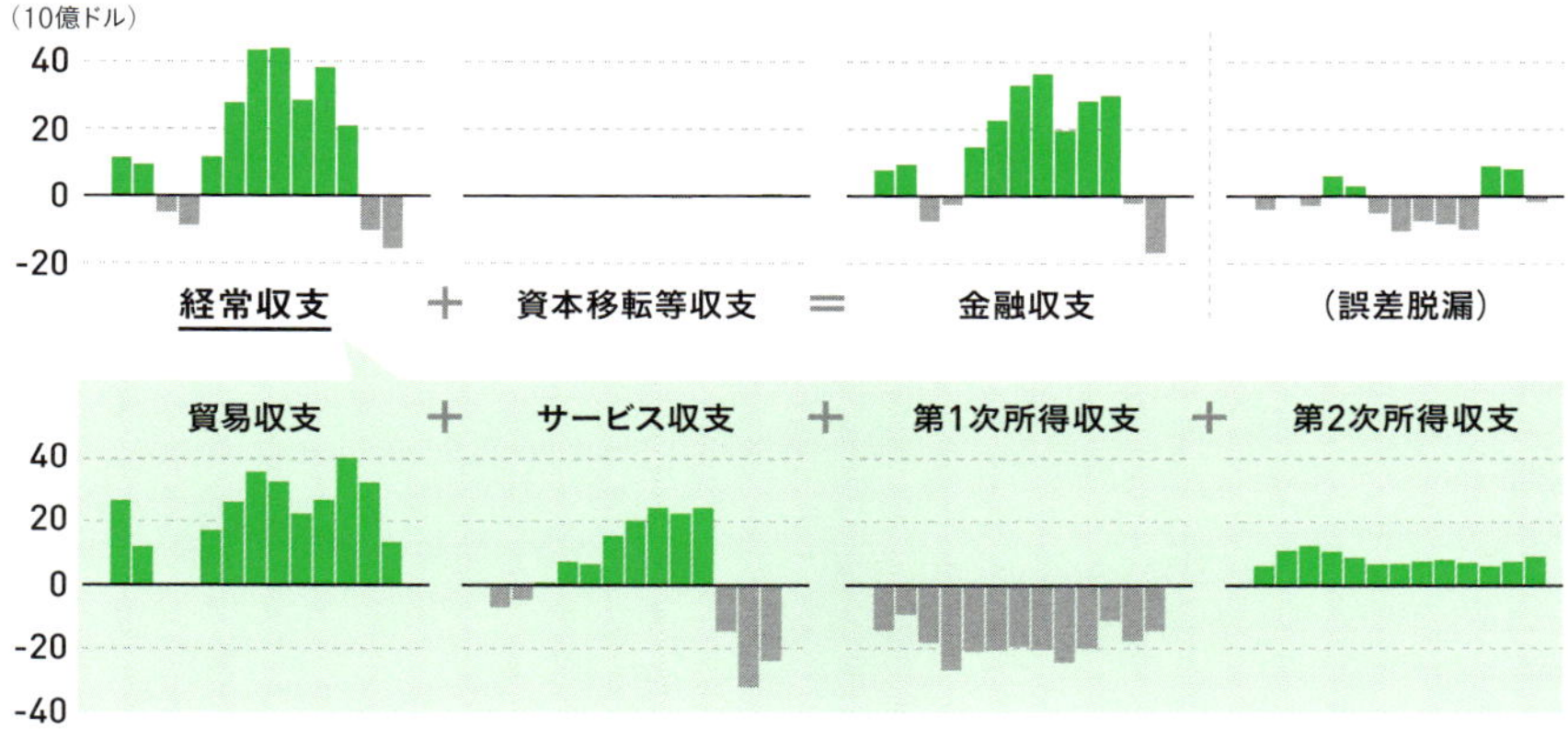

出所：IMF Balance of Payments and International Investment Position Statistics（BOP/IIP）のデータ（2024年4月10日取得）を基にMonitor Deloitte Institute, Japan作成。

と語っている。[40]

タイの国際収支の構造とチャイナ・アセアンの関係から見るに、最も苦境に立たされているのは、実は最も日本が親密な付き合いをしてきたタイなのかもしれないのだ。それは日本にとっても当然跳ね返ってくると見ておくべきではないだろうか。タイとの向き合い方について、まさに日本が真剣に考えていくべきタイミングといっても過言ではない。

中国とASEAN、それぞれの課題

以上、チャイナ・アセアンについて貿易・投資・国際収支というマクロ経済統計の観点から、言ってみれば複数のレンズから焦点を合わせて見てきた。貿易額で見る限り、両地域の結びつきはますます強固になってきているが、その貿易の質も「持つ国」と「持たざる国」で異なる。さらに投資で言えば、中国が先端領域と資源でますますASEANに攻め込む一方で、ASEANは米国やインドにシフトしているように、すれ違いが生じてきた。これは変化であろう。

そして、国際収支の観点からチャイナ・アセアンを見ると、中国もASEANも、それぞれの置かれた状況で、異なる課題を抱えていることが分かった。すなわち、中国の対外投資は必ずしも、うまくいっているようには見えないし、「一帯一路」の推進も見直さざるを得ないだろう。近年は太陽光発電、バッテリー、EVなどの得意領域への投資を進めているが、ここでリターンを上げられるかが目下問われている。

一方のASEANにとっては、中国からの投資の増加は、中国に対する支払い、すなわち、ますます第一次所得の赤字が拡大していくことを意味している。資源頼みの経済となってしまわないか、中国からの製品を輸入し、それを市場として受け止める、あるいは中国から輸入した中間財を加工して世界に流すだけの存在になってしまわないか、それがASEANの今後の課題である。

日本の国際収支から見えること

では一方で、日本はどのように立ち回っているのだろうか。日本の国際収支を見ると、まず経常収支の内訳だが、日本は実は貿易収支ではなく、海外からの利子・配当である第一次所得で黒字を稼ぐ国であり、ますますその傾向が加速していることが一目瞭然だ【図表31】。

22〜23年にはロシアによるウクライナ侵攻を契機とした世界的なエネルギー資源・食料高の影響を受けて貿易赤字に陥り、またサービスも赤字であった。コロナ禍明けからインバウンドが増え、

【図表31】日本の国際収支表（2010〜2023年）

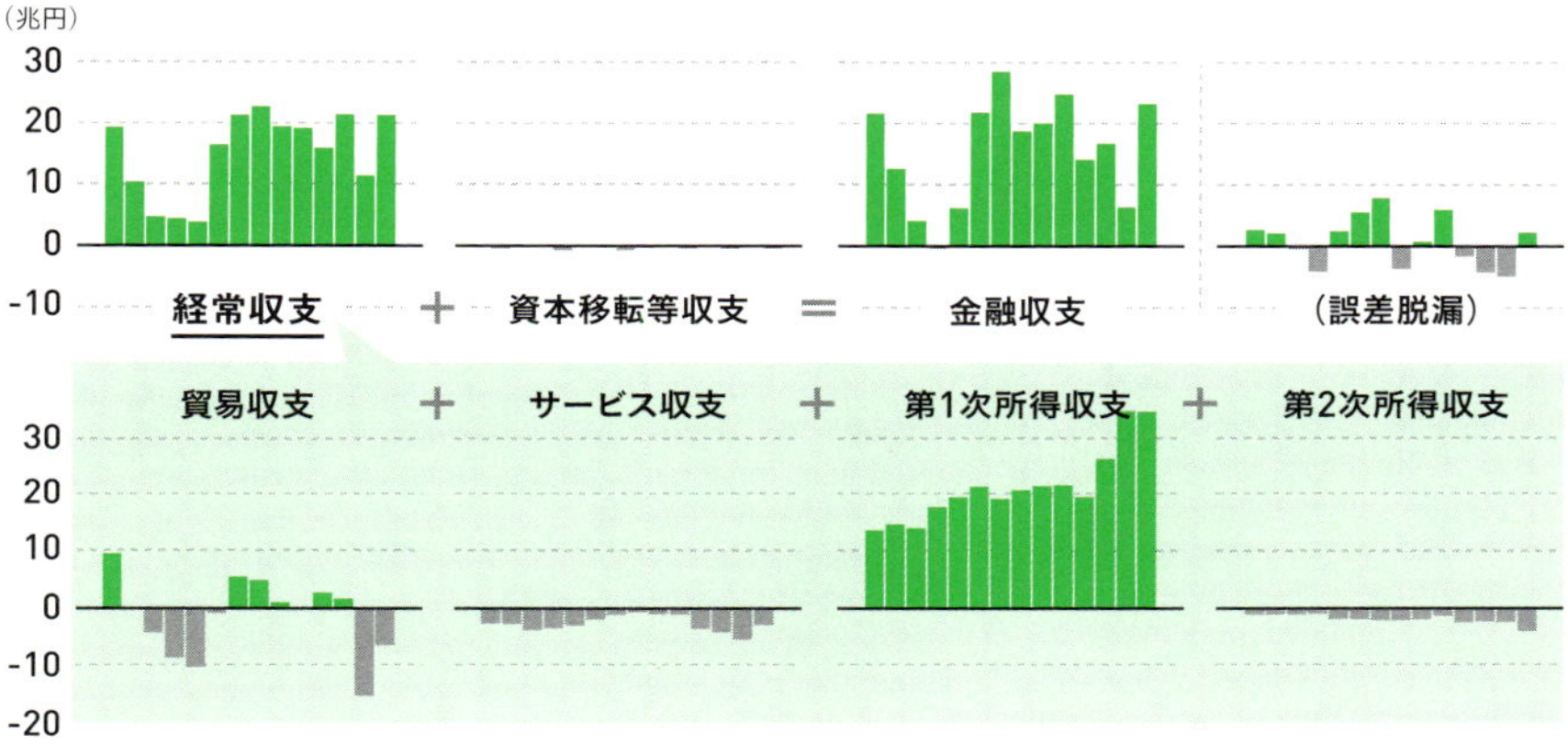

出所：財務省及び日本銀行のデータ（2024年4月18日取得）を基にMonitor Deloitte Institute, Japan作成。

旅行収支の黒字幅が再度拡大しているが、いわゆるデジタル赤字といわれるものの影響が大きかったのだ。とはいえ日本には、これらを補ってもなお余りある、35兆円という巨額な第一次所得の黒字が存在するのだ。

イギリスの経済学者であるクローサーが提唱した、「国際収支発展段階説」によると、現在の日本の貿易・サービス収支の赤字を、対外資産から生じる利子・配当の黒字が上回る（＝経常収支が黒字となる）状況は、「成熟した債権国」に当たる。

中国やＡＳＥＡＮ各国は貿易で稼ぐモデルが継続しており、第一次所得収支で稼ぐ構造に転換していない。日本はＡＳＥＡＮ各国の付加価値向上に向けた支援や構造転換において、我が国が培ってきたノウハウを活用して、新たな協調モデルなど経済関係の構築をリードする好機にあると言えるかもしれない。逆に言えば、好機を生かさなければ、日本にとって厳しい未来が待っているかもしれない。

まずは日系企業の投資と、非日系企業の投資動向を

【図表32】日系企業と非日系企業の投資先国の比較（4年ごとに集計）

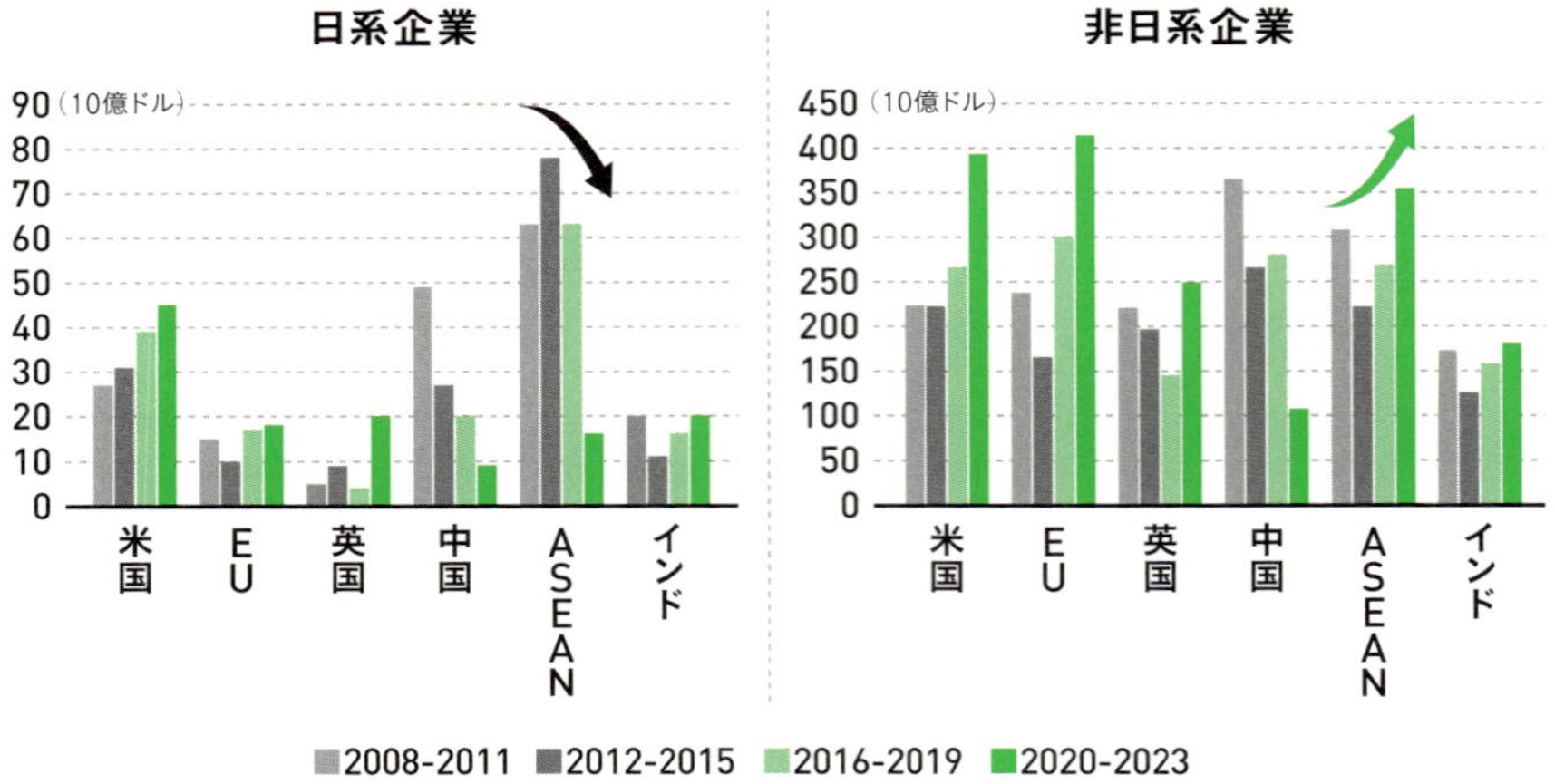

※1 海外直接投資（FDI）の新規案件の投資予定額を4年単位で集計（発表年度ベース。例えば、2021年に発表された2023-2025年の投資予定額は、「2020-2023」に計上）
※2 2020-2023年のデータに基づき、同集計額が最も大きかった10カ国を表記
出所：fDi Marketsのデータ（2024年1月26～29日取得）を基にMonitor Deloitte Institute, Japan作成。

見てみよう。日本から中国への投資は、見る限り世界のトレンドと同様に脱中国に向かっている。だが、先に述べた通り、シンガポールなどは、中国経済が落ち込む中でも、中国における次の投資機会（先端製造業やエネルギートランジションなどの新興領域）を虎視眈々《たんたん》と狙っている。1章でも述べた通り、中国に対する行き過ぎた悲観論や崩壊論に惑わされず、成長のトランジションを見定めていくことが重要だ。

対ASEANの関係ではどうか。世界からはASEANにマネーが投資として継続して流れ込む。一方で、驚くことに、日本は異なる動きをしており、逆にASEANへの投資が減少している【図表32】。ASEANにとっては、日本はストックベースでは最大級の投資国であったが、近年では隙間風《すきまかぜ》が吹いているように見える。

もちろん、世界の投資動向に合わせて、ASEANに投資すべきと結論付けるのも早計だ。

しかし、この地域（ASEAN）は日本の牙城であったが、日本が投資を激減させている現状は、長い目で見た際にアジア各国との関係の築き方を再考させられる要因になりかねない。経済関係がなければ安全保障の議論も出来ない。外交上の付き合いも減る。こちらがラブコールを送っても、相手には別の相手が出来てしまうものである。

結びと次章に向けて

改めて、図表23を見るとわかるようにASEANに対して米中が競うように貿易を伸ばしていることは事実だ。マクロデータの分析では、中国からの原材料や部品を使った、ASEANの製品が米国に輸出されている点を指摘したが、この流れでは、日本がスルーされることに危機感を持つべきだろう。つまりデータが示唆するのは、日本をスルーした世界の産業チェーンが生まれつつあるということだ。

ここで、注意したいのは、米国の戦略だ。[41] 日本は「米国はアジア戦略において、パートナーである日本を重視するはずだ」と思っても、米国がASEANと関係を強化することはあり得る。実際、貿易の伸びが物語っている。

一方、ASEANは、日本の仲介を求めているだろうか。GDPでもASEANが日本を追い抜く状況が迫っている。どうしても必要な相手であるとASEANが認識するかは、損得の問題も絡んでくる。決めるのは相手なのだ。こちらの都合通りに動いてくれるものではない。中国はもちろん、米国と直接取引すれば十分だ、そう思われた場合にどうするかが問われている。これが国際情勢の冷徹かつシビアな現状である。日本は、その状況への準備が出来ているかどうか、アジアでの生き残りには不可欠だ。

賢くありたいなら、歴史を忘れてはならない

日本は米国に対しては、自らが果たせる役割をアピールし、ＡＳＥＡＮとは経済関係を強化すべきなのだ。ＩＰＥＦのような枠組みは、そうした関係を築く場であるはずなのに、日本は生かし切れていないのではないか。

ＡＳＥＡＮの各国でも強み・弱みが異なり、それぞれが抱える課題の多寡、種類も異なっている。だが、まだまだ、日本が事業を広げる余地はあるはずだ。日本は、アジア通貨危機の際に、ＡＳＥＡＮ地域から逃げ出す欧米マネーを横目に踏ん張り、今日の繁栄を築いた。これが、逆のパターンにならないことを願っている。

さらに日本にとって厄介なシナリオも挙げておこう。それは、米国と中国の歩み寄りである。そんなことは起こり得ないと言えるだろうか。日本を飛び越えて、米中の首脳が握手を交わしたニクソン・ショックの歴史を、日本は忘れてはならないだろう。サプライズ好きの大統領が、支持率アップのために、思い切った外交政策を取ることなど、想定の範囲と言えないだろうか。

米中の歩み寄りシナリオに加えて、ＡＳＥＡＮの動きにも注意が必要だ。チャイナ・アセアンと

米国の交流。そこに日本が噛めるかどうか、真剣に考えるべきだと思う。置いてきぼりが最悪のシナリオだ。大国間の競争に配慮するのもいいが、いかに、そしてどのような形であっても存在感を示しておくことが必要なのだ。チャイナ・アセアンという経済圏で存在感を失い、米国と距離が出来た時、これから伸びるといわれるインドをはじめとする新興国や、欧州に日本が出ていって成功できるわけがない。

米国から見ても、複雑なチャイナ・アセアンを背後に抱えているからこそ、日本は無視できない存在なのだ。このように相手から見た視点で、どのように位置付けが変わるかを捉えること、そして自国にとって都合の悪い最悪のシナリオも考えつつ、「戦略の前提」を考えることが不可避だと思う。

日本が目指すべき未来、具体的な戦術については、最後の章で私なりの提案をしたい。次章では、本章で述べたチャイナ・アセアンのマクロから、ミクロへと視点を移す。中国とＡＳＥＡＮの関係が変質しつつあり、必ずしも双方が投資の面でうまくいっているように見えない中でも、ミクロで見ると輝いている企業はある。やはり総悲観ではなく、光るところは必ずあるのだ。ミクロな動きから学べるレンズの焦点の合わせ方について語る。

Chapter 3 ▸▸▸ Take Away

- ☑ 「貿易」「投資」「国際収支」などの複数のレンズで、鳥瞰的に構造を理解し、冷静な目を持つ。
- ☑ チャイナ・アセアン経済圏は、コロナ禍においても世界で最も活発な貿易・投資が行われている経済圏だったが、国や地域によるバラツキが生じ始めている。
- ☑ 中⇕ASEAN⇕米というチェーン：ASEANが米中と取引を拡大、仲介する経済ルートに留意

Chapter 4

チャイナ・アセアンで成長を遂げる企業に共通するダイナミズム

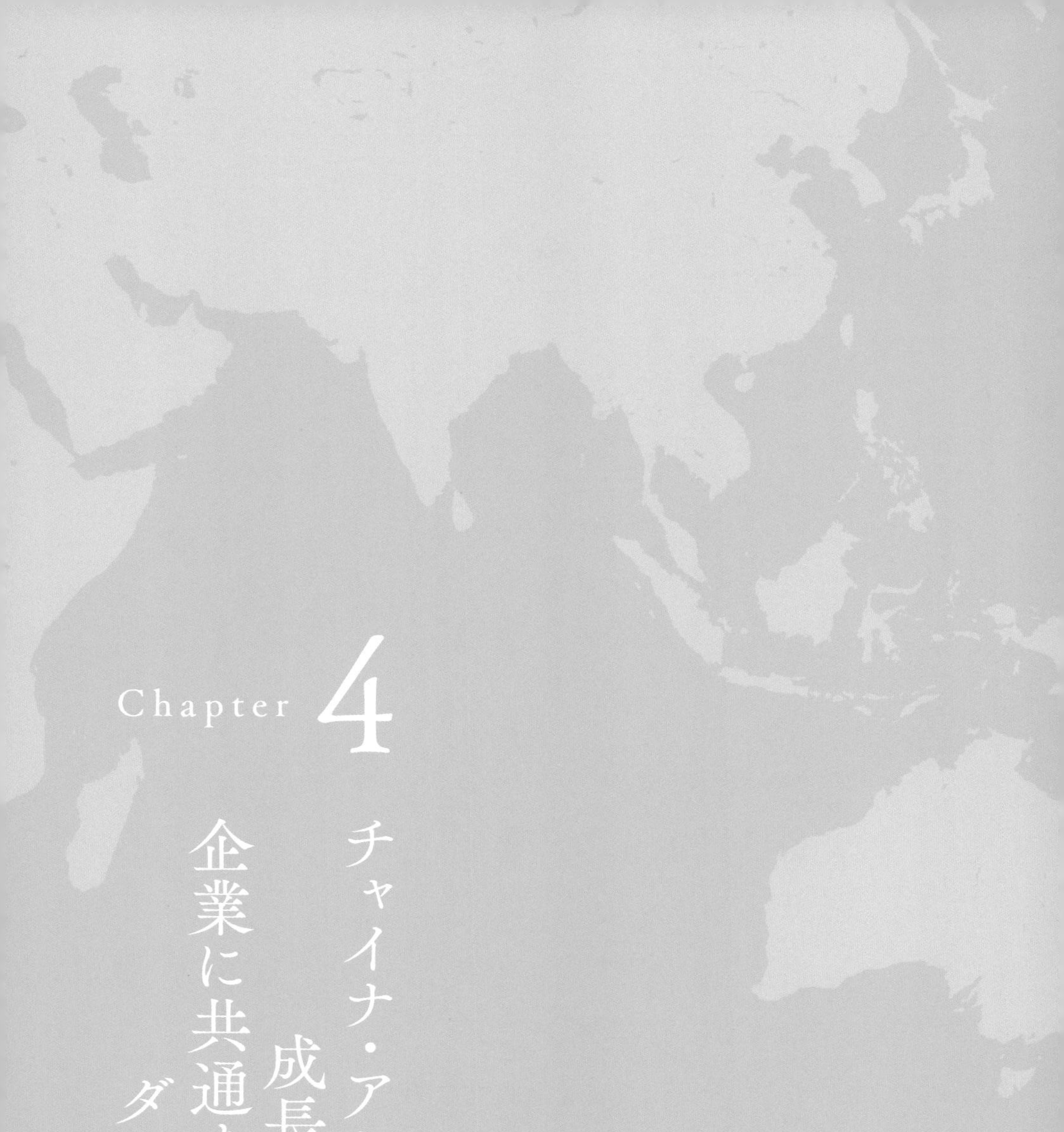

「木を見て森を見ず」という格言は、細部にとらわれ、全体が見えないことを指す。しかし、一方で「葉を見て森を知る」という、細かい部分に焦点を当てる方法もある。例えばiPS細胞によって人間の体を回復させるように、非常に細かい粒度から全体を類推する生態学的アプローチが、自然科学だけでなく、社会科学分野の最新の研究でも取り入れられている。

前章では貿易や投資、国際収支という、極めて大きな視点で中国やインドネシア、マレーシア、ベトナムなどを分析した。いわば鳥瞰図を読み解いた。

本章ではその逆からのアプローチを試みる。マクロ経済統計では追いきれない部分、見えてこない部分、つまり個別企業という、ミクロの分野を見ることで、チャイナ・アセアンの経済の変化を捉えていきたい。近年では、チャイナ・アセアンを横断し、さらにアジア圏を飛び越えて成長する、新しいタイプの企業が台頭してきている。

今回は、あえて電気自動車（EV）や半導体といった、話題を集める先端分野ではなく、小売り、物流、農業といった比較的地味な分野の企業に焦点を当てる。なぜなら、こうした地味な分野だからこそ、最先端の「キラキラした」業界に見られがちな一時的な勢いや誇大な期待を排し、企業の取り組みの本質を見極められるからだ。

また、EVや半導体産業の動向は既に多くの識者が論じているが、小売りや物流、農業といった分野は意外と光が当たりにくい。だからこそ、我々日本にとって新たな気付きが得られる可能性も高い。

登場するのは、中国発の新興小売チェーンMINISO（名優創品）グループ、インドネシア発の物流企業J&Tエクスプレス、そしてタイの複合企業CPグループだ。この3社はいずれも独自の工夫と戦略で着実な成長を実現している。

なお、CPグループについては前著でも概要を解説したが、今回はタイの華僑企業であるCPグループが、中国という大国で農業や食品事業を発展させた背景を見ていく。

1

中国発MINISOが示す新時代の世界戦略
――武器は中国の低コスト製造と日本のキャラクター

中国発の新たなグローバル企業が、世界に店舗網を広げている。北米、南米、欧州から中央アジア、中東からアフリカにまで約110の国や地域に雑貨店を開設。全世界の店舗数は2023年末の時点で6413店（うち中国国内は3926店）へと広がり、23年度の売り上げは15億8200万ドル（2373億円）に上った。民間企業版「一帯一路」戦略と表現したくなるほどの規模だ。「一帯一路」のように巨額のインフラ投資をしているわけでもない。だが、各国の街に溶け込み、消費者の心を巧みにつかんでいく。多くの日本人が知らないうちに、世界店舗ネットワークを築いた企業、それが「MINISO（名優創品、日本語での店舗名はメイソウ）グループ」だ。

店内に並ぶのは、「ちいかわ」や「鬼滅の刃」、さらにサンリオの「クロミ」など、様々な日本の人気キャラクターをデザインした下敷きやクリップ、クリアフォルダーなどの日用品や美容関連の商品、さらに食品など。価格は日本円で数百円程度だ。毎日の必需品でもなく、ぜいたく品とも言い難い商品だが、ちょっとしたプレゼントを買うような感覚で、子供から大人まで幅広い年代の客が購入していく。

日本で生まれた小売り業態の一つである100円ショップは、韓国では1000ウォンショップ、米国で1ドルショップとして広がり、国籍を問わず当たり前のような存在となっていった。だがMINISOの拡大は、100円ショップをしのぐ。

飛躍のきっかけは人気キャラクターとのコラボ

MINISOは中国の広東省広州市に本社を置く中国企業で、ニューヨークと香港で上場している。正式名である「名優創品」は一見、日本風であり、実際にMINISOを日本企業と勘違いする人も多そうだ。MINISO自体も、それを狙っていたかのようなところがある。創業当初はウェブサイトなどでも、自社の日本人デザイナーを前面に立たせており、その点でも、日本企業であるかのような印象を与えていた。

そんなMINISOの飛躍のきっかけとなったのは、米国のディズニーや日本のポケモンといった、世界的に知名度の高い人気キャラクターとのコラボレーションだ。つまり、日本の知的財産

(Intellectual Property、IP)が、中国発の世界小売店の武器となったのだ。

人気のキャラクターとのコラボレーションはMINISOのブランド価値を大きく向上させた。23年10月にはサンリオの人気キャラクター「クロミ」とコラボし、中国国内でクロミ誕生日イベントを開催した。杭州市にあるクロミをテーマにした店舗では、クロミの新商品が発売初日に完売するほど反響があった。これは同店の1日の売り上げの46・83%を占めた。[1]

24年4月には日本の人気キャラクター「ちいかわ」とコラボした商品を発売し、中国全土で行列ができるほどのにぎわいを見せた。

サンリオをはじめとする日本のIPホルダーが、日本では知名度の低いMINISOとのコラボレーションを展開する理由、それはMINISOの世界的な販売力にあると思われる。

通常、コラボレーションに際しては、売り手側とIPホルダーは各グッズの最低保証の販売数に関する契約を交わす。つまり、目標まで売れなかった商品があっても、売り手(この場合はMINISO)はIPホルダーにその分の使用料を支払わなければならないのだ。これをMinimum Guarantee Payment(MGP)と呼ぶ。しかも、MINISOの店にキャラクターが並べば、改めて海外でキャラクターの認知度を上げ、新たな人気を掘り起こすこともできる。

IPホルダーによっては、有名キャラクターを提供するに当たっては、不人気キャラクターの販売も同時に要求することがある。人気キャラクターにあやかって、改めて不人気キャラも売り込むわけだ。

こうしたIPホルダーからの要求に応えることが出来るのは、強い商品企画能力と販売能力、そして損をしたとしてもカバー出来る資金力を持つＭＩＮＩＳＯのような企業だ。ここまでの力を持つ企業は、決して多くない。

ＩＰホルダーはＭＩＮＩＳＯの高い販売力を活用し、新たな収益機会を得る。一方、ＭＩＮＩＳＯは有名キャラクターの集客力を活用して売り上げを伸ばし、ブランドへの信頼を強化する。双方にメリットのある好循環が生まれているのだ。

こうしたＭＩＮＩＳＯのビジネスを、裏側で支えるのが、デジタル技術だ。製品開発や販売においては、デジタル技術を分析と戦略立案に役立て、最適化を図っているのだ。

ＭＩＮＩＳＯには、メンバーが１００人を超す商品担当チームがあり、独自の「知珠網（ZhiZhuネットワーク）」というシステムを使って、ＳＮＳでのキャラクターの人気や新しい流行をチェックして、新商品のコンセプトを決定する。さらに、リアルタイムの販売データと顧客の声を分析することで、市場のニーズを予測し、商品戦略を調整する。基本は多品種少量生産だが、例えば、売れ行きが良い商品は即座に増産体制に切り替えるなど、売れ筋を見極め、リソースを集中投下する戦略を取っている。

さらに実際の製造現場においては、「MADE IN CHINA（メード・イン・チャイナ）」の強みが生きる。かつては低コストの生産工場として日本への輸出品を作っていた工場が、その生産能力を生かし、今や「MADE FOR CHINA（メード・フォー・チャイナ）」の拠点となって、キャラクターグッズを生産している。

中国の政策に乗じて海外店舗網を拡大

海外展開においては、中国政府の「一帯一路」構想をはじめとする対外経済政策イニシアチブを意識し、活用している。例えば、MINISOが「世界を変える」をテーマに主催した「一帯一路グローバルサミットフォーラム」は、プルマン広州白雲空港ホテルで盛大に開催され、世界各地の投資家や、在中国各国領事、国内外の小売店、代理店など300人参加した。このように、沿線諸国への出店の加速材料としている様子も見られる。また、MINISOグローバル共同創業者兼CEOのイップ・クォクフー氏は、「MINISOは「一帯一路」の勢いに乗じて独自の3カ年発展計画を策定し、「外に出る」戦略を揺るぎなく実行していく」とも述べている。[2]

東南アジア市場では、「中国ASEAN自由貿易協定」を追い風に、まずは華僑のネットワークを活用して店舗網を拡大。その後、インドネシアやシンガポールなど各国の事情に合わせて、直営店、パートナーシップ、代理店の3つの出店モデルを使い分けながら、現地市場への浸透を図っている。中東やメキシコでも、現地のニーズを調べた上で商品開発とマーケティングに取り組み、成果を上げている。

そんなMINISOの成功は、中国特有の競争環境とも密接に関係している。中国では、省ごとに小売企業同士の激しい競争があり、多くのベンチャーが誕生と消滅を繰り返す「多産多死」の状態にある。そんな中で、MINISOは利益よりも市場シェアの確保を最優先し、政府やファンドから資金を得て、国内外で激安競争を展開。足切りの早さという点でも独自の戦略を持ち、常に最新の市場トレンドに対応している。

一方で、既にMINISOを模倣したライバル企業も生まれている。YUBISO、YOBISO、XIMISO、YOYOSOといったブランドでMINISOに挑んでいるのだ。後発企業に対し、MINISOは、人気キャラクターとのコラボで付加価値を発揮する。

ただし、言い換えるとキャラクターといったIPホルダーに頼らなければ、後発企業に対して付加価値を発揮できないのだ。皮肉なことに、強力なソフトパワーとIPを持つ日本をバックとすることこそが、MINISOの最大の強みであり、同時に弱点でもあるのだ。中国のソフトパワーやIPは急成長しているが、米国や日本に並ぶまでには至っていない。いずれはその分野でも日本を超えるかもしれないが、それは今日ではないし、すぐやって来る明日でもない。

日本企業がMINISOに学ぶべき点は何か

このような状況下、日本企業はどのように対応すべきだろうか。MINISOの事例が示すのは、中国式経営による小売業界の新時代の到来だ。それに対抗すべく日本の強みを生かさなければ、中国企業に世界の小売業界を席巻されるリスクがある。

MINISOの成功の真の秘訣は、日本市場や有名IPの強力なブランド力への便乗、デジタル技術を駆使した需要予測、中国の海外展開政策への巧みな追随など、ありとあらゆる外部要因を自社の成長の源泉とする〝徹底した乗る力〟〝取り込む力〟を基軸とした戦略にある。

だが忘れてはならない。MINISOの「乗る力」を支えているのは、ほかならぬ日本のIPなのだ。強大なコンテンツ力とソフトパワーを持ちながら、日本はまだまだ、その力を生かしきれていない。

使えるものはどんどん使う、貪欲なMINISOの戦略に学び、自らの強みを再認識してはどうだろう。世界最強のコンテンツ力は武器になる。そこに日本企業が巻き返すためのヒントがありそうだ。

2

J&Tエクスプレスの快進撃
――ASEANで磨いた競争力で中国の物流に逆襲

インドネシア発の物流企業J&Tエクスプレス（中国名は極兎速逓、以下J&T）が、東南アジアを席巻している。わずか数年で同地域最大手に躍り出た、この〝小さな巨人〟は、その勢いのままに巨大市場中国の物流市場に猛攻を仕掛ける。

22年、東南アジア物流市場でのJ&Tのシェアは22・5%に達した。4年連続の首位だ。2位のシンガポールに拠点に置くThailand Post（タイランドポスト）の7・2%、3位のJNEの6・3%、

４位のKerry Express（ケリーエクスプレス）の６％を大きく引き離している。[3]

Ｊ＆Ｔの強みは、徹底した低価格戦略だ。だが単なるダンピングではない。同社は東南アジアの過酷な環境で鍛え上げた独自のノウハウと、起業家コミュニティーの活用で競争力を磨き上げてきた。

東南アジアの物流市場は、中国とは状況が大きく異なる。例えばインドネシアでは、いまだキャッシュ決済が主流で、電子決済の浸透が課題となっている。19年時点で、同国の銀行口座保有率は30％程度にとどまっていた。Ｊ＆Ｔは、この状況をむしろ逆手に取った。電子商取引（ＥＣ）プラットホームが敬遠するＣＯＤ（キャッシュ・オン・デリバリー、代金引換）方式の着払い配送に力を入れ、４年間で、着払い配送による代金回収率を50％から95％にまで引き上げたのだ。[4]

インドネシアは１万７０００以上の島々からなる島嶼《とうしょ》国家だ。ジャワ島などの主要都市以外は、道路などのインフラ整備が不十分で、トラックだけでなく船やバイクなど複合的な輸送が必要となる。同国の物流の６割がジャワ島に集中しているが、それ以外の諸地域は手間暇がかかる。Ｊ＆Ｔの幹部によれば中国では配達員が１日平均２００～３００個の荷物を配れるのに対し、インドネシアでは平均60個程度。人口が少ない島では、１日10～20個が精いっぱいという。[5]

企業家同士の連携で難題に挑む

こうした東南アジア特有の課題を、Ｊ＆Ｔは起業家コミュニティーの力で乗り越えてきた。同社を率いるのは、かつて携帯電話会社ＯＰＰＯ（オッポ）インドネシアのＣＥＯを務めたジェット・リー（Jet Lee、李傑）氏だ。ＯＰＰＯは日本でいう格安携帯だが、13年に、インドネシアのナンバー2ブランドに躍り出た。その成長に貢献したリー氏は、ＣＥＯに抜擢された。そして2年後、物流業界に革命を起こすべく、Ｊ＆Ｔを立ち上げた。当初は東南アジアで、中国式の低価格戦略が通用するのか、誰もが懐疑的だった。

　リー氏の背景にあるのが、「ＢＢＫシンジケート」とも呼べる国境を超えた企業家コミュニティーだ。ＯＰＰＯ、ｖｉｖｏ、realme（リアルミー）、OnePlusなどのスマートフォンブランドを擁するＢＢＫ（歩歩高電子）グループは、中国と東南アジアで圧倒的な影響力を持つ。23年、ＯＰＰＯとｖｉｖｏは中国国内で全期を通じて29〜38％前後のトップシェアを誇り[6]、インドネシアでもrealmeを加えて首位に立った[7]。そのＢＢＫの創業者で中国系米国人のドゥアン・ヨンピン（Duan Yongping、段永平）氏とリー氏は、中国・浙江大学の同窓であり、ＯＰＰＯ出身者でもあるリー氏が立ち上げたＪ＆Ｔを全面的にバックアップする。

　Ｊ＆Ｔは、ＢＢＫの強力なネットワークを活用し、ＯＰＰＯの物流インフラを活用しながら東南アジア各国に進出。最初はＯＰＰＯ関連の配達から、最終的にはラザダ（Lazada）、トコペディア（Tokopedia）、ショッピー（Shopee）など域内の大手ＥＣサイトとも次々に提携し、わずか4年でＡＳＥＡＮの物流トップに躍進した。

迎え撃った中国の物流大手の誤算

対する中国物流の王者ＳＦ（順豊）エクスプレスは、高品質なサービスを武器に、中国国内でハイエンド市場を独占してきた。だがＳＦは近年、ＥＣ市場の拡大を受け、ローエンド攻略を迫られていた。そこで20年、子会社の豊網速運を設立。ＳＦブランドの知名度を生かしつつ、割安な料金で中小ＥＣサイトの物流を取り込む作戦に出た。

しかし、豊網速運の前途は平坦ではなかった。ＳＦの高品質サービスを期待した顧客からは、「ＳＦを選んだと思ったのに約束の品質と違う」とクレームが殺到。また、豊網速運はＳＦのリソースも活用していたため、肝心のＳＦのサービスにも影響が起き、大口顧客からも「品質が落ちた」と不満が出た。結局、豊網速運を１００％保有する豊網信息は22年に７・47億元の赤字を計上。23年第１四半期にも１・43億元の損失を出し、ＳＦの業績を圧迫するに至ったとの報道もある。[8]

リー氏はかねてより、「Ｊ＆Ｔが東南アジアにとどまっていれば、遅かれ早かれ他社が市場を奪いに来る」と危機感を抱いていたといわれている。[9] ＡＳＥＡＮで覇権を握ったＪ＆Ｔは、〝攻撃こそ最大の防御〟と言わんばかりに、次なる標的を古巣の中国に定めたのである。

20年、Ｊ＆Ｔは龍邦快運を買収して中国市場に本格参入。アグレッシブな価格戦略で「格安配送」分野に切り込み、わずか3年で市場シェア10％を獲得するに至ったという。[10] ＥＣサイトの淘宝（タオバオ）の大口出店者向けの特別価格を提示したり、一部地域では1個1元（約20円）という、配送をするたびに赤字になるような破格の値段を設定したりと、徹底的な価格勝負に出た。

大手が手掛けていなかった新興の通販サイトに着目

当然ながらＪ＆Ｔの極端な価格競争に対して、中国の物流大手たちは危機感を募《つの》らせた。実際、これがきっかけでＪ＆Ｔとの協業禁止を加盟店に通達するＥＣサイトも数多く現れ、その様相はまるで〝村八分〟同然の状態。そこで、Ｊ＆Ｔのリー氏は、ＢＢＫシンジケートの一員であると同時に、これまた浙江大学の同窓でＥＣサイト「拼多多（Pinduoduo、ピンドゥオドゥオ）」を展開するＰＤＤグループのコリン・ホアン（Colin Huang、黄峥）氏と組み、その物流を担うことで、危機を脱した。一時はピンドゥオドゥオからの発注が取扱高の9割超にもなったという。[11] ピンドゥオドゥオは、中国の2～3級都市や、農村部などの低所得層をターゲットにしたＥＣとして18年ごろから急成長しており、大手運送会社の網からは漏れていた。Ｊ＆Ｔはそこに目を付けたようだ。

しかし21年4月、中国・浙江省義烏市の郵政管理局は、Ｊ＆Ｔとその進出に全力で抵抗したアリババ系のBest Expressの双方に対し、不当な低価格戦略とダンピング違反の疑いがあるとして再三警告を受けたにもかかわらず、それを無視したとして、罰金と一部業務停止命令を下した。

そして同年10月、なんとＪ＆Ｔはアリババ系のBest Expressの国内宅配便事業を約68億元（当時の金額で約１２００億円）で買収するという大胆な行動に出た。これによりBest Expressを実質的に競争から排除すると同時に、全国ネットワークを獲得することで、これまでのピンドゥオドゥオ頼りのビジネスモデルから脱却し、通販サイトのアリババや淘宝との取引拡大を可能にしたのだ。

こうしたＪ＆Ｔの躍進に、ＳＦもついに重い腰を上げざるを得なくなった。23年5月、豊網速運をＪ＆Ｔに売却。６月にはＪ＆Ｔへの出資も報じられた。ライバル同士が手を組むという異例の展開だ。

Ｊ＆Ｔの事例は、重要な示唆を与えてくれる。それは、企業家コミュニティーの力だ。ＢＢＫシンジケートという強力な後ろ盾があったからこそ、Ｊ＆Ｔは各地の有力プレーヤーと提携し、スピーディーに事業を拡大できた。彼らが大学の同窓生だったという関係性も目を引くが、低価格帯の商品・サービスを求める顧客層というターゲットが一致していた。

Ｊ＆Ｔの台頭は、海外発の企業が中国式の低価格競争に打って出る新しいイノベーションの形として注目すべきだろう。

広がるローエンド市場の可能性

Ｊ＆Ｔと豊網速運の明暗を分けたのは、まさにローエンド（低価格）市場を制する力だ。ＳＦはハイエンド（高価格・高品質）を守ろうとするあまり、足元を失った。一方、東南アジアの厳しい環境で鍛えられた低価格戦略で、Ｊ＆Ｔはローエンドを制した。この事実は、ハイエンドからローエンドへの展開がいかに難しいかを示すと同時に、上に立つ者は常に下からの猛烈な追い上げを恐れるべきであることを物語っている。

中国では、米国のＩＴ大手であるＧＡＦＡ（Ｇｏｏｇｌｅ、Ａｐｐｌｅ、Ｆａｃｅｂｏｏｋ＝Ｍｅｔａに社名変更、Ａｍａｚｏｎ）に対抗する勢力として、ＢＡＴＨ（百度＝バイドゥ、アリババ、騰訊控股＝テンセント、ファーウェイ＝ＨＵＡＷＥＩ）などの企業が成長を遂げた。

携帯電話を例にとると、高額商品のＡｐｐｌｅのｉＰｈｏｎｅに比べれば、ファーウェイ製品の価格は安いが、Ｊ＆Ｔが連携するＯＰＰＯや小米（シャオミ）などは、さらに低価格だ。実は、中国の地方などでは、低価格帯の商品・サービスを求める需要はまだ大きい。ここはブルーオーシャンなのだ。さらに、ＡＳＥＡＮやインド、アフリカなどのグローバル市場に目を転じれば、低価格帯の商品・サービスの市場は広大だ。

ローエンドへの挑戦をためらう企業は多いが、恐れず、むしろそこにチャンスを見いだすべきだ。戦える隙間を見つけたら、国境を超えて協力できる企業を見つけ、その仲間たちと攻め込む。グローバル競争の時代、企業は単独では戦えない。同じ志を持つ仲間と「組む」ことで競争力を磨くことが出来る。その意識があれば、日本企業も強みを重ね合わせて世界で戦える日はより多く来るはずだ。

〝小さな巨人〟Ｊ＆Ｔの挑戦は、まだ始まったばかりだ。23年10月に香港証券取引所に上場。そこで最大で約41億香港ドル（約７９０億円）を調達し、今後の飛躍に備える。[12] ＡＳＥＡＮで鍛え上げた〝風雲児〟が、物流市場の勢力図をどう塗り替えていくのか。その動向から、目が離せない。

3 CPグループは中国の食と農業に着目し躍進
――中国最大の外資系企業はタイ企業

多くの日本人は、中国における最大の外資系企業と聞けば、アメリカやヨーロッパの多国籍企業を思い浮かべるだろう。しかし、それは意外にも、タイの企業であるCPグループ（正大集団）なのだ。この事実は、一般的な日本人の多くが抱くアジアに対する固定観念を覆すものだ。

CPグループの起源は、1921年にさかのぼる。中国広東省出身の謝（Chia）一家が、バンコクに小さな種子店を開いたのが始まりだ。それから100年、この企業は驚異的な成長を遂げ、今やアジアを代表する巨大企業となった。2015年の売上高は約450億ドルに達し、17カ国で300を超える子会社を抱え、従業員数は約30万人を数える。

CPグループの成長は、アジアの経済発展と軌を一にする。50年代に飼料工場を建設し、70年代には養鶏・養豚・エビ養殖へと進出。1972年にはインドネシアに初の海外飼料工場を設立し、以降、シンガポール、香港、台湾など東南アジアを中心に次々と合弁会社を設立していった。

中国でフードバリューチェーンを築く

それ以上にCPグループの成長につながったのは中国での事業拡大だ。中国市場におけるCPの存在感は大きい。79年、中国が改革開放政策を打ち出した直後、CPグループは他の外資系企業がためらう中、真っ先に中国市場に足を踏み入れた。当時はまだ人口わずか1万2000人の寒村だった深圳に進出し、中国初の外資系企業、つまり外資ライセンス第1号の保有企業となったのだ。

その後もCPグループが中国で外資系企業として発展を続けた背景には、同社の並外れた政府渉外能力がある。創業家が華僑という中国とのつながりに加え、改革開放の黎明期から今日に至るまで、一貫して中国の発展を支え続けてきた功績が、CPグループの中国における特別な地位を確固たるものにしている。

CPグループの中国との関係の深さは、その経営理念にも表れている。「利国利民（国と人民の利益になること）」というこの理念は、まさに中国にとって理想的だ。「食料安全保障は国家安全に関わる」と謳《うた》う中国にとって、養鶏・養豚大手のCPの存在は欠かせない。

CPグループの事業モデルも、中国市場での成功を支える重要な要因だ。同社は「種子から食卓まで」のフードバリューチェーン全体を垂直統合し、自前主義で構築している。例えば、鶏肉事業では、自社の配合飼料工場から高品質な飼料を供給し、獣医や専門技術者が農場を定期的に訪問して品質と衛生、疾病予防を徹底管理している。契約農家から買い取った鶏は自社の最新鋭食肉加工工場でパッキングされ、コールドチェーンを通じて出荷される。

この仕組みは、中国市場でも導入され、例えば「正大養鶏」というフランチャイズ事業もこの方法で展開している。この事業では、農家に対し初期投資が求められるが、CPグループが契約農家に種鶏や飼料、ひな、獣医サービス、技術指導などの生産資材を提供する。こうして、農家とCPグループの間に強固な相互依存の関係が生まれるのだ。

筆者もCPの東京オフィスを案内された経験があるが、NASA（米国航空宇宙局）のスペースセンターにあるようなモニターが壁にずらりと並び、一羽一羽の鶏の目まで、じっくり観察することができた。養鶏所は無人で、ロボットが見回りをしているという。この運営システム方法は、おそらく世界の最先端だろう。

鶏は一定の数ごとに隔離、独立したセル型の鶏舎で飼育されており、万が一、鳥インフルエンザのような感染症が発生しても、被害を最小限に抑えることが可能で、数万羽を殺処分にするような事態を避けられるという。

規制を乗り越え、中国の一部に

また、北京市平谷区の大規模養鶏団地「CP北京平谷現代農業産業園」では、「4者協力モデル」と呼ばれる独自の手法を導入している。これは、CPグループが平谷区政府、農民専門合作社、北京銀行と提携し、大規模プロジェクトを共同で推進する官民パートナーシップ（PPP）だ。

この4者協力モデルでは、各主体が以下のような役割を果たしている[13]。

平谷区政府：用地の提供、インフラ整備、税制優遇などを通じた事業支援

農民専門合作社：852世帯の農家と756世帯の低所得者層が参加し、土地を現物出資。

配当や地代収入を得る

北京銀行：総投資額の7割に当たる5億400万元（当時約8000万ドル）の融資を提供

CPグループ：養鶏団地の建設・運営を一括受託。最先端技術を駆使し、生産性と品質を追求

この取り組みは、中国の厳しい農地管理制度の下で、いかに大規模な近代的農業経営を実現するかという難題に対する、CPグループの創造的な解答といえる。中国では農地の保護と小規模農家の権利保護を目的とする農地管理制度があり、農業参入企業による農地買収を抑制する政策が取られている。そこで平谷団地では、農家が土地を現物出資して合作社を設立し、合作社が経営主体となり、養鶏場の建設・運営をCPグループに委託するという形態を取ることで、規制をクリアしている。

この4者協力モデルにより、CPグループは大規模な近代的農業経営を実現しつつ、地域の雇用創出や農家の所得向上にも貢献している。同時に、政府や金融機関との強固な関係を構築し、事業の安定性と拡張性を確保している。これは、中国の制度的制約を巧みに克服し、かつ現地社会との共生を図るCPグループの戦略的アプローチを象徴する事例といえるだろう。

こうした中国との深いつながりを見ると、CPグループはタイ企業の枠を超え、もはや中国の一部ともいえる存在になっている。しかし、タニン会長は「CPの発展はタイ人に支えられてきた」と語っている。異国の地に身を寄せた謝一家を温かく迎え、チャンスを与えてくれたタイへの感謝の念は揺るぎない。

タニン会長はまた「国境を超えて事業を広げる華人華僑、それを受け入れるタイ人。私の半生が

グローバル時代を生きるうえでのヒントになれば」とも述べている。CPグループは華人企業かもしれないが、タイ王室との関係も非常に深く、紛れもないタイ企業なのだ。だからこそ、中国という大国に溶け込めるCPグループは、特色のある存在なのである。

そんなCPグループの在り方を見ると、果たして日本人はアジア市場を十分に理解しているか、アジアの中の日本として、どのように自己を位置付け、他のアジア諸国・企業と関わっていくべきなのかを考えさせられる。

アジア市場における日本企業の姿勢を考える上で、歴史的な文脈も重要だ。93年の米騒動時、タイから届けられたタイ米に対し、「日本米とは違う」「口に合わない」と批評し、タイ側の好意を受け止められなかった過去がある。そこには「日本のお米は特別においしい」という日本人の嗜好とともに、どこかにアジアを軽んじてしまう意識が潜んでいなかったか。

日本はもっとアジア市場に目を向けるべき

しかし、そのタイ発の企業が、世界第2位の経済大国である中国で、欧米の多国籍企業をもしのぐ存在感を示していることは、日本企業にとっても重要な示唆を含んでいる。

日本は戦後、「追いつけ追い越せ」のスローガンの下、欧米を目標にまい進してきた。その過程で、自らをアジアから切り離し、欧米の仲間入りを目指す「脱亜入欧」的な側面があったように思う。

しかし、CPグループの例が示すように、アジアには日本が想像する以上の潜在力と実力を持つ企業が存在するのだ。

日本企業がCPグループの事例から学ぶべき点は多い。特に、現地政府との関係構築や、国家の需要を的確に把握し応える能力は、グローバル展開において極めて重要だ。同時に、CPグループがタイと中国の双方に深い絆を持ちながら、両国の架け橋となっている点も注目に値する。

「CPグループは華僑だから、中国に食い込めたのではないか。日本企業がまねをするのは難しい」という意見もあるだろう。確かにそれも一理ある。だが、それならば日本企業が華僑と組んで中国市場に挑戦する方法もあるはずだ。

この「知られざるアジアの巨龍」の物語は、日本人に対し、アジアへの認識を改め、より開かれた視点でアジアとの関係を再構築することの重要性を教えてくれている。アジアの多様性と可能性を再認識し、互いの強みを生かしながら共に成長していく――。そんな新たなアジアビジネスの在り方を、CPグループは示唆しているのだ。

結びと次章へ向けて

本章で取り上げた企業群からは、それぞれ異なる示唆が得られた。

MINISOは、日本のIPやブランド力を巧みに活用しつつ、中国の政策や競争環境を味方につけることで急成長を遂げた。J&Tは、東南アジアの過酷な物流環境での経験を逆手に取り、現地コミュニティーとwin-winの関係を築くことで競争優位を確立した。CPグループは、タイと中国の架け橋となり、政府や農民を巻き込んだ独自のエコシステムを構築することで、アジアの食を支配するに至った。

一見、バラバラに見える3社の事例に共通するのは、国境を超えた価値観を取り込んでいる点だ。例えば人気キャラクターのファンは、世界各国のあちこちに点在している。そうした点在する価値観を企業が主体的に発見し、国家の枠組みに縛られずに、企業活動を展開し、彼らの需要を取り込んでいく。国境も軽々と超えてしまうダイナミズムがそこにある。

これは従来の国家単位の発展とは一線を画すものである。今、世界では表面上は各国間の対立が激化し、デカップリングの動きが進んでいるように見える。しかし、そこに需要がある限り、供給は必ず発生する。国のボーダーを超えるビジネスは、今後も新たな形で発展していくだろう。

MINISOは日本の人気キャラクターを求める価値集団の点在を発見し、世界各地のボーダーを超えて成長した。J&Tは、ローエンドの物流需要を発見し、起業家コミュニティーの連携で既存大手勢力に迫るまで成長した。CPグループも中国の食と農業に着目し、変化するニーズを追い、市場を拡大してきた。どの企業も運に任せて好機を手にしたのではない。賢明な企業は、不確実性や国境、既存の枠組みなどを超えて、新たな事業機会をつかんでいくのだ。

これは「スキャッター（scatter、点在・散在）化」とも呼ぶべき、価値を共有する者たちのグループ化である。新しいトレンドに対応したビジネスの形であり、21世紀のボーダーレス時代にふさわしい発展モデルの萌芽といえるだろう。激化するグローバル競争を勝ち抜くためには、この新しい潮流の本質を見抜き、自らのビジネスに取り込んでいく必要がある。

今、世界では格差が広がり、国の中でも都市、都市の中でも特定のエリアが発展を遂げる断片（フラグメント）化が顕著になっている。次章では、この「断片（フラグメント）化」と「スキャッター化」の実像を多角的に分析するとともに、先進国企業が新興国企業から学ぶべき点は何か、従来のビジネス観をどう転換すべきかを考えていきたい。

世界の分断を嘆くのではなく、それを乗り越える知恵にこそ、新時代のビジネスを切り開く鍵があるのだ。宝は遠くにあるのではなく、足元にあるものだ。

Chapter 4 ▸▸▸ Take Away

☑ デジタルやＥＳＧ（環境・社会・ガバナンス）といった流行り物のみならず、生活の周辺で変化をもたらす企業の本質にレンズを向ける。

☑ チャイナ・アセアンで成長を遂げる伝統的な企業及び新興企業の中には、２番手以下からの逆襲、といった勝者の入れ替えに注目すべき。

☑ ＡＳＥＡＮブラッシング（ＡＳＥＡＮ内での競争力の強化）、ＩＰ（知的財産）やコミュニティーのつながりといった特徴がある。

Chapter 5

大中華経済圏で起こる「断片《フラグメント》化」と「スキャッター化」

普段は意識していなくても、法治国家に暮らす限り、人は法の中で暮らしている。国や自治体など、行政の活動は全て法律や条例に基づいて行われる。その中で、多くの場合、為政者は国や地域の振興や活性化を図る政策や戦略を立て、法に基づいて執行する。それにより、特定の地域や市街区など、切り取られたエリアだけが発展・繁栄することがある。本書はこれを「断片（フラグメント）化」と呼ぶ。例えば、オリンピックを誘致した都市の中に、選手村として高級マンションが建設され、人気の街になるといったケースがこれに当たる。東京2020オリンピックに際しての有明地区などがその例だ。

一方、グローバル化とともに、文化や価値観が広がる中で、音楽やファッションなど、同じ志向や価値観、趣味を持つ人たちが国や地域を超えて広がる、という現象が起きている。例えば、日本発のロリータファッションを好きになったポーランドの少女が、ネットの販売サイトで中国製のロリータ風スタイルのワンピースを購入して楽しむ、といったケースだ。同じ志向の人々が世界に点在するこうした状況を、本書は「スキャッター化」と呼ぶ。

この章では、「断片（フラグメント）化」と「スキャッター化」がチャイナ・アセアン、さらには今後の世界を理解する上で鍵となることを説明していく。

ダイナミックな経済圏で生まれる勃興都市が意味するもの

前著で語ったチャイナ・アセアン＝大中華経済圏の発展は、今後も進んでいくことだろう。1～

4章で記した通り、大きな潮流は加速している。世界で最もダイナミックな経済圏の一つである。だが成長する経済圏においては、時代とともに経済の重心が変わっていく。重要なのは、その変化を読み取り、新しい重心を見極める視点である。すなわち〝焦点のズレをつかむ力〟だ。ここに商機とリスクの分かれ目がある。本章で、このズレを整理した上で、次章で新しい経済圏で、日本企業に何ができるかを考えていきたい。

簡単に今までの議論を振り返っておこう。

1章で指摘したのは、中国が停滞している状況を〝中国全体の話〟として、十把《じっぱ》一絡《ひとから》げ的に大ざっぱに語るのではなく、地域単位などに分解して見ることの重要性だ。分解することで、「新1級都市」という新しい勢力区の台頭が見えてきた。前述したように、まさに経済の重心が動いていたのだ。

2章では、中国の西部地域とASEANとのつながりを物流という視点で捉え直すことで、〝日本からは見えにくい場所〟を見た。

3章はマクロ的な総括を試みた。貿易、投資においてチャイナ・アセアン各国間での差が発生しつつあること、また、国際収支という視点でも分析することで、貿易で儲ける中国やASEANの一部の国が、得た資金をどう活用するかという課題を抱える状況について述べた。

1～3章では、中国を国ではなく都市や経済圏で、ASEANを集合体ではなく国ごとに捉えることで（別な言い方をすればレンズの焦点の合わせ方を変えることで）新たな世界が明らかになった。それは国や地域で起きている「断片（フラグメント）化」を浮き彫りにするものだった。

例えば、中国全体の経済は減速傾向であっても、杭州市という限定的なエリアでは人口流入が増え、交通網などインフラ整備が進んでいる。また、重慶市は物流のハブ（拠点・結節点）として往来が盛んになる、といった現象が起きている。

同じ価値観を持つ人々が世界に点在する「スキャッター」現象

4章では、視野をレンズに例えるなら、広角で対象を捉えた。そこで見えてきたのは、国境や経済圏など、従来のボーダーを軽々と超えて成功を収める新しいタイプの企業たちだ。

企業の経営を分析する手法としてＰＥＳＴ分析（政治Ｐ、経済Ｅ、社会Ｓ、技術Ｔ）があるが、この新しいタイプの企業は、政治、経済、社会といった王道の経営分析のフレームに当てはまらないため、捉えきれない。4章で取り上げた3社はいずれも、従来のビジネスの前提を超えて、柔軟かつ広範に展開している。

では、新しいタイプの企業が成長を遂げる中、従来通りの国の規制や保護の中で活動してきた企業（ほとんどの日本企業がこのタイプだが）は今後、どうなっていくのか。

国際政治の世界では、往時の米国のような世界を一元的に仕切る超大国が不在で、混沌とした状態をアナーキー（無秩序）状態と呼ぶ。[1] しかし4章で紹介した3社については、いずれも提供する商品やサービスは、買う側・利用する側のニーズに合致しており、事業は拡大している。双方が満足しているわけで、世間でいうアナーキーとは呼べない。むしろ秩序だった取引が成立・拡大している。新しいタイプの企業は、国境や規制、文化の違いなど既存の枠組みを超えていくのである。

現代では、国境を超えて特定の対象について価値観を共有するグループが出来つつある。例えば、特定のアニメやキャラクター、スポーツ、ゲーム、グルメなどのように、愛好者(推し、ファン)が世界に点在(散在)し、まとまりとしては見えにくいが、総体としては大きな市場規模を持つものがある。例えばファン経済圏と呼ばれる類いのものだ。

言ってみれば、ガラスが割れて、あちこちに欠片《かけら》が飛び散ったような状態だが、この拡散した欠片は時に緩やかに結合(疎結合)する。

この、同じ志向や共通の価値観を持つものがバラバラに点在する傾向はますます広がっている。「スキャッター現象」だ。

SNSの普及は、こうした志向の広がりと結合を後押しした。

「断片(フラグメント)化」と「スキャッター化」。レンズの焦点を調整することで見えてくる新しい世界では、この2つの大きな現象が起こっている。断片(フラグメント)化は、国や都市といった地理的制約の中で、規制やルールの枠を上手に活用して繁栄する層と、衰退する層への分化を促す。一方、スキャッター化は地理的制約を飛び越えて起きている。

この現象はチャイナ・アセアンに限った話ではないと思う。世界の他の地域でも起き始めている。これが、論考を進めてきた上での結論だ。

以下、「断片(フラグメント)化」と「スキャッター化」について、もう少し具体例を説明した後、次章では、これらの現象をどう受け止めていけばよいのか、どうすれば生き残っていけるのか、を考察し、日本に対する示唆につなげていきたいと思う。

フラグメンテーション化現象の意味するところ

一つの国の中でも断片（フラグメント）化は進んでいく。地域や都市は互いに中央政府や企業からの投資を獲得するために競っており、選ばれた地域の土地が買われ、インフラやビル、時には先端技術を生かす工場が建設され、高度人材が転入し、発展していくからだ。国内、あるいは一つの街中が断片化していくのだ。

身近な例を挙げよう。日本では、大規模小売店舗法（大店法）の改正が過去にあった。これにより大型ショッピングセンターやモールが誕生する半面、全国各地で以前からあった商店街は閑古鳥が鳴いた。事象を見れば、大型の店舗が豊富な商品や価格戦略で商圏を変えたということになる。しかし、ポイントは大店法の改正によって、その後生まれ変わる街の姿が予見出来るかどうか、出来たかどうかだ。つまり、商圏の組み替え、断片（フラグメント）化という事象の発生である。

これを中国などの都市政策に当てはめてみると、まさに、都市同士の組み合わせにより、その地域の経済力が一気に高まる、強い都市の出現が起きているのだ。本書で説明した広州と仏山の連携や蕪・馬・滁ＢＯＹＳ、合肥市のＰＥ化がその例である。

単純な数字では分からないが、実際には断片（フラグメント化）が起きており、中国の他の都市から見れば、その地域だけ発展するという差異が生じ、経済の重心が移動するのだ。

同様に国同士も外交上は連携を模索し華やかに経済圏をつくっていたとしても、一方では、投資を呼び込もうと競い合う。ＡＳＥＡＮのような地域経済の連携の中では、必ず「勝ち組」と「負け組」が出てくる。各国が横並び的に利益を享受することは基本的にない。その結果、勝ち組がその他の国を取り込んでいくのが常であり、経済連携は徐々に緩み、断片（フラグメント）化していく。

ニュースに表れないものを見る

厄介なことに、これらの見えにくい現象や、分解した先で起きている変化は、ニュースでは取り上げられにくい。時には、政府や企業が自ら調査分析し、状況の変化をつかむ場合もある。だが、せっかくの成果を企業内などで共有したり、語り継いだりしないことも多い。現実を見るためのレンズを引き継がないと、断片（フラグメント）化が進む事象を読み解くことも難しくなる。現代では、情報はあっという間に消費されて消え去っていくから、より見えにくいのである。

実際に、1章で述べたように、中国では、新1級都市が勃興しているが、総じての中国減速論が唱えられる中、そうした個別的事例が報じられることはほとんどない。また2章で述べた中国西部という見えにくい地域において、重慶がＡＳＥＡＮ・欧州間の物流ハブとなっている現象について報じた日本の新聞記事は、筆者が調べた限り見当たらず、ゼロであった。

中国については、情勢認識にバイアスがかかりやすい状況であり、人の往来も減り、変化の本質がつかみにくくなっているのではないか。一方、ＡＳＥＡＮとの関係も盛り上がらない。

2023年は、「日本ASEAN友好協力50周年」という、日本とASEANの今後を考える絶好のタイミングだったが、今後日本がどのような役割を果たしていくのか、政策論議だけでなく、実施機関の絞り込みや、センターピンの業種や連携の特定をし、実際に動かす、という議論を大きく取り上げた報道は見かけなかった。

では、どのようにしたら、断片（フラグメント）化を捉えられるのか。テレビやネットのニュースのように部分的な情報だけが提供されているものを見ていると、レンズは曇る。バイアスもかかる。きちんとデータを集めて検証し、自分の視点で見に行くことで物事が見えてくる。

カネは需要のあるところに流れる

G2とも呼ばれる2大大国の米中が互いに輸出入を規制し合う〝デカップリング〟ともいわれる状態の中で、日本も米国の顔色をうかがい、中国との貿易に消極姿勢が見られる。しかし経済はそう簡単に片付けられるものだろうか。

そもそも、世の中のビジネスは、国や地域などに関係なく、安くて良いものが売れるというのが、ごく自然な鉄則だ。また、需要があるところに供給も生まれる。この流れは不可避である。抜け道なのか、新たなルートが通っているのか、商流は動くのが現実だ。

これが経済を見るレンズの前提である。しかし、目立ちやすい経済封鎖や規制の前では、この鉄則は忘れられがちだろう。

今日の社会には中国経済の減速論どころか、その先の終焉論的な極端な見方すら一部にはあるが、経済世界の現実は必ずしもそうなっていない。1章で例示した杭州デジタル経済圏の勃興は不動産バブルの崩壊とは異なるし、いわゆる過剰生産問題とも全く違っていた。細かく見れば、経済は今でもしっかり発達し、規模が着実に拡大しているのだ。

実際に、3章のデータから浮かび上がってきたのが、中国の原材料や部品がＡＳＥＡＮに供給され、製品化されて米国に輸出されるという、ＡＳＥＡＮウォッシングの流れだった。これは、米中対立とされる状況の、もう一方の側面であり、ある意味レジリエントサプライチェーン、とも呼べる新たな回廊だ。この回廊の往来は、活発になっているようにも見えるのだ。そこに日本の姿は、あるだろうか。かつて、ジャパン・パッシング（日本抜き、日本を飛び越えて行く）という言葉が自嘲気味に使われたが、パッシングどころかジャパン・ナッシング（日本不要、日本の存在感なし）という事態になってから気付いても、取り返しがつかない。

現実は、大がかりな理屈や経済理論で出来上がっているわけではない。利潤を追求する行為は人間社会の本来的な欲求といってもよい。

現状のニュースや二次情報をいくら分析し、かみ砕いてもそのレンズが歪んでいれば意味がない。そのような情報を基準にビジネスの判断を下そうとすると、頭の思考停止を招きかねない。20世紀型のロジカルシンキングでは、データ収集の過程でロジック先行になり、膨大な情報を集めたはいいが、バイアスを除去していないことも多い。そのような前提でロジック分析を重ねて世界を見ても、情勢判断を間違えかねないのだ。

「水は高いところから低いところに流れる」のは自然の摂理だが、それと同様に、「カネは需要のあるところに必ず流れる」という名言がある。そもそも需要が本物であれ、仮にパクリの偽物であれ、人間の欲望は国家の規制で縛れるようなものではない。だからこそ、基本的にビジネスは自由に動くものである。国による上からの、一方的な、下手な規制は、逆に倍返しになって国家にはね返り、襲い掛かるのではないか。

例えば、為替のマーケットで対ドルで自国通貨が大幅に値を下げた場合など、国や中央銀行が目指す水準と、市場の〝適正価格〟の間に歪みが生じることがある。ヘッジファンドはこうした歪みに目を付ける。かつて、ジョージ・ソロスは英国のポンドに「売り」を浴びせ、イングランド銀行を窮地に追い込んだ。

スキャッター化現象の意味するところ

スキャッター化の見極めは断片（フラグメント）化現象の見極めより厄介だ。気づいたら生活にしみこんでいるからだ。

例を挙げると、ファン経済である。アニメ、ゲーム、漫画に限らず食文化も同様だろう。これらが独自進化する。ファン同士がSNSやイベントでつながり、国境を超えて経済圏が生まれているのだ。コスチューム一つをとっても進化の仕方は国それぞれだ。ただ点在していた経済圏がまとまってくると大きな規模になり多様性をもたらし、さらに進化する。

前章で語った通り、まさかJ&Tのように中国の2番手、3番手企業がASEANでブラッシュアップして自国にパワーアップして戻ってくるなど、中国の人たちも想像しなかっただろう。OPPOや浙江大学のコミュニティーがそこに入っているというのはさらに想像できないだろう。MINISOで語った例もそうだ。日本の人気キャラクターというIP(知的財産)を駆使して、ギリシャで爆発的人気を博しているMINISOが、実は、中国企業であることは、現地在住の中国人はもちろん、ギリシャ人も気付いていないのではないか。

金融の世界では、国境を超えた市場の総取りや再編が起きている。国際企業の圧倒的な時価総額もそうだし、人気の高い運用会社には世界中の投資家が注目し(お金を出す人は運用さえできればよい)、点在していた資金がまとまって巨大なものになるというケースは今やザラにある。アセットマネジメント会社ブラックロックは預かり運用資産で10兆6000億ドル(24年6月末時点、1590兆円)、第2位のヴァンガードキャピタルも8兆ドルを超えるという。単純に比べることは難しいが、これらの巨大企業に匹敵する規模は、米国と中国のGDPくらいしかない。保有資産規模で、企業が国家をはるかに上回るケースの時代に、我々は生きている。

さらに、グルーピングという観点で見ると、どこの国籍か分からないほど企業の市場での活動が盛んに進んでおり、アニメやゲーム、スポーツ経済圏などもそれぞれ数十兆円規模の価値を持って展開されている。

例えばインスタグラムで流れている曲が、世界中で流れる。スウェーデンにいても日本の曲が流れてくるという。いつの間にかニューミュージックやアニメソングは世界の中では普通に点在し、流れている。まさにスキャッター化が生じているのである。

今はどこの国で製造された商品か明確に言い切れない製品も増えている。競争力の源泉を一国に求めることは極めて難しくなっている。一方で、グローバリゼーションに対する反動の議論はあるが、だからといって完全な地産地消の議論などは極端であり、机上の空論になるだろう。さらに「中国がコケれば喜ぶか（自分たちへの影響を）心配する、しかし成功すれば嫉妬する」ような歪みは判断を誤らせる。我々が持つべきは「一体どのような状況が現実的に得なのか」を見定める判断軸である。さらに、経済の成否の背景を洞察する力はもっと重要である。

極端な地域主義に立つ偏狭な視点、特定の国を自国の市場から締め出す政策、これこそ、スキャッター化を見逃す典型である。特定の海外製品をブロックし、締め出すつもりが、その海外製品が実は出回っていた。地産地消にするとコストが上がる、と悩んでいるうちにスキャッター企業が市場を席巻していた。相手をブロックするつもりが、知らない間にその国の製品を使っていた。そんなことは今後さらに増えていくと考える。

市場から締め出す、仲間外れにする、ということには限界がある。気付いたら自分が孤立しているることになりかねない。度の強いレンズをかけているうちに近視眼にならないように努めたいものだ。

国家の財政制約（機能不全）の中で進むスキャッター化

国家の枠組みがあるほど進む断片（フラグメント）化に加えて、枠組みの機能不全を補うかのように進むスキャッター化についても言及しておきたい。

例えば、国家は自国の国民・住民、または企業からの税収などで財政を賄う。もちろん国債を発行して赤字を補うことはできるが、限度を超えればいずれ財政は破綻する。産油国でもない限り、財政の制約はどの国にもついて回る。今後もその制約が増えることがあっても減ることはないだろう。

だが、その一方で前述のように、国家の枠組みと関係なく、各種各様の価値が支持され共有される枠組み化が進むだろう、という見方がある。それがスキャッター経済圏である。

その典型的な例が、オタク経済圏、アニメ経済圏、アップル経済圏等々であるが、いわゆる「推し」やオタクなどの支持層の結びつきの力強さや、彼らが投じるお金のうねり、バイイングパワー（購買力あるいは見返りを求めない投資力ともいえる）は桁外れだ。

世界では、有名なポップスターや人気アイドルグループなどの熱狂的なファンは、仮に普段は小さなアパートに暮らし、カップラーメンをすするような質素倹約に徹する生活を送っていても、いざ「推し」のツアーとなると、1枚10万円のチケットでも入手し、連日のように追いかけ続ける。さらに、大枚をはたいてグッズをせっせと購入するのである。今は、いささか極論に見えるかもしれないが、こうした〝尖ったファン経済圏〟をつくれるかどうかは、実は意味のある議論になると考えている。

今後、各国は、スキャッター経済圏を邪魔することなく迎え入れる政策を進める必要がある。前述したような熱狂的な経済圏を築くことが出来るか、つまり、どうしても買いたいと思わせる商品やサービスを生み出せるかどうかは、今後、国の豊かさにつながっていく。熱狂的な経済圏を盛り上げるために、従来のビジネス思考とは一線を画すような取り組みやアプローチが出来るかが、今後、問われるだろう。

一見、アナーキーな集団に見えても、スキャッター経済圏にはパワーがある。前章のMINISOグループの事例にも通じるが、日本は、アニメ、キャラクター、カワイイ文化など、その種の経済群を多く抱えている。他国の方に価値を見いだされて気が付くケースも少なからずある。

詳しくは次章で語るが、日本企業の今後の勝ち筋を考える上で重要なポイントになってくる。ユニークな文化を支援することが、日本の強みとなるのだ。

結びと次章へ向けて

本章では、1~3章で見てきた断片（フラグメント）化する世界、4章で見たスキャッター化する企業と世界の意味をまとめて解説した。

この章で述べた内容は、通常の新興国参入戦略や都市戦略の考え方では、なかなか捉えきれないものだ。問題はそのような場合の網（情報ネットワーク）をいかに張っていくか、ということである。

ヒントは「蜘蛛の巣」にあると考えている。世の中はあらゆる経済連携が重なり、スパゲティボウル現象とかスパイダー・ウェブ現象と呼ばれる。端的にいえば、あやとりのように複雑に物事が入り組んだ状態にある。まるで蜘蛛の巣というわけだ。「蜘蛛の巣に引っかかってしまえば、食べられて終わりだが、蜘蛛の巣を作り出す側に回れないか？」というのが筆者の問題提起である。

これを交差点的機能と呼ぶ。交差点のセンターにいれば、引っかかってくるものを捉えることが出来るはずだ。次章では、交差点機能がなぜ日本で機能し得るのか、どのような要素が必要なのかを論じ、日本の未来を考えたい。

column

「こうあってほしい」という幻想

講演や執筆活動をしていると、企業関係者、政府官庁の公務員、さらにビジネスエグゼクティブの方から日本の経済安全保障や、中国という国のリスク、そして脱チャイナ、ポストチャイナなどの国家や地域経済圏を前提とした枠組みで話が進むことが多い。しかし、この思考方法がいつまで続くのかと筆者は疑問に思っている。

なぜなら、「こうあってほしい」という願いが透けて見えるからだ。それは、「そんなはずはない」というレンズの曇りと同じ思考だ。こういう時には「実態はどうか？」と考え、シミュレーションをしたり、全く別の意見を求めることが大切である。仲間内で盛り上がり、議論が一方的に先鋭化するようであっては、最後はハシゴをはずされるのがオチである。

企業がやるべきことは何か

本書の1章で述べた通り、ビジネスの単位、モノづくりの基盤は、国レベルなどより、もっと細かく、中国の例だと省・市レベル以下であるし、消費者からすれば品質と価格次第であって、どこで作ったか、作られたかは、二の次、三の次の話だろう。従って、事業活動の基本は他の企業と差別化をし、価値ある商品・サービスを届けるのが本来の企業の在り方だろう。

もちろん、そうもいかない産業があることは承知している。安全保障、資源、インフラなど、国民生活や平和と安全を確保する産業については、規制がかかる。米国、中国、日本……、どの国であってもそれは同様である。

例えば重厚長大産業は、工場設置に許認可が必要だし、貿易に当たっては関税の影響も甚大だ。投資金額も大きいので政府の補助金や税など、国家の枠組みや省・市のインセンティブなどの規制を考慮しなくてはならないのは当然だ。

しかし、それらの規制が、全産業分野における比率として見た場合、果たしてどれほどを占めるのか、冷静な議論をしないと、「国家の安全、守るべく手立てを最優先に講じたが、その結果、自己規制や自縄自縛的な弊に陥って、肝心な生活・経済が貧しくなってしまった」となる恐れはないか。ただでさえ、どの国も財政難に苦しみ、経済成長が最大の課題となっている時代である。

「問題なのは経済なのだよ」とはかつての米大統領選でのクリントン氏の選挙スローガンであった。いつの時代も、国のリーダーを目指す人たちにとっては、明日豊かになれるかどうかは、国家・国民を引っ張っていく上での不可欠な要素である。極端な保守派、タカ派の議論は派手で分かりやすいが、それも足元の経済あってこその議論であろう。経済やビジネスパーソンが萎縮するようなことはあってはならないだろう。

しかも、今は当の焦点となっている中国の景気減速が現実的に起きており、先行きどうなるか、将来展望がなかなか読みにくい。発表される経済統計を見ても新規投資が少ないのも事実である。不動産市況の低迷は相変わらずだ。アジアという観点で見た際、チャイナ・アセアンの舞台上で、巨大中国の経済の好不調がASEAN側にどう影響するのか、それについて様々想定されるケースを考えておくことは意味があるだろう。重ねて言うが、これがレンズの曇りを補正するということだ。

column

情報収集法：経済の現実をつかむための焦点の合わせ方

東西冷戦の終わりを告げるベルリンの壁崩壊やレーニン像が倒されるケースは歴史の教科書にも載っている。リビアの革命家であり、長らく指導者の立場にあったカダフィ大佐の転落、サウジアラビアの裕福な家庭に育ちながら9・11のテロを指導したウサマ・ビン・ラディンの暗殺、さらに有力人物の突然の逮捕などもニュースで取り上げられる。

しかしセンセーショナルなニュースの裏では、実は統治体制が古くなり、それを支える基盤が緩んでいたり、民衆の関心事が政治から経済などに移って統治が緩んでいたりする。その変化が招いた結果であることは語られないまま、センセーショナルな場面だけが報じられる。

報道ばかりを追うと重要なものを見逃す

筆者のような仕事をしていると、世界が注目する出来事が起きた時には「わが社への影響は？」「今後どうなるのか？」といった問い合わせが次々寄せられ、今後のシナリオや国際情勢とビジネスに関連する話が求められる。

こうした出来事への対処は、もちろん重要だ。しかし重大事へのメディアの特報にばかりレンズを当て過ぎると、その一方で、「何か」を見落としてしまう。それは経済であったり、人々が求めているものであったり、社会のその先の姿のようなものである。

また、しばらくたつと人は、そのニュースへの関心を失う。ついこの前まで「わが社にとって一大事です」「社長から緊急対応といわれています」と言っていたにもかかわらず、だ。

だが、時間がたって同じようなケースが同じような場所で起きると、またもや同じ質問が繰り返される。構造的な分断（スライス化・階層化）にレンズが当たっていなかったからだ。レンズを矯正しない限り、延々と同じことが繰り返される。最悪のケースは、企業としての状況判断をし、戦略をたくさん立案したのに、前提が覆ってしまう状態だ。チャイナ・アセアン地域におけるビジネスにおいて変化を軽視する姿勢は、大赤字を出している企業に共通して見られる傾向である。

日頃からモノを見る目、レンズを磨き上げること、情勢判断のシミュレーションをしておくことはビジネスの損失を防ぎ、利益を生む。つまり情報分析はコスパがとても良いのだが、いつ成果が出るか分からないコストだと軽視されるケースが後を絶たない。地道に情勢を追っていないと、有事に動いても情報は得られないのである。勝ち組といわれる企業は、この手のレンズの磨き上げを不断に続け、分析した情報を常にトップと共有し、自社の世界観の構築や未来の進路を点検している。

ごく当たり前の欲望が人を動かす

一朝一夕には出来ない、と嘆いても仕方がない。レンズを曇らせないために何が出来るのか、建設的に考えていきたい。私は有事や情勢判断を自分事にすることが大事だと思っている。そのためのポイントは、情報をいかに印象的なものに変換するかがポイントだ。

具体的な例を挙げて説明しよう。

著者の高校時代、社会科の先生が学校に、旧ソビエト連邦（現ロシア連邦）からのお土産を持ってきてくれたことがあった。中でも印象的だったのは、マクドナルドの包み紙とチラシであった。「これを手に入れるのに2時間並んだ」と、先生は話していた。若い読者の方はイメージ出来ないかもしれないが、米ソによる東西冷戦下にあった当時は「マクドナルドとジーンズがベルリンの壁を壊した」と言われた。西側のものが旧ソ連に導入されてライフスタイルが急激に変わり、〝鎖国〟が終わったのだ。

ビジネスの世界ではこのレンズの合わせ方が重要だ。旧ソ連の経済体制や政治、社会体制などの説明だけでは、ニュアンスをつかむのは難しい。エコノミストの意見だけでは引っかからない。マクドナルドやジーンズの方がよほどビジネスへの示唆が湧いてくるのだ。

見えにくい現象というものは、足元で起こっている身近なケースに寄せて捉えることが出来るかが、一つのポイントである。

「ハンバーガーやジーンズ？　たったそれだけのことがなぜそんなに重要なの？」と思われるかもしれない。そう、〝たったそれだけ〟だ。だが、〝たったそれだけ〟のことで人は動くのだ。カッコいい車に乗りたい、食べてみたい、楽しんでみたい。人々の欲望に近ければ近いほど、物事、世の中を動かす原動力になる。大事件を目にしたら、その裏での人々の生活に目を走らせるべきだろう。

日本に来ている中国の方の観光客を見てほしい。あの購買力やたくましさ、元気さ、好奇心等々、世間にある悲観的な中国崩壊論とはあまりにギャップがあるとは思えないだろうか。普通の思考があれば、「中国経済は、そこそこ回っている」と考えるのが合理的なのに、なぜ悲観論が出るのか？　そんなふうに逆からの問いで考えることも、レンズのピント合わせの訓練になるかもしれない。

レンズを曇らせてはいけない

話はややそれるが、筆者の情報分析の思い込みエピソードもここに記しておこう。

筆者は各国を回る際、はやりの店のみならず、あえて不動産の情報を聞くようにしている。不動産店に行き、店の人と話すと、その地の人々の生活様式や物価、関心事などが話題になるケースが多い。時に（日本の）新聞に書いてあることとズレているのだが、このズレが大きいほど、変化の予兆があるということなのだ。

不動産情報の収集は、発展の凸凹を見つける際にも、もちろん有効だ。そこで、1章でも紹介した中国・杭州市をかつて訪問した際にも、タクシードライバーに不動産の状況を尋ね、今後の都市計画の説明や建設中のビル群が意味すること、つまり杭州市が大発展を遂げることを教えられた。

実は、私にはその話が全く信じられなかった。当時の杭州市は2級都市で、観光名所の西湖を抱える風光明媚な都市だった。地下鉄が12路線も張り巡らされ、高層ビルが林立する将来の景観は、全くイメージできなかったのだ。いや見ようとしなかったと言っていい。「まさかこのような土地で人流が活発化するはずがない」。そう思い込んでしまった。

深圳の大発展や上海の浦東新区の大発展をこの目で見て、銀行マンとして投融資をしてきたにもかかわらず、だ。私のレンズは曇っていた。

それ以来、自戒の念として、極端な見方だけでなく、その逆の中道的な見方というレンズを持つようにしている。現場を回ればよいというものではない。地味だが数字をにらみ、地元の人の話をよく聞くしかない。地道な筋トレとも言ってもよい。

新聞を読み込み、チラシ、SNSにも目を向けている。日本にいても、コリアンタウン、チャイナタウン、あるいはインバウンドでにぎわう東京・銀座の裏通りなど、一見、ビジネスとは関係のないところにも意外なヒントが転がっているものである。

論理的に考えれば、数年後に未来都市が出現し、10倍以上も都市が拡大するなどという世界は想像しにくい。中国は特別だともいわれるが、実は、世界には様子が一変している場所は想像以上にある。

Chapter 5 ▸▸▸ Take Away

☑ 地域、国家、都市での「断片（フラグメント）化」や「スキャッター化」に焦点を当てる。

☑ 「生活に密着し、変化を遂げている」地道な企業にスキャッター現象が起きている。

☑ 「こうあってほしい」という世界観からの脱却が必要。

Chapter 6

日本が生き残る道

戦略の大前提は、一にも二にも情勢判断にある。刻々と変わる情勢変化をどう捉えるか、モノを見るレンズの焦点をいかに合わせていくか、その焦点の合わせ方を絶えず意識することの大事さを本書で語ってきた。

筆者が、これまで金融マン（国際協力銀行勤務）として、またマネジメント・コンサルタントとして国際情勢分析に携わってきた立場で見聞し、政策や企業へのアドバイザーとして向き合ってきた経験上からいえる現実は、情勢の大きな波に乗っていれば、多少の見立てが違っても、失敗は避けられる、ということである。波に乗るというのは、それくらい重要であり、逆に波に逆らうと取り返しのつかないことになる。

スキャッター時代を生き抜く道：世界の交差点

日本経済も情勢の大きな波に乗っていくことが欠かせない。

その「大きな波」に関してだが、日常生活を取り囲むリアル経済の方が〝新たな大陸〟を生み出しつつあるのではないか、というのが筆者の考えだ。具体的企業例は4章で取り上げたＭＩＮＩＳＯグループやＪ＆Ｔエクスプレスなどだが、5章のコンセプトに当てはめていけば、国際情勢にかかわらず変化を遂げているスキャッター企業の登場やスキャッター化への姿が見えてくるだろう。スキャッターは、地域、国境、都市などをいとも簡単に超えてしまう。企業の超巨大化、そして何よりもデジタル化によるボーダレス化によって、ますます現実化し日常生活に入り込んできている。

この流れをつかむことが重要だ。

このスキャッター化していく社会や企業の登場に対してどう対応していくか、取り込んでいくのか、チャイナ・アセアンで起こっている現象を日本の事業機会としていくためにどうすべきか。さらにそこから、できれば日本勢としては、このチャイナ・アセアンでのチャンスをヒントに、世界にまで展開するようなビジョンを持ちたいところだ。

では、このようにスキャッター化が進み、国家間の競争、国家機能の財政的制約による機能不全状態（日本に限らない）、地域連携の見通しの複雑化が進む時に、日本及び日本企業が目指すべき方向は何か。筆者の考えを一言でまとめると「アジアだけでなく世界の交差点を目指す→世界が注目するアジアの中の交差点」である。交差点を十字路と言い換えてもいいだろう。

国レベルでも、企業レベルでも、個人レベルでも、何かが目の前を〝行き来する場〟なり〝行き来する存在〟になると、情報やカネが落ちてくるのである。1章の中国の分析で登場した発展を遂げる都市も、人が行き交う〝交差点〟だ。2章でASEANから欧州への通過点として発展を遂げる、広西チワン族自治区や西部の重慶なども交差点機能を持つ。

日本に求められる発想の転換

このスキャッター現象に限らず時代の波、情勢の波への対応、取り込みの前提となるのは、やはり適切な情勢把握、情勢判断によるが、例えば、四方八方に張り巡らせた情報網が一点に集約される形の、あたかも〝スパイダー・ウェブ（Spider Web、蜘蛛《く も》の巣）のセンター〟に日本がなることが重要だ。

日本はその点、アジアのスパイダー・ウェブになる条件を備えているだろう。実際、あらゆる国と並立的かつバランスよく経済外交を繰り広げている国は、日本以外にほとんどない。諸外国におけるような深刻な宗教上や民族問題など対立・紛争を抱える要素もなく、また長期間にわたり有事にも巻き込まれてこなかった。

ただ、条件を生かすには、まず発想の転換が必要だろう。例えば対ＡＳＥＡＮに関しては、まだまだ意識の下層にある「雁行《がんこう》型経済発展思考」から「役割分担（フォーメーション）経済発展思考」への転換が欠かせない。そして、その中でチャイナ・アセアンや日本の位置付けを見直すという発想が大事なのではないか。

どういうことか。今まで日本は、労働賃金コストの安さを求め、成長のフロンティアを求めてきた。すなわち、まず新興工業国（地域）であるＮＩＥｓ（Newly Industrializing Economies、アジアでは韓国、台湾、香港、シンガポール）、そして先端ＡＳＥＡＮ、中国、先端以外のＡＳＥＡＮと、まるで焼き畑農業のように日本企業は順を追って市場開拓をしてきた。各国・地域も日本に追いつき追い越せと発展をしてきた。その結果、各国・地域は一定程度の１人当たりＧＤＰを達成し、貧困国はほとんどなくなり、中国も最貧国地域からの脱却を宣言した（２０２１年６月）。ＡＳＥＡＮでもシンガポールに続き、マレーシアも25年までに先進国入りを目指すとした。こうなってくると、ＡＳＥＡＮの国・地域が発展だけを追い求めるのではなく、それぞれの自己価値や役割を再考するステージになってくる。

中国は分かりやすい。全土で見れば巨大な人口、生産力、消費力、各都市の連邦的競争を踏まえた、今や世界第2位の経済大国である。ASEANも豊かな資源を有し、もっぱら中国との組み立て加工での連携をしながらも、デジタルをはじめ経済・産業的に多様な発展をしている。

チャイナ・アセアンに対する日本の立ち位置

問題は、そのチャイナ・アセアンに対して、今日的に日本をどう位置付けるかである。今までは常にアジアの最先端だった。しかし今日、現実を見れば、経済規模のボリューム、「量」の勝負では中国はむろんASEANにも及ばない。価格競争も厳しい。「質」も時間の問題でキャッチアップされ続けている。これが正直な現状だろう。そうであればこそ、自らが置かれた地理的役割や日本的特性を改めて考え直すタイミングが来ているのではないだろうか。

そこで、まずは日本の立ち位置を考えるためのロールモデルを持つことを提案したい。

1 英国をロールモデルに

ヒントになるのは英国だ。日本はヨーロッパにおける英国のような存在に近いと思うのだ。英国は、市場規模ではEUにはかなわない。資源はアフリカにある。組み立て加工は東欧という位置にある。この中でどうバランスを取るかだが、英国が〝勢力均衡〟を図る巧みなポジション取りと知恵を生み出してきたことは周知の通りだ。

もちろん英国の場合は、「パックスブリタニカ」と称された覇権国家としての経歴があり、かつて7つの海を支配し、今なお旧英国植民地など56カ国で構成される英連邦への影響力も維持している。

その英国を日本の範とするのはどうか。むろん地理的・経済的立ち位置に関してだ。英国は大西洋における米国と欧州のハブ（中心拠点）である。

その意味で、日本にはチャンスがある。太平洋における米国とチャイナ・アセアンのハブになり得るし、既に部分的にはなりつつある。例えば、ASEANから米国に飛ぶ場合、多くが日本経由である。成田国際空港に行けば、東南アジアの方々がいかに多いか、すぐに分かるだろう。その「ハブ機能」を拡大・強化することである。

即それは、日本の「交差点化」の一形態だ。交差点にはヒト、モノが集中する。当然、カネも情報も付いてくる。換言すれば、スパイダー・ウェブ（蜘蛛の巣）のセンター的立ち位置である。

2 チャイナ・アセアンとの役割分担

チャイナ・アセアンに対する立ち位置として、2番目に挙げたいのは、前述したチャイナ・アセアンとの役割分担の具体案だ。それは日本の中立性を生かしたヘッジング、ないしサポート機能である。〝Withジャパン（日本と共に）〟がキーワードだ。必要なオペレーションやサポートを供給する「ジーパン&スコップ」戦略でもある。日本はオペレーション&メンテナンス、仕上げをさせたら天下一である。このWithジャパンによる磨き上げ機能で「量」の中国、「多様性」のASEANと協調していく視点を置くのである。

3 日本への信頼を武器にする

3番目は、日本を使わざるを得ない役割に位置付けていくことだ。大胆に言えば〝中に入ってしまう〟ということになる。「ジャパン・インサイド」とでも言おうか。英国では金融や情報を担うシティーがその役割を果たしているが、日本は技術と人（平均値としての一定教育を受けた人材層の厚さ）である。特に後者は見逃されがちだが、重要だと思う。

4 日本の価値を外から評価

さらに4番目として、外部の視点を持つこと、生かすことを提案したい。

日本は自分たちの価値を売り込むために、外部の目で、自分たちが持つ資産を再評価する必要がある。日本が持つ強みや魅力を、当の日本人が分かっていないということはいくらでもある。

日本は実は宝の山なのだ。

こうした4つの視点について、以下、順を追って説明したい。

1 日本はアジア太平洋で世界の「交差点」を目指せ

アジアの地で見ると、目下、交差点の代表例はシンガポールだろう。アジアのハブ（拠点）として物流、人流、金流を握っている。また北東アジアでも韓国の仁川《インチョン》国際空港は人流のハブであり、空路の交差点の位置を占めている。仁川国際空港開設による往来の激増と、韓国の国際社会での認知度向上は計り知れないものがあった。同じく韓国・釜山《プサン》の物流も北東アジアの交差点化といっていい。

日本では海外からの直接投資であるＦＤＩ（Foreign Direct Investment）がＧＤＰの５％程度という状況が長らく続いてきた。経済が発展した自由経済の国としては鎖国状態のようなものだ。貿易は活発でも資本の往来は少なかった。人の往来も少なかった。

だが、観光庁が24年1月に公表した23年度の訪日客の消費額が新型コロナウイルス禍前を超え、計５兆２９２３億円で過去最高となった。24年度はさらにこれを上回ることが確実視されている。

日本は地理的・文化的に、東洋と西洋の接点である。南の発展途上国と北の先進国との接点に位置し、「東西」「南北」の交差点、十字路的位置にあり、ＡＳＥＡＮ、アジアの交差点のみならず世界の交差点になる十分な条件を備えている。さらに日本のパスポートは数多くの国と交流ができる点で〝世界最強〟ともいわれる。国際的往来がもっとあってよいはずだ。

シンガポールや香港だけでなく、東京でコトを済ませる――。そんな時代が来る可能性は実は十分にある。ＡＳＥＡＮの経済人や華僑の企業家と話をしていると、もう一工夫すれば日本はＡＳＥＡＮから米国へのゲートウェイ（玄関、入り口、中継地）になるのではないか、という声も出る。地理を生かす戦法だが、なかなか自分たちでは気付かない視点だ。

ＡＳＥＡＮ（特に上部のメコン地域）は中国と地続きだから、中国との連携が深いという。確かに中国の国策である「一帯一路」はその象徴であるが、ＡＳＥＡＮから北米など日本のその先に行くために、日本を経由する〝ＡＳＥＡＮ ｔｏ Ｊａｐａｎ〟が議論されてもいい。

空路については前述したが、海運でも北極海ルートが現実のものとなればＡＳＥＡＮから欧州に行く際の途中の寄港地は日本になる。ＬＮＧではヤマルプロジェクト[1]に見られるように既にその取り組みは開始されている。シンガポールのマラッカルートが有事で動かない場合は、このルートも考えざるを得ないだろう。

吸い寄せる力を持つ交差点

交差点化の意味を、別角度から、例を挙げて説明したい。交差点にはヒト、モノ、カネ、情報が集まるが、「交差点化」とは、それらを日本にどう寄せつけるのか、引き付けるのかという視点だ。外国人が持つ日本のイメージ〝フジヤマ・ゲイシャ・スシ〟は、とっくに昔の話になっている。今では、渋谷のスクランブル交差点の方が有名なくらいだ。私の知人のフランス人は、大勢の人が行き交うこの交差点を10往復もしたという。また映画監督のソフィア・コッポラ（映画『ゴッドファーザー』の監督フランシス・フォード・コッポラの娘）が撮った映画『ロスト・イン・トランスレーション』に出てくるのが、この交差点である。

最近ではアニメやゲームの世界でも、日本といえば、お約束のように渋谷のスクランブル交差点が登場することが多い。今や、世界で最も有名な交差点、と言ってもよいだろう。JRの他、私電、メトロなど大きくて混雑する駅があり、流行を発信し続けるファッションビル、カフェも立ち並ぶ。どこも長蛇の列である。ハロウィーンなどでも、お祭り騒ぎになり、そこに集まる際にコスチュームや化粧品など様々なものが飛ぶように売れる。

既に日本に点在しているような、こうした交差点（＝多くの人が集まる人気スポット）をモデルにして、わが国も、そして企業も進化していく必要があるのではないか。安心・安全で〝にぎわい〟がある、そのような場だ。華やかなインフラだけが力ではない。このようなコミュニティを吸い寄せる力が今求められているのだと思う。

交差点は大きなインフラである必要はない。安全でありさえすればいい。ただ、〝ワクワクする場〟であるとの必要条件はある。東京駅に近い千代田区・丸の内仲通りも、イルミネーションの飾り付けを始めるまでは、典型的なオフィス街であり、週末となると、人影もまばらだった。しかし今では高級ブティックやレストランが軒を連ね、〝ワクワク〟する洒落《しゃれ》た街路となった。かつてとは大違いだ。

もうかりそうだから交差点をつくるのではない。交差点としての価値を高め、盛り上げていくから人々が集まり、お金が落ちるのだ。順番を間違えてはならない。なぜ欧米の観光地は一見無駄なアートにお金を使うのか、赤字のコンサートやイベントをやるのか。単体で見れば赤字でも、周辺施設を含め、商店街全体で見れば人の流れが増す。するとお金は黙っていても落ちてくる。この視点は忘れられがちである。

安全を切り札にしたデータ集積地としての可能性

もう一例、取り上げよう。日本に引き付けるアイデアや工夫である。

例えばデータセンターでアジアや世界の交差点になるという視点も考えられる。国際情勢的な観点からいえば、安心・安全にデータセンターを置ける国は限られているだろう。特に北東アジア地域では、コストという観点でこれまで中国に向かっていたが、今日世界ではデータ管理こそが政治・経済・安全保障に限らず、あらゆる面で死活的に重要性を持つことから、その拠点についてはバランスのあるオプションは必要不可欠だろう。

シンガポールでは小さ過ぎ、電力も賄えない。土地もない。他のASEANだけではメンテナンスも追いつかない。

その点、日本は絶妙の位置にいる。

早速目をつけた欧州の企業もある。ロンドンから北海道をつなぐ「北極海ケーブル事業調査」を実施するフィンランドのケーブル会社、Cinia Ltd などが好例だろう。AI時代を迎えるが、混沌とする国際情勢の時代では、安定した縁の下の力持ち的存在が必要だ。日本は十分その要件を満たしている。

むろん電力供給の問題はあるが、短期的にはガスなどの既存資源の活用、（場所は限定されるが）洋上風力や太陽光などの自然エネルギー、（温泉地や国立公園などの）地熱発電への取り組み、日本で研究が進む水素エネルギーの活用も考えられる。今までの利権などに固執している場合ではないだろう。日本が貧困国家になったら元も子もない。ゼロベースで、思考するきっかけにすべきだ。

また、中長期的には海洋資源に関する本格的取り組みのきっかけにもなるだろう。私が関わった提言「日本のグレート・リセット[2]」でも議論された、海洋国家としてのブルーオーシャン戦略も生きてくる。

あくまで日本はデータ管理を軸としつつも、その周辺のデータセンターやケーブル、それを支える安心・安全な国家として交差点機能を果たすというビジョンがＩＰＥＦ（インド太平洋経済枠組み・日本や米国など民主主義の価値観を共有するインド太平洋地域の14カ国が参加）のような国際的枠組みの中で議論されていけば、経済というリアルな話になってくるのだ。

日本人が知らない「新たなジパング」

さらに、日本の魅力を高める事例を挙げていこう。

ＡＳＥＡＮの華僑企業から見れば、日本は宝の山だという。東京湾に臨むお台場あたりを全て様々な事業のショーケースに仕立てれば、世界の需要のゲートウェイとしての機能を果たしそうだ。内需中心型経済の中国では難しく、ASEANでは距離的に遠い。チャイナ・アセアンに食い込んでいく際に、日本を使ってもらう。そして世界に飛ばしていく。そんなビジネスモデルはアジア悲観論よりも、現実的につくり出すことが出来る未来である。

また、日本への留学を勧誘する道もある。23年に英国のボーディングスクール（全寮制の学校）の伝統校・ラグビー校の分校が開校するなどの動きが加速している。米国の名門女子大学群であるセブンシスターズの日本進出が続いてもおかしくない。

ボーディングスクールには、海と山が必要とされている。乗馬、スキーとヨットである。東南アジアにもボーディングスクールの分校はあるが、四季はない。中国での誘致も現実的ではないだろう。そうすると日本はターゲットとしてチャイナ・アセアン及び世界の子弟がやってくる優良な条件を兼ね備えていることになる。

実は、このボーディングスクールの呼び込みには、大きな副次効果がある。家族の移住である。多くは富裕層である。しかも子供の教育期間は長い。長期滞在するプラチナカラーの富裕層が滞在すればどうなるか。シンガポールが日本を追い抜いていったように、今度は日本との間で、「超富裕層」「富裕層」といったプラチナカラーの引き合い合戦になる。

国際金融や国際ビジネスの場をつくる上では、教育機関はうってつけなのだ。もちろんこれに合わせて、金融のみならず、ライフスタイルビジネスが活性化することは言うまでもない。

いわゆるインバウンド論は日本を終着点にしてしまうが、交差点化することによって、その先の世界まで取り込むことが可能になってくると思う。

「東京トランジット構想」

さらに、世界のハブ空港化という議論を現代に復活させてもいい。例えば、羽田空港と成田国際空港をリニアで一直線で結べば、数時間でも東京に降りてトランジット（乗り継ぎ）を楽しもう、となるだろう。訪日客ら利用者が落としていくマネーや日本のプレゼンスはこれだけでも十分に上がってくるはずだ。

海ほたるで知られる東京湾アクアラインができたのだから、同じように地下トンネルを通す。リニアが無理というなら新幹線でも構わない。東海道新幹線のリニア構想化よりも距離は、はるかに短い。

実際に09年、神奈川県は羽田〜成田を時速300㎞のリニアで、15分で結ぶという構想を打ち出した。さらに羽田〜横浜間・東京湾臨海部〜さいたま新都心間、さらに米軍横田飛行場の軍民共用化を想定した新宿〜横田間の各路線を段階的に建設するという案だった。

首都圏の超高速鉄道として、観光産業の活性化や物流機能の整備を図る一方、環境への影響の改善、さらに雇用創出も狙っていた。建設費用は1兆3000億円という試算だった。[3]

多額の費用がかかることもあり議論は下火となったが、その後の技術進歩を生かせば、コストの低減も可能なのではないか。今後も増加が見込まれるインバウンド旅行客ら利用者、周辺事業にもたらす効果を考えると、高速鉄道事業単体でなく、交差点全体でマネタイズするという視点で見直せば、再検討の余地は十分あるのではないか。

華僑の人たちの声としても前に触れたが、お台場特区構想を復活させ、そこに金融センターなりエンジニアセンターなりをつくる。今度は世界で成功したシンガポールモデルやドバイモデルを真似するのだ。また茨城あたりの空港まで延伸してもいい。そうすれば近隣アジアや中東は成田、羽田は欧米、ここにソニック（超音速）で全席ファーストクラスの特別空港を設置したっていい。茨城はＬＣＣ（格安航空会社）に特化する。

全てがリニアシャトルで10分程度で移動でき、ついでにトランジットで日本のお台場に降りられれば、近くにある世界最大級の都市、ＴＯＫＹＯに立ち寄り、遊んで楽しむなどというプランも十分成立する。

過去に議論され尽くした議論を現代版に再構築するのだ。日本が世界の空路の交差点になる余地は十分にある。終着点になる必要はない。交差点になれば周辺産業は活性化する。特にチャイナ・アセアンをさらにパワーアップして世界のエンジンに押し上げていくには、日本の地理的優位性はアジアにとっても重要なのだ。

一口に交差点化といっても、上記例のようにその意味内容は多義的、多元的・多様なものであると捉えていくべきであろう。筆者はそう理解している。

2 「Ｗｉｔｈジャパン」で進めるジーパン&スコップ戦略

次は、「Ｗｉｔｈジャパン」のジーパン&スコップ戦略を考えていきたい。

まず、日本とチャイナ・アセアンとの役割分担をどうするか。実は日本がＡＳＥＡＮのユニークな技術を使うという役割分担は既に起きている。タクシーアプリである。一部タクシー会社のアプリには、Ｇｒａｂ（東南アジアでナンバーワンの配車アプリ）で培われたノウハウが使われている。また中国メーカーがＡＳＥＡＮで作った格安携帯が日本の電気量販店でも売られるようになってきている。

日本はキャラクターの創出や、検品・検査、品質管理は得意であり、中国は大量のモノづくり、ＡＳＥＡＮは多様で現地化やバラエティーのある使い方が提案できる。それぞれ得意分野で役割分担をするといったことは十分にあるし、既に始まっているのだ。

日本とチャイナ・アセアンとの役割分担においては、例えば産業やインフラにおいて、日本が進行や管理を支える「Ｗｉｔｈジャパン」戦略の道があると思う。つまり、サポート的な役割を果たすのだ。その能力を日本はもっとアピールしていいのではないか。

チャイナ・アセアンは猛スピードで発展してきた。しかし、中国にせよ、ＡＳＥＡＮ各国にせよ、例えば住宅を見ると外壁が汚れているのをよく目にする。築浅年数物件にもかかわらずだ。上下水道の故障も後を絶たない。メンテナンスまで手が回らないのだ。

スマートシティーのような大きな構想もよいが、都市のアップグレード化という観点が現実的にあっていい。上モノは中国やASEANのローカル企業が建築しても、中モノ（エレベーターなど）、下モノ（上下水）は日本が握るという戦略だ。外壁塗装の素材管理は日本の得意分野である。メンテナンスをして価値を上げるという視点は現在のチャイナ・アセアンにはあまりないのではないか。ここに日本のチャンスがある。

英米仏などでは古く、長い歴史を持つマンションや住宅、街並みほど価値が高い。ヴィンテージ（年代モノ）だからだ。日本（特に東京）の本当の高級マンションはタワマンではない。古くから高台にあり、武家屋敷が並んだ位置にあるヴィンテージマンションである。こういうところは価値が下がらない。チャイナ・アセアンにもヴィンテージの時代は必ずやってくる。ASEAN地域においては自然災害があるので、なおさら維持や希少性が価値になる。そこで日本の出番となるわけだ。

さて、小見出しに掲げた「ジーパン&スコップ」という言葉について説明しよう。それはかつて、米国・カリフォルニア州でゴールドラッシュが起きた時、米国内はむろん世界中から採掘者が集まったが、最ももうかった人はスコップやツルハシ売りであり、丈夫なジーンズを作り売った人、さらに開拓地周辺の飲食店や宿屋を開業した人たち、駅馬車でニューヨークなど東海岸とつないだ人たち等々、一獲千金を夢見る採掘者たちに道具やサービスを提供した人たちだった。

〝ツルハシ売り戦略〟として知られるが、そのポイントはやりのビジネスそのものではなく、それを必要としている人たちをターゲットにした周辺ビジネスに着目する手法だ。本章で主張しているのは、その現代版であり日本版である。

世界の産業が変革していく中で、重要なのは、最高スペックの半導体やその製造装置だけではない。もちろん、それらを揃えられれば、それに越したことはないが、新産業や新事業が動き出すには〝縁の下の力持ち〟的存在ならぬ、下支えするインフラや制度づくりが、何より重要であるということだ。実はこの分野が一番もうかるのである。

都市ビジネスでも同様である。派手なタワービル（上モノ）もよいが、エレベーターや上下水道管理といった（中モノ、下モノ）の支えがあって、初めて成立する。しかもこれは日本が得意とする分野でもうかるのである。メンテナンスも常時必要であり、都市運営においては、それこそ生命線であることは忘れられがちだ。

それらには、カッコいいＤＸ（デジタルトランスフォーメーション）、ＧＸ（グリーントランスフォーメーション）といった最新技術などは特段、必要ないかもしれない。もちろんそうした技術やサービスを現に持っている企業なら、徹底的にそれを突き詰めたらいい。どんどん実行に移せばいいだけだ。

日本が、サポーティング・プロフェッショナル国家になれるかどうか。そこがポイントだろうと思う。筆者が提言に携わった「世界経済フォーラムにおける日本の提言=Japan's great reset」で触れた、偉大なる仲介者（Great Mediator）であっても構わない。

言わんとすることは分かるが、いま一つ、気が進まない、という声も当然聞こえてきそうだ。例えば、以下のような声だ。「そんなこと恥ずかしくて出来ませんよ」「わが社のプライドにかけてセンターを取りに行く」——。

だが面子《メンツ》に固執している限り、よほどの製品サービス・政策にキレや競争力がない限り成功する確率は皆無に近いだろう。むしろ、ホットなところで雑用をこなせるかどうか。ここがブルーオーシャンである。カッコいいところはいつもレッドオーシャンである。つまりほとんど赤字である。そうでない泥臭いところにお金は埋まっているのである。

3 ジャパン・インサイドが約束する信頼

最近は、「ジャパンフラッグ（日の丸）を見て誇りを覚えた」と聞くことがめっきり少なくなった。海外に出れば日本の国際線の飛行機があらゆる空港を行き来する時代があり、海外の街中を歩けば、日本製の電気製品や雑貨に人気が集まり、道路では日本のクルマが行き交うことに少しばかりのプライドをくすぐられた時期があった。わずか10～20年前のことだ。

今日では、中国をはじめ新興国や欧米以外の国から出てくる世界企業、多国籍企業を多く目にするようになり、ジャパンブランドを自慢げに思う機会もめったにない。

そんな時代の変化に忸怩《じくじ》たる思いを抱える部分は確かにあるが、そのような現象、すなわち日本ブランドと日本人の誇りと矜持《きょうじ》を結び付けて考える時代も変わってきているのではないか。大体、多国籍企業といっても、そもそも発祥地がどこの国か分からない製品や商品も増えているのだ。

世界的家具大手ＩＫＥＡがどこの国からやってきたのか分からない人も少なからずいるだろう。実は北欧スウェーデン発だ。Spotifyなどの音楽サービス（同）、Ｈ＆Ｍ（同）、ファストファッションのＺＡＲＡの発祥国（スペイン）も同様だ。欧米の消費者もGALAXY（ギャラクシー）がサムスン電子製（韓国）ということなど全く気にしていない。ネットでぽちりと買う時に、外国のどこの国のものかまでチェックする人は、ごくごく少数派ではないか。クレジットのＶｉｓａとかPayPayなどの金融商品の世界でも同様だろう。

米国ではベストバイのような家電量販店で、米中競争の最中、一番目立つ場所に中国製のテレビがデンと置かれていたが、飛ぶように売れていた。デカップリング、国家間競争などどこ吹く風である。

「職人国家ジャパン」の特異点を生かせ

日本は、「見えやすいものに動かされやすい」といわれる。しかし車やゲーム機などは別だが、それ以外に日本で世界的に評価される優良企業の製品そのものの形を目にすることは少ない。なぜか。日本の勝ち組といわれる企業の多くは素材や部品企業であり、製品の中に入っているのだ。

米ボーイングは「Made with Japan」を掲げ、名古屋に研究開発を設け、名古屋経済にとって大きなインパクトをもたらした。同様の取り組みは、ほかにも考えられそうだ。例えば中国シャオミの20万円の携帯電話はドイツのライカレンズを搭載しているが、それがブランディングにつながり人気のようだ。同じように、日本の高精度のレンズにも可能性があるのではないか。

重要なポイントは、日本を中心に組むのではない、という発想だ。世界の経済環境が数十年前と変わった今、安心・安全で交差点として使える立ち位置に変化したことを利用するのだ。つまり「大きな世界経済の中で日本は下支えをしますよ」「インサイドで日本がオペレーションしているから安心ですよ」という位置付けが重要だ。

日本を中心に考えていくとどうしても視野が狭くなり、業界ごと、あるいは企業同士の利権争いになる。しかし、お客は外にいるのだ。この意識を持つことが重要なのだ。その意識変革が求められている。

職人国家日本は、職人気質特有というか、日本も、日本人も自己PR下手で、派手な立ち回りは苦手というのが通り相場だ。そんな民族的特性は簡単に変えられないとしても、その分、目立つ表部分ではなく、実質的な内部に、中心部に入り込んでいく。そして職人国家的気質を発揮して必要な仕事・役割を着実に全うしていく。そうした視点、意識をもっと持つことが必要ではないか。

表舞台に立たない分、競争者の目にさらされにくく、結果的にモノづくりであれ、組織づくりであれ、実質部分、心臓部を握ることになるのではないか。

日本のミドル・シニアパワーを輸出する

特殊な素材や部品という日本の強みを生かした〝入り込み〟戦略は既にあるし、機能している。これからしばらくこの強みは発揮されていくだろう。

見落とされがちな可能性は「人」である。「人」インサイドというポイントはあまり議論されてこなかったように思う。「英語ができない」「社交べた」「応用が利かず、言われた通りにしかできない」――このような国際ビジネスでは「厳しい」とされる評価が並ぶ。

しかし、本当にそうだろうか？　日本に対しては、エグゼクティブに対しての国際的評価は厳しい（IMD調査）が、ミドル層の厚さは世界でも屈指である（同）。上級管理職の国際経験は世界最下位（64位）で、特に「有能な上級管理職（62位）」「マネジメント教育（60位）」と厳しいが、マネジャーレベルでは「規律正しい」「賃金は安い」「比較的高学歴」と、評判は悪くない。

フィリピンではメイドサービスによる人材輸出がGDPの約2割を占める。

日本のミドルの現場マネジャー、アクティブシニアにチャイナ・アセアンの企業や組織で活躍してもらう。こんな発想があってもよい。日本がASEANに大がかりな装置を作るのもいいが、しの現地では、「うまく回す人材の方が足りない」とASEAN各地で現に悲鳴が上がるほどであり、これを埋めるというのは一つの方策だと思う。

海外から技能労働者を招き、日本の労働者不足を補うという人材輸入の議論だけでなく、アクティブシニアなマネジャー層、中堅・中間管理職を海外に派遣する、または海外転職を支援するなど、いわば人材輸出のパラレルな議論も欲しいところだ。

日本の現実は、リタイア世代については、仕事がない、再就職は極めて厳しいとされるが、国外、とりわけASEANからは日本人のマネジャークラスの工場マネジメントや現場マネジメントは歓迎されている。一方、日本では能力・経験よりも、年齢制限が何よりも重視されている。

そんな現実を見るにつけ、むしろグレイヘアの中間管理職や熟練労働者は輸出の財となってもおかしくないと考える。なにしろ、世界では変化の過程で人材不足なのだ。賃金の面で見ても、かなりの水準になってきている。

シンガポールの部長（約3136万円）やタイの部長（約2054万円）の年収は日本の部長（約1714万円）よりも高いという[4]、政府の報告書や衝撃的な記事も組まれた[5]。成長市場でやっていける余地が十分にあるのだ。そうした形の日本人の海外進出は当人にとどまらず、日本企業との結びつきにも波及していくはずだ。

是非論は当然あろうし、国家や企業としてのプラス・マイナスについても両面あるだろうが、あくまで筆者の個人的ビジョンに過ぎないとわきまえつつ、上記を提言したい。

4 日本が変えるべき視点——価値再考のインパクト（他者の目で自己価値を捉え直す）

成長するチャイナ・アセアンで、日本が「アジアの交差点」にとどまらず「世界の交差点」を目指す上で重要なのは、日本への吸引力、つまり日本の魅力度を高め強めていくことだと先に述べた。そのために行政や産業界・企業レベルの取り組みが必要なことはもちろんだが、加えて大事なのは日本が元々持っている価値を再認識・再確認していくことだろう。技術力とか産業力とかのレベルの話ではない。

普通に当たり前と思っている行為であるとか、無意識的に習慣化されていることなどについての自己再発見、自己価値の再認識についてだ。

高性能の部品だけではない。サービスにも可能性があるのだ。日本の魅力、日本の吸引力を高めていくのだ。日本が評価されているサービスの数々、例えばレストランに行けばサービスで水が出てくる、日時通りにモノが届く。電車など交通機関も時刻表通りに発着する、生活でのリスクや危険が少ない等々、これらは大変な付加価値であろうし、日本の魅力、吸引力を高め強める大きな要素だと言える。むろんコストとして一部は代金に含まれているのだろうが、無償の奉仕的部分も多いはずだ。そうしたサービスを発展させ、有料化することもできるはずだ。

訪日外国人が驚くのはこの種の観点からである。日本にいると気付かないが、海外に出ると、特にサービス面などで彼我の差の大きさを痛感させられるのは筆者だけではあるまい。下記で見るように〝他者の視点〟で見れば驚くことだらけだ。

最近は、姫路城などの有名スポットで、オーバーツーリズム対策の一環でもあろうか、海外からの外国人観光客に対してのみ、割増料金を設定するという話を聞く。先例はイタリアのベネチアなど各国にある。費用は城の保全費用にも役立てるとのことで、「ごもっとも」と首肯出来る。

ただ、せっかくやるなら、ツアーのパッケージに組み込むような企画があってもいい。例えば、江戸時代の駕籠《かご》に乗せる、フル通訳を完備する、専用レーンを設ける……など、さらにサービスを上乗せしてはどうか。

海外旅行に出て言葉が自由に使えない際、100ドルを余計に払ってでもサービスを利用したいという場面は少なくない。数百円でなく、スペシャルなサービスにしてしっかりもうけるくらいのしたたかさ、ちゃっかり感がもっとあってよい。

他者の目で自己価値を捉える

自分のことは、自分では分からないものだ。鏡があるから、自分の姿・形を確認することが出来る。その鏡に当たるものが、他者目線だろう。相手の目線を通して自分の価値を知る、つまり自分とは違う価値観を取り込む必要があるのだ。

例えば、華僑・華人、欧州人など、今までの米国を中心とした親日家だけではないルートを開拓することで、今まで見過ごしていた自分たちの価値を再認識し、事業化するのも手だ。自分で出来なければコーチを呼べばいい。恥ずかしいことはない。自前主義で試行錯誤を繰り返す時間はもうわが国にはほとんど残っていない。30年も出来なかったことがある日突然、出来るようにはならない。だとすれば筋トレと同じく、コーチを代えフォームを直すしかないのだ。

マクロで見れば日本の対内投資は5％台が続いていた。対外投資が20％を超える中、一桁の投資というのは異常である。今日、世界から締め付けにあい、かつ日本のＧＤＰ規模の4倍もある中国でさえ2桁成長なのだ。政策の問題ではなく、視点の問題に目を向け、価値再考を考える時期に来ているといえよう。

海外資本にとって〝美味しい〟日本の価値

世間ではダイバーシティー経営やインバウンドビジネスの効果が喧伝されている。しかし、重要なのは表層的なダイバーシティーではない。目線が違うことによって、自分たちが持つ価値を改めて考えさせられることである。自分と違う目線があることで、市場価値を多様にする機会を得ることが出来るのである。

インバウンドもお金を落としてもらえる仕組みにばかり目が行きがちだが、それでは先がない。注視すべきは、インバウンドでやってきた外国人が日本の何に目をつけ、日本に関してどう発信するかだ。ここをチェックすることで宝の山を見つけることも出来る。最近よく耳にするのは、「まさかこんな山奥が、まさかこんな陸の孤島が喜んでもらえるとは思わなかった」という驚きの声だ。外国人観光客が新たに訪れるようになった地域関係者らの言葉だが、そんな意外感あふれる言葉を言わしめたのは、ほかならぬインバウンドツーリストの視点力である。この視点に気付くことが、結果としてお金になって落ちてくるのだ

もはや世界的観光地となってしまった有名な北海道のニセコを見いだしたのは、オーストラリア人だった。京都市郊外（中心部から1時間）の山里の地・美山にも外国人が日本の原風景を求めて訪れている。筆者が彼らに尋ねたところ、日本が経済成長の過程で忘れたかもしれない人々の元の生活を実感したかった、とのことであった。

こんな視点があるのかと驚いた次第だが、さらに彼らに聞いたところ、この山里の美山は「世界でも有名な観光スポットになりつつある」とSNSやガイドブックを見せてくれた。なかなかやってこない路線バスを待つのも楽しみの一つだと語っていたが、体験型とはこのようなことも含まれるのか、と改めて知った次第だ。

タイは日本以上に5つ星ホテルが多く、アジアナンバーワンの観光大国である。日本が観光立国を目指すのであれば、タイのノウハウにまねるところもあるだろう。バンコクのような中心都市だけではない。地方活性化の知恵もハイエンドツーリズムの一環として学べることもある。

海外の「新・官民連携モデル」を速やかに取り込め

官民連携という観点では、米国がユニークな取り組みをしている。ＵＳＡＩＤ（米国国際開発庁）が取り入れている「開発イノベーション・ベンチャー（ＤＩＶ）プログラム」だ。全米の優良企業50社程度を集め、ここに社会課題解決のみならず、実装まで実現する仕組みがある。例えば、新型コロナ禍の最中、アフリカにワクチンを届け、接種への配布をする必要があった。しかしワクチンをいくら支援しても末端まで届かず、効果が限定的なケースが起きていた。この問題に、このプログラムが使われた。

どうしたら、ワクチンが最末端にまで届くか。そこで考えられたのは、消費者向け小売り（リテール）の最先端にいる産業、企業はどこかということだ。結果、コカ・コーラが選ばれ、彼らの物流システムにワクチンを載せるという仕組みを導入したのだ。ワクチンが届けられるたびにインセンティブが出る条件で官民が連携し、社会課題を解決するという仕組みがつくられ、始動して効果を上げることが出来たのだ。

官だけの視点でなく、「他者の目」とでもいうべき多くの民間企業の視点も入れられたことにより、実効策を打てた例である。米国にはこのようなプログラムが備えられ、官民どちらが上でどちらが下ということではなく、両輪でインパクトを出すという仕組みになっている。いわゆるPublic Sector Engagement（ＰＳＥ：公的機関の関与）として制度設計×企業の組み合わせとして先端を行く議論である。日本でも政府系金融機関と民間連携の取り組みとしてヒントになるのではないか？ これを日本からチャイナ・アセアンに持ち込む発想があってもいい。ニーズはありそうだ。日本も、このような観点は学べるに違いない。日本のサービスが欲しくて仕方ないという社会やユーザーを起点に、国際的な官民連携がもっと組成されてもいいのではないか。国家間の利益の調整をする前に、「必要とされている期待」を他者の目線で取り入れることが出来れば、大きなビジネスどころか、チャイナ・アセアン、否世界を変える可能性も十分にあるだろう。日本は技術の宝庫であり、このような取り組みはすぐにでも可能だろう。

日本の公的機関も窓口をシンプルにして対応すれば、ＪＡＩＦ（日本・アセアン統合基金）のような仕組みも、もっとスムーズに回ることだろう。06年3月に設置されたこのファンド（基金）について、聞こえてくるのは、ＡＳＥＡＮ諸国の政府機関をはじめ、日本の商社や大手製造業も、さらに官界の中でさえも、その基金の存在を知らないとの声だ。せっかく用意された資金も使われなければ意味がない。相手側から案件や要請が持ち込まれるまで動かない「待ちの姿勢」ではなかったか、手続きがやたら煩雑といった姿勢ではなかったか、見直しが必要ではないか。

「一歩先の価値」は既に日本にある

マネーを回転させるには、「必要とされている期待」を他者の目でチェックする必要がある。この点、日本には豊富な政府機関のノウハウがあるが、これを能動的に生かすことが出来ないか、対象となる国や相手企業、さらに「その一歩先」の客まで見通すチャネルなり角度が持てれば、より効果的なフォーメーションが組めるはずだ。東南アジア諸国や他国の国際金融機関にも出来ているのだ。日本に出来ないはずはない。足りないのは、ちょっとした視点の拡張なのだ。

他者の視点を生かせば、自分たちの立ち位置や付加価値が分かってくる。医療分野においては日本が最先端を走る分野もあるだろうが、メリハリも必要だろう。また、そうでなければ訴求することも難しくなる。これは自分たちだけでは距離を測ることは大変難しい。

だが実は、日本は今、絶妙な立ち位置にいるのだ。

「見えにくい大中華経済圏」に隣接し、太平洋の向こうには超大国米国が存在するという狭間に位置する日本。その一方ではASEANが、中国寄りと見なされながらも、米国との関係もしたたかに強めていこうとする、バランシングを模索している。

ミドルパワー外交が叫ばれ始めているが、筆者に言わせれば、日本はバランシングに苦慮するASEANをサポートしつつ、米中という超大国の間で、「グレートミドルパワーを発揮できる存在」になれると考えている。

これは「なりたい」とか、「これから」という話ではない。既に起こっている未来なのだ。ここに気が付きさえすれば、日本が世界に出ていく際に、より力をつけてプレゼンスを発揮していくことも可能だろう。

column

他者の視線から見えてくるもの

他者の視点を入れることは、情勢分析のみならず、現に起こっている変化を捉えるアンテナ力の強化にもつながる。アジア経済一つとっても、例えば医療分野ではシンガポールやマレーシアは日本より先を行く分野も多い。光学機器や医療機器メーカーが殺到するのも、うなずけるのだ。それを使う病院もしっかりと存在しているからだ。

筆者の個人的体験だが、シンガポールで強度の喘息に突如かかり、呼吸が困難になったことがあった。海外の保険会社の迅速な勧めで、シンガポール国立大学の医師が駆けつけてくれ、あっという間に治療を受け、回復したことがあった。日本でも同様のサービスを受けられる可能性があるかと聞いたところ、医師も保険会社も首を横に振った。

かつては雁行型経済発展モデルという言葉が使われ、産業や教育分野をはじめ日本が先頭を走る世界があった。「ルックイースト」という言葉は1981年12月に、当時のマレーシアのマハティール首相が提唱した近代化促進政策で、もっぱら日本をモデルとしたものだ。いわば〝日本に学べ〟という趣旨であったが、筆者自身の自己体験からもそれはとうの昔に終わっていることを実感した次第だった。

黙っていても日本は変貌する

例えばインバウンド増加に伴う変化を見れば明らか、である。

日本では5年もしないうちに英語を話す人が倍になっている可能性が大である。10年後は国際化という言葉が死後になっているかもしれない。それは政府の施策や教育改革の力ではない。人気のラーメン店、オタクが集まるアキバのカフェ、極上の山菜料理でグルメをうならせる山奥のホテルなど、スキャッター的なコミュニティーに外国人が飛び込んでくるのが普通になるからだ。

通貨が円安になれば、ますますこの動きは加速するだろう。外国人にとってはニッポンは安いのだ。当然、物価も上がってくるので、東京でも局地的にニセコバブルの現象が起こる。ニセコでは外国人客が殺到する冬のシーズン期では、おにぎり1個1000円、天ぷらうどん2000円が相場だ。いわゆる〝ニセコプライス〟だ。日本人としては、悲鳴を上げたくなるが、ニセコ的なビジネスが一般化すれば、街なかのラーメン店や旅館のビジネスもインターナショナルになる。単純だが、そんなものである。

一度発見されたユニークな場所の価値はそう簡単には変わらない。価格が3割から5割変動しようと、ユニークなものにはお金を使う。これが現在の世界だ。

既にニセコでは「日本語は通じない」とも言われ、ラーメンも1杯3000円の世界だが、このような現象は今後あちこちで出てくるだろう。日本における海外タウンの勃興は止められない。

かつてフランスのパリがそうだった。パリではフランス語しか通じないといわれたが、ユーロが本格化し、外国人観光客や人の往来が激しくなると、もはや英語で十分に過ごすことが出来る。言語に対してプライドの高い、あのフランスがガラッと変わったのだ。

東京・銀座の築地界隈には、かつては中小企業が並んでいた。しかし今やビジネスホテルがびっしりである。1丁目から8丁目までずらりと並ぶ。見ればすぐに分かるが、宿泊者はほとんど外国人である。表通りを2本挟んでの裏通りだ。その1本間にはラーメン屋をはじめB級グルメ店が次々と並び、深夜まで外国人の長蛇の列である。

コロナ禍前は、中国人旅行客といえば、団体で銀座のメインストリートに大型バスで乗り付けて、いわゆ爆買いをしていた印象が強い。今は、それが奥に入り、欧米のみならず世界中の外国人が自分で計画を立て、動くようになっている。大型バスではなく、地下鉄やバスを乗りこなし、普通に観光をするのである。

よくよく考えてみれば、ニューヨークもパリもロンドンも、観光客を除けば、そこに在住している現地の人間は限られている。東京の中心部もそうである。世界の標準に近づいているだけである。こうなってくると、客商売が重要になるので、実践で英語が鍛えられる。タクシーはおろかコンビニでも英語は普通の世界になってくるであろう。

さて、このような交差点化において、身構える必要はない。大事なのは、やってくる外国人が見る異なる視点を集めることだ。何を欲しがっていて、彼らの何がユニークなのか、ここに宝の山がある。それを見据えて価値再考をすれば、チャンスは多く広がってくる。

「交差点化する日本」とシンプルに〝焦点〟を定めれば、生き残る道はまだある。

はじめに

1 Volatility(変動性)、Uncertainty(不確実性)、Complexity(複雑性)、Ambiguity(曖昧性)の4つの言葉の頭文字を並べた造語

2 『ロバート・キャパ最期の日』横木安良夫著(東京書籍)2004年

Chapter 1

1 中国国家外国為替管理局、"中国の国際収支時系列(BPM6)"(2024年6月28日) http://m.safe.gov.cn/safe/2019/0627/13519.html

2 CEICのデータ(2024年6月14日付「Market Capitalization: Shenzhen Stock Exchange: Stocks」及び「Market Capitalization: Shanghai Stock Exchange: Stocks」)に基づき計算

3 同上

4 国務院、2023年7月17日 "2023年上半期の国民経済運行状況に関する記者会見"https://www.gov.cn/lianbo/fabu/202307/content_6892524.htm

5 国務院、2024年1月17日 "2023年の国民経済運行状況に関する記者会見"https://www.gov.cn/lianbo/fabu/202401/content_6926619.htm

6 IMF、"General Government Debt, Percent of GDP"(2024年7月7日データ取得) https://www.imf.org/external/datamapper/GG_DEBT_GDP@GDD/CAN/FRA/DEU/ITA/JPN/GBR/USA

7 The Wall Street Journal、"中国の巨額「隠れ債務」危機的状況に"(2023年12月7日) https://jp.wsj.com/articles/chinas-colossal-hidden-debt-problem-is-coming-to-a-head-11f26752

8 IMF、"WORLD ECONOMIC OUTLOOK UPDATE, 2024 Jan"(2024年1月1日) https://www.imf.org/external/Pubs/FT/weo/2024/01/pdf/January%202024%20WEO%20Update_EN.pdf

9 イプソス、"ポピュリズムに関するグローバル調査 2024"(2024年2月28日) https://www.ipsos.com/sites/default/files/ct/news/documents/2024-02/202402-press-release-ja-populism.pdf

10 JETRO、"2022年の日中貿易は前年比で微減、輸出は2桁減で6年ぶりの輸入超過に"(2023年3月29日) https://www.jetro.go.jp/biz/areareports/2023/dbc3b0a5937344ad.html

11 JETRO、"海外進出日系企業実態調査|全世界編、2023年度"(2023年11月) https://www.jetro.go.jp/ext_images/_Reports/01/20839957f6d40fe4/20230021rev2.pdf

12 みずほリサーチ&テクノロジーズ、"中国の対内直接投資急減の実相"(2024年2月28日) https://www.mizuho-rt.co.jp/publication/report/research/express/2024/express-as240228.html

13 Bloomberg、"中国のビジネス環境、米企業は一段と楽観的に―在中商工会議所調査"(2024年2月1日) https://www.bloomberg.co.jp/news/articles/2024-02-01/S85KAXT0AFB400

14 JETRO、"中国で再投資計画が「ある」企業は76%、華南米国商会が調査結果発表"(2024年3月7日) https://www.jetro.go.jp/biznews/2024/03/f6a03640835669db.html

15 人民網、"商務部:以旧換新には、「古いものを処分しやすく、新しいものに交換する意欲を高める」効果的なメカニズムを形成する必要"(2024年3月6日) https://finance.people.com.cn/n1/2024/0306/c1004-40190309.html

16 日本経済新聞、"中国恒大集団に罰金870億円　売上高11.7兆円の虚偽記載"(2024年3月19日) https://www.nikkei.com/article/DGXZQOGM18C4Z0Y4A310C2000000/

17 人民網、"数値で読む中国―31省の2023年GDPデータが発表"(2024年1月31日)http://finance.people.com.cn/n1/2024/0131/c1004-40170326.html

18 中国国家統計局、"総人口"(2024年6月14日データ取得) https://data.stats.gov.cn/easyquery.htm?cn=C01&zb=A030605&sj=2022

19 同上

20 中国国家統計局、"2023年国民経済と社会発展統計公報"(2024年2月29日)https://www.gov.cn/lianbo/bumen/202402/content_6934935.htm

21 World Bank、"Fertility rate, total"(2024年6月14日データ取得) https://data.worldbank.org/indicator/SP.DYN.TFRT.IN?locations=CN-JP

22 本稿は2022年版に基づく。https://www.yicai.com/news/101430657.html?code=101425010
23 Chinanews（2023年3月3日）
http://www.zj.chinanews.com.cn/nzxzl/2023-03-03/detail-ihcmeczk8142313.shtml
24 広東省人民政府地方誌弁公室、"広東年鑑2023"（2024年3月13日）
https://dfz.gd.gov.cn/sqyl/sqxq/content/post_4390304.html
25 深圳市発展改革委員会、"深圳市の戸籍移転に関するいくつかの規定（意見募集草案）"（2021年5月27日）
http://www.sz.gov.cn/cn/xxgk/zfxxgj/zwdt/content/post_8807798.html
26 深圳市統計局、"深圳市2021年国民経済及び社会発展統計公報"（2022年5月7日）
https://tjj.sz.gov.cn/zwgk/zfxxgkml/tjsj/tjgb/content/post_9763042.html
27 深圳市統計局、"深圳市2023年国民経済及び社会発展統計公報"（2024年4月28日）
https://tjj.sz.gov.cn/gkmlpt/content/11/11264/post_11264245.html#4222
28 杭州市都市計画と自然資源局、"杭州市総体計画（1996-2010）"
http://ghzy.hangzhou.gov.cn/col/col1228962780/index.html
29 杭州市人民政府ウェブサイト
https://www.hangzhou.gov.cn/col/col805739/index.html
30 杭州市人民政府、"人口主要データ公報"
https://www.hangzhou.gov.cn/art/2024/3/4/art_1229063404_4243341.html
31 杭州市都市計画と自然資源局、"杭州市総体計画（1996-2010）"
http://ghzy.hangzhou.gov.cn/col/col1228962780/index.html
32 杭州市政府公報（2001年03期）
https://www.hangzhou.gov.cn/art/2019/7/11/art_1662566_4863.html
33 杭州市政府公報（2015年02期）
https://www.hangzhou.gov.cn/art/2015/2/28/art_807167_1083.html
34 杭州市政府公報（2017年09期）
https://www.hangzhou.gov.cn/art/2017/10/23/art_1320523_4175.html
35 杭州市政府公報（2021年04期）
https://www.hangzhou.gov.cn/art/2021/4/29/art_1229517144_7207.html
36 杭州市統計局
https://tjj.hangzhou.gov.cn/art/2022/9/20/art_1229279240_4088462.html
37 HANGZHOU METRO、"基本情報"
https://www.hzmetro.com/public_3.aspx?ID=4837
38 Hangzhou CPPCCニュース（2023年12月27日）
https://www.hzzx.gov.cn/cshz/content/2023-12/27/content_8666209.htm
39 Alibaba Group HP、"Milestones"
https://ali-home.alibaba.com/about-alibaba#history-and-milestone
40 現地複数の不動産関係者・居住者へのヒアリングに基づく
41 安居客（中国不動産仲介サイト）、"杭州市・余杭区・未来科技城の不動産価格推移（2022）"
https://mobile.anjuke.com/fangjia/hangzhou2022/weilaikejicheng/
42 同上
43 広州市人民政府及び仏山市人民政府（2022年8月17日）
http://fgw.gz.gov.cn/hdjlpt/yjzj/api/attachments/view/b0a619375e79617a3a2dfd2474d29429
44 広州市人民政府及び仏山市人民政府、"広仏同城化発展計画（2009-2020）"（2009年12月24日）https://www.gz.gov.cn/publicfiles/business/htmlfiles/gzplanjg/cmsmedia/document/2013/5/doc94494.pdf
45 広東省人民政府、"広仏全域同城化「第14次5カ年計画」発展計画が発行され、2025年までに広佛のGDPは5兆元に達する見込み"（2022年8月18日）
http://www.gd.gov.cn/gdywdt/dsdt/content/post_3996535.html
46 仏山市人民政府、"2023年度の仏山市都市鉄道交通サービス品質評価に関する公告"（2024年1月26日）
https://www.foshan.gov.cn/fsgdjtj/gkmlpt/content/5/5891/post_5891058.html
47 広州市人民政府、"広仏全域における同城化建設の強化"（2021年4月22日）
https://www.gz.gov.cn/xw/jrgz/content/post_7234202.html
48 現地複数の不動産関係者・居住者へのヒアリングに基づく

49 Midea Group HP、"KUKAについて"
https://www.midea.com.cn/Our-Businesses/Robotics-and-Automation/KUKA
50 WEF、Global Lighthouse Networkウェブサイト
https://initiatives.weforum.org/global-lighthouse-network/lighthouses
51 産業集群は比較的狭い地域に相互に関連 の深い多くの企業が集積している状態を指す。代表例は米国カリフォルニア州のシリコンバレー
52 中国中央人民政府、"国家先進製造業クラスター名簿"(2022年11月30日)
https://www.gov.cn/xinwen/2022-11/30/content_5729722.htm
53 民間シンクタンク、"中国都市人材魅力度ランキング2021"
(執筆者概要:元国務院発展研究センターマクロ経済部研究室副主任、恒大経済研究所所長任沢平氏)http://finance.sina.cn/zl/2021-09-14/zl-iktzqtyt5832342.d.html
54 広州市人民政府、"政策解読"(2022年8月17日)
https://www.gz.gov.cn/zfjg/gzsfzhggwyh/zcjd/zcjd/content/post_8473683.html
55 安徽省統計局、"2022年安徽省の人口動態に関するサンプリング調査の主要データ公報"(2023年2月17日)
http://tjj.ah.gov.cn/ssah/qwfbjd/tjgb/sjtjgb/147681001.html
56 南京市交通運輸局、"全国初の省をまたぐ都市間鉄道、宁滁都市間鉄道(滁州区間)、昨日開通"(2023年6月29日)
https://jtj.nanjing.gov.cn/bmdt/202306/t20230629_3949994.html
57 蕪湖市統計局、馬鞍山市統計局、滁州市統計局
58 中国国家発展改革委員会、"長江デルタ都市群発展計画"(2016年6月)
https://www.ndrc.gov.cn/xxgk/zcfb/ghwb/201606/W020190905497826154295.pdf
59 合肥市統計局

Chapter 2

1 ASEAN Secretariat Information Paper、"Overview of ASEAN-China Comprehensive Strategic Partnership"(2024年6月12日)https://asean.org/wp-content/uploads/2024/06/Overview-of-ASEAN-China-CSP-12-June-2024.pdf
2 Council on Foreign Relations 、"The U.S. Pivot to Asia and American Grand Strategy"
https://www.cfr.org/project/us-pivot-asia-and-american-grand-strategy
3 The White House、"FACT SHEET: President Biden and ASEAN Leaders Launch the U.S.-ASEAN Comprehensive Strategic Partnership"(2022年11月12日)
https://www.whitehouse.gov/briefing-room/statements-releases/2022/11/12/fact-sheet-president-biden-and-asean-leaders-launch-the-u-s-asean-comprehensive-strategic-partnership/
4 The White House、"Remarks by President Biden at the Annual U.S.-ASEAN Summit"(2022年11月12日)
https://www.whitehouse.gov/briefing-room/speeches-remarks/2022/11/12/remarks-by-president-biden-at-the-annual-u-s-asean-summit-2/
5 European Union websites、"Plan of Action to Implement the ASEAN-EU Strategic Partnership (2023-2027)"(2022年5月8日)
https://www.eeas.europa.eu/eeas/plan-action-implement-asean-eu-strategic-partnership-2023-2027-0_en
6 ISEAS、"The State of Southeast Asia: 2024 Survey Report"(2024年4月2日)
https://www.iseas.edu.sg/wp-content/uploads/2024/03/The-State-of-SEA-2024.pdf
7 同上
8 戦略的パートナーシップが包括的戦略的パートナーシップに格上げされる以前からも、このような実施のための行動計画が存在した。2004年に発表された行動計画(2005 - 2010年)から定期的(5年ごと)にアップデートされている。
9 中国外交部、"平和と繁栄のための中国・ASEAN戦略的パートナーシップ関係に関する共同宣言の実施のための行動計画(2021-2025)"(2020年11月12日)
https://www.fmprc.gov.cn/zyxw/202011/t20201112_348692.shtml
10 中国外交部、"中国・ASEAN包括的戦略的パートナーシップ関係行動計画(2022-2025)"(2022年11月11日)
https://www.mfa.gov.cn/web/ziliao_674904/1179_674909/202211/t20221111_10972996.shtm

11 中国中央人民政府、“昨年の中国の海運の輸入と輸出の量は34.6億トンに達した”（2021年7月12日）https://www.gov.cn/xinwen/2021-07/12/content_5624224.htm
12 中国中央人民政府、“2023年中国国民経済及び社会発展統計公報”（2024年2月29日） https://www.gov.cn/lianbo/bumen/202402/content_6934935.htm
13 広西チワン族自治区統計局, https://tjj.gxzf.gov.cn/tjsj/tjgb/ndgmjjhshfz/t182462
14 CEICのデータ（“CN: Coastal Major Port: Container Throughput: TEU”、2024年1月31日取得）を基に計算。
15 同上
16 Lloyd's List, “ONE HUNDRED PORTS 2023”, https://www.lloydslist.com/one-hundred-container-ports-2023
17 中国（広西チワン族自治区）自由貿易試験区欽州港エリア管理委員会、“中国（広西）”自由貿易し懸鼓欽州港エリア第14次5カ年計画及び2023年の長期目標概要（2022年5月17日） http://qzftz.gxzf.gov.cn/zwgk/fdzygknr/ghjh/zzqgh/t11899008.shtml?eqid=e5b83f6000031c5400000006643668cb
18 港口圈、“2022年の全国港湾取扱量ランキングが発表、新たな顔ぶれが登場”（2023年2月1日） https://mp.weixin.qq.com/s?__biz=MzIwOTAxMjY5Nw==&mid=2648982558&idx=3&sn=cc191030f737c8509533505677391423&chksm=8f6ab6a8b81d3fbe79a7393238929d740a69e11f77d806a7feff0f4d482299f54a9d863dcc28&scene=27
19 重慶市人民政府、「西部陸海新回廊が開放・発展の新たな活力を生み出す」（2024年1月2日） https://www.cq.gov.cn/ywdt/jrcq/202401/t20240102_12771897.html
20 重慶市人民政府、“兄弟のように団結し、各々が工夫を凝らす「13＋2」の省・自治区・直轄市が全力で西部陸海新回廊の発展を推進”（2023年11月1日） https://www.cq.gov.cn/zwgk/zfxxgkml/lwlb/cqzxd/zzdt/202311/t20231101_12502168.html
21 中国新聞網、“今年西部陸海新回廊の陸海複合列車が既に1000本を突破”（2024年2月7日） https://www.chinanews.com.cn/cj/2024/02-07/10161242.shtml
22 澎湃新聞、“西部陸海新回廊運行から6年:18の省・自治区・直轄市に広がり、輸送品目は約1000種に達する”（2023年7月31日）
https://m.thepaper.cn/kuaibao_detail.jsp?contid=24045966&from=kuaibao
23 中国新聞網、“西部陸海新回廊の鉄道・海上複合輸送により「一帯一路」でWin-Winの協力ネットワークを構築”（2023年7月24日）https://www.chinanews.com.cn/cj/2023/07-24/10048895.shtml
24 新華網、“中国–ベトナムの国境港、広西チワン族自治区の東興で高速鉄道時代の幕開け”（2023年12月27日） http://www.news.cn/fortune/20231227/64d51a402877439086fc3f9798019deb/c.html
25 中国新聞網、“防東鉄道の連結試験が全線で完了、華僑の故郷である東興への高速鉄道接続が間近に”（2023年11月28日）
https://www.chinanews.com.cn/cj/2023/11-28/10119065.shtml
26 中國日報、“黄百鉄道が正式に建設開始、西部陸海新回廊の「重要な一路」を補完する”（2023年12月9日） https://cn.chinadaily.com.cn/a/202312/09/WS6573a3faa310c2083e41215b.html
27 重慶市交通運輸委員会、“兄弟が協力して西部陸海新回廊を建設”（2022年8月2日）
https://jtj.cq.gov.cn/ztzl/cydqscjjq/ysfwjs/202208/t20220802_10971529.html
28 人民網、“西部陸海新回廊の鉄道幹線が集中保守開始”（2023年3月6日） http://gx.people.com.cn/n2/2024/0306/c179464-40766758.html
29 広西チワン族自治区交通運輸庁、“平陸運河は全面的に新たな建設段階へ”（2023年5月24日） http://jtt.gxzf.gov.cn/ztzl/plyh/yhdt/t16569731.shtml
30 中国人民ラジオ、“【山と水8000km】特定産業が「道」を生かして前身 広西チワン族自治区の「正月用」牡蠣が全国へ”（2023年1月20日） https://gx.cnr.cn/cnrgx/yaowen/20230120/t20230120_526132480.shtml
31 中国国務院国有資産監督管理委員会、“2023年南寧国際航空貨物ハブ構築が新たな実績を達成”（2024年1月2日）
http://www.sasac.gov.cn/n2588025/n2588129/c29690345/content.html
32 重慶市人民政府、“山と陸を遠くのものと考えず、重慶と広西チワン族自治区で陸海協力に臨む”（2023年10月26日）
https://www.cq.gov.cn/ywdt/jrcq/202310/t20231026_12473650.html
33 中国中央人民政府、“西部陸海新回廊の運営における量と質が向上”（2023年7月28日） https://www.gov.cn/yaowen/liebiao/202307/content_6895030.htm
34 人民網、“重慶で「国際陸海新回廊開発報告書2023」を発表”（2023年11月1日）http://world.people.com.cn/n1/2023/1101/c1002-40108096.html

35 International Enterprise Singapore、"IE Singapore facilitates Singapore Chongqing JV formations as core CCI transport and logistics projects, reducing freight times for Singapore companies accessing West China"（2017年8月31日） https://www.nas.gov.sg/archivesonline/data/pdfdoc/20170831007/MR036017_IE%20facilitates%20Singapore-Chongqing%20JV%20formations%20for%20CCI%20projects_freight%20times%20reduced%20for%20companies%20acessing%20West%20China.pdf

36 広西チワン族自治区、"北部湾港グループ、北部湾港有限公司がシンガポールPSA及びPILと合弁契約を締結"（2015年6月11日）http://gzw.gxzf.gov.cn/xwzx/gzdt/t1638052.shtml

37 上海証券報、"北部湾港グループとシンガポールPSAが協力覚書を締結"（2022年7月10日） https://company.cnstock.com/company/scp_gsxw/202207/4917473.htm

38 広西新中産業投資有限公司、「私たちについて」 http://www.csilp.com/index/introduction.html

39 広西文明網、"山と海を越え未来へ響く大道、シルクロードを歩む｜シンガポールと広西チワン族自治区が連携して新たな陸海新回廊を構築"（2023年9月11日）
http://gx.wenming.cn/zbgx/202309/t20230911_6665886.htm

40 Lloyd's List、"ONE HUNDRED PORTS 2023"
https://www.lloydslist.com/one-hundred-container-ports-2023

41 同上

42 賽力斯集団股分有限公司、"会社概要"
https://seres.cn/about.html

43 賽力斯集団股分有限公司、"2023年年度報告" https://seres.cn/uploads/20240429/7d8c785e308441f93872adfbb4230b84.pdf

44 新浪財経、"2024年の高級ブランド売上ランキングが発表、セレスがTOP5にランクイン"（2024年2月21日）
https://finance.sina.com.cn/stock/relnews/cn/2024-02-21/doc-inaiuyre3015861.shtml

45 賽力斯集団股分有限公司、"「重慶製」新エネルギー車が西部陸海新回廊から初めて海上へ出航、セレス車の輸出が加速"（2023年3月23日）
https://seres.cn/cms/news/242.html

46 中国一帯一路網、"インドネシア輸出向けの重慶初の特別列車が陸海新回廊へ出発、鉄道・海上複合輸送が「友の輪」を拡大"（2019年5月17日）
https://www.yidaiyilu.gov.cn/p/89225.html

47 賽力斯集団股分有限公司、"「重慶製」新エネルギー車が西部陸海新回廊から初めて海上へ出航、セレス車の輸出が加速"（2023年3月23日）
https://seres.cn/cms/news/242.html

48 重慶市人民政府、"メイドイン重慶"車の世界での販売を支援、"西部陸海新回廊で初の新エネルギー車を乗せた鉄道・海上複合輸送列車の運行が開始"（2023年3月23日） https://www.cq.gov.cn/ywdt/jrcq/202303/t20230323_11799605.html

49 賽力斯集団股分有限公司、"「重慶製」新エネルギー車が西部陸海新回廊から初めて海上へ出航、セレス車の輸出が加速"（2023年3月23日）
https://seres.cn/cms/news/242.html

50 重慶市人民政府、"道が物流を、物流が経済・貿易を、経済・貿易が産業を引き寄せる。西部陸海新回廊の背後にある「産業勘定」"（2023年3月24日）https://www.cq.gov.cn/zwgk/zfxxgkml/lwlb/cqzxd/zzdt/202303/t20230324_11804895.html

51 同上

52 太原新聞網、"広西チワン族自治区の「猫山恋」1号店が太原にオープン"（2023年11月12日） http://4g.tynews.com.cn/system/2023/11/12/030681751.shtml

53 太原ラジオテレビ局、"【新たな時代、旅、成果:県・区の投資促進拡大】国民の「フルーツバスケット」を豊かに 広西チワン族自治区「猫山恋」1号店が太原にオープン"（2023年11月13日） https://mp.weixin.qq.com/s?__biz=MjM5NjI2NTQyNw==&mid=2650695029&idx=3&sn=804c77a25a767ed30b3aa7beaad7556b&chksm=bee129c98996a0df6da51b1ec11d40f091873052c2844af83f3c47c0bd8fdd1696a8a56cd2d0&scene=27

54 広西チワン族自治区改革発展弁公室、"「本物」は香りが残る!中国・ASEAN博覧会に参加するため、20トンの猫山王ドリアンが欽州港経由で南寧へ出荷"（2023年9月12日）http://bbwb.gxzf.gov.cn/zwdt123/ywdt_1/t17133841.shtml

55 新華網、"マレーシアの「猫山王」ドリアン20トンが中国・ASEAN博覧会で初公開される"（2023年9月14日） http://www.gx.xinhuanet.com/20230914/0408c44bbeff46a5af9d2629cd3e1d4c/c.html

56 山西全球蛙電子商取引有限公司
https://www.quanqiuwa.com/qqw_guanyuwomen.html
57 中国国家発展改革委員会、"「一帯一路」の相互接続と運用:これからについて"（2021年12月16日） https://www.ndrc.gov.cn/wsdwhfz/202112/t20211216_1308086.html
58 RFI、"ベトナム、ヨーロッパへの商品輸出に中国鉄道の利用を拡大"（2022年1月24日）
https://www.rfi.fr/vi/t%E1%BA%A1p-ch%C3%AD/t%E1%BA%A1p-ch%C3%AD-vi%E1%BB%87t-nam/20220124-viet-nam-dung-duong-sat-trung-quoc-xuat-hang-sang-chau-au

Chapter 3

1 「商品の名称及び分類についての統一システムに関する国際条約（The International Convention on the Harmonized Commodity Description and Coding System）」に基づいて定められるコード番号。本書における品目の表記としては、HSコードの品目名を厳密に記載するのではなく、分かりやすさを重視して簡易化を行っている
2 Free On Board。国際商業会議所が策定したインコタームズと呼ばれる貿易条件の一つで、本船渡し価格を指す（運賃及び保険料は含まない）
3 IMF Direction of Trade Statistics（DOTS）上の区分である"Advanced Economies"を先進国、"Emerging and Developing Economies"を新興国として集計
4 中国からASEAN10への輸出額（FOBベース）及びASEAN10から中国への輸出額（FOBベース）を集計。中国とシンガポールの貿易のみ「先進国と新興国間の貿易」に位置付けられる
5 Cost, Insurance and Freight。国際商業会議所が策定したインコタームズと呼ばれる貿易条件の一つで、貨物代金に加えて、運賃及び保険料が含まれた価格を指す
6 International Trade Centreのデータ（Trade Map、2024年4月3日取得）に基づく
7 中国のカンボジア、ラオス、ミャンマー、ブルネイとの輸出入は、中国のASEAN10との輸出入合計のうち10%未満のため詳細割愛
8 IMF、"World Economic Outlook（April 2024）" https://www.imf.org/en/Publications/WEO/Issues/2024/04/16/world-economic-outlook-april-2024
9 広東省財政庁によると、広東省の2023年のGDPは13.57兆元　http://czt.gd.gov.cn/ztjj/2024gdslh/mtgz/content/post_4339064.html
10 HS8542.31
11 HS8517.79
12 HS8542.32
13 HS8524.91
14 HS8507.60
15 Yicai Global、"More Chinese Manufacturers Shift Production to Vietnam to Better Meet Overseas Orders"（2023年5月15日）
https://www.yicaiglobal.com/news/2023051518-more-chinese-manufacturers-shift-production-to-vietnam-to-better-meet-overseas-orders
16 IMF、"World Economic Outlook（April 2024）" https://www.imf.org/en/Publications/WEO/Issues/2024/04/16/world-economic-outlook-april-2024
17 World Bank、"World Bank Open Data"　https://data.worldbank.org/indicator/SP.POP.TOTL
18 CIA、"The World Factbook"
https://www.cia.gov/the-world-factbook/field/area/country-comparison/
19 HSコードは5年ごとに改正されることから、必ずしも単純比較は出来ないことに留意する必要がある。例えばフラットパネルディスプレーモジュールのHSコードはHS2022改正で新設されている
20 East Asia Forum、"Can Vietnam become the next Asian tiger?"（2023年10月30日） https://eastasiaforum.org/2023/10/30/can-vietnam-become-the-next-asian-tiger/
21 VNExpress、"Samsung Vietnam exports $65B in 2022"（2023年1月17日） https://e.vnexpress.net/news/companies/samsung-vietnam-exports-65b-in-2022-4561127.html
22 ASEAN Stats、"International Merchandise Trade Statistics"
https://data.aseanstats.org/trade-annually

23 The Investor、"Upgraded Vietnam-US ties to open FDI doors wider for semiconductor industry: Intel"(2023年9月18日)
https://theinvestor.vn/upgraded-vietnam-us-ties-to-open-fdi-doors-wider-for-semiconductor-industry-intel-d6648.html

24 ILO, "Viet Nam's electronics supply chain, Decent work challenges and opportunities "(2022年)
https://www.ilo.org/wcmsp5/groups/public/---ed_dialogue/---sector/documents/publication/wcms_865520.pdf

25 Hanh Song Thi Pham, Anh Ngoc Nguyen, Andrew Johnston、"Economic policies and technological development of Vietnam's electronics industry"(2020年8月25日) https://www.tandfonline.com/doi/full/10.1080/13547860.2020.1809055?scroll=top&needAccess=true

26 HS7202.60

27 TEMPO.CO、"Minister Luhut Says Investors from China Important for Indonesia"(2023年5月30日)
https://en.tempo.co/read/1731393/minister-luhut-says-investors-from-china-important-for-indonesia

28 天然または石油で精製されるアスファルトなどの混合物

29 一般財団法人国際貿易投資研究所(ITI)、"ITIタイ研究会報告(8) 険しいタイの高所得国への道のり〜「タイランド4.0の課題と展望」"(2020年3月11日)
https://iti.or.jp/flash/452

30 fDi Markets(https://www.fdiMarkets.com/)
投資額が非公開の場合、fDi Marketsによる独自の計量経済モデルによる推計値が用いられている

31 IPEF参加国は日本、米国、インド、ニュージーランド、韓国、シンガポール、タイ、ベトナム、ブルネイ、インドネシア、マレーシア、フィリピン、オーストラリア、フィジーの14カ国。

32 Reuters、"Singapore's Temasek 'still excited' about China; GIC 'doubling down' on certain sectors"(2023年9月13日)
https://jp.reuters.com/article/testv-temasek-holdings-china/singapores-temasek-still-excited-about-china-gic-doubling-down-on-certain-sectors-idUKKBN30J0SR/

33 Reuters、"Singapore's Temasek 'still excited' about China; GIC 'doubling down' on certain sectors"(2023年9月13日)
https://jp.reuters.com/article/testv-temasek-holdings-china/singapores-temasek-still-excited-about-china-gic-doubling-down-on-certain-sectors-idUKKBN30J0SR/

34 NIKKEI Asia、"Geely eyes EV foothold in Southeast Asia with $10bn Malaysia hub"(2023年11月8日)
https://asia.nikkei.com/Business/Automobiles/Geely-eyes-EV-foothold-in-Southeast-Asia-with-10bn-Malaysia-hub

35 NS ENERGY、"Hengyi PMB Refinery and Petrochemical Project"(2020年10月30日) https://www.nsenergybusiness.com/projects/hengyi-pmb-refinery-and-petrochemical-project/

36 Reuters、"アングル:投資家の中国離れ拡大、人民元安や景気失速で資金流出"(2022年10月18日)
https://jp.reuters.com/article/idUSKBN2RD076/

37 国際収支統計上は資本の流出と流入の収支として表れるため、諸外国からの資本流入の減少の結果、中国の諸外国への資本流出はプラスの方向に動く(図表20)

38 みずほリサーチ&テクノロジーズ、"Mizuho RT EXPRESS 中国の対内直接投資急減の実相〜中国企業の海外資金調達減少も一因〜"(2024年2月28日)
https://www.mizuho-rt.co.jp/publication/report/2024/pdf/express-as240228.pdf

39 Krungsri Research、"THAILAND INDUSTRY OUTLOOK 2021-23 ELECTRONICS INDUSTRY"(2021年3月)
https://www.krungsri.com/getmedia/d80f0b24-470a-48a3-b7a2-6c3b90aa2e17/IO_Electronics_210315_EN_EX.pdf

40 The Nation、"FTI urges swift formation of govt to cope with flood of Chinese imports"(2023年8月16日)
https://www.nationthailand.com/thailand/economy/40030259

41 The Pivot That Wasn't　Did America Wait Too Long to Counter China?
By Oriana Skylar Mastro, Foreign Affairs July/August 2024
https://www.foreignaffairs.com/reviews/pivot-wasnt-mastro-lost-decade-china
Lost Decade: The US Pivot to Asia Get access Arrow　Robert Blackwill, Richard Fontaine　Published: 11 June 2024,　Oxford University Press

Chapter 4

1 数英、"名優創品×クロミのバースデーコラボ:十分に「クール」でなきゃ、ギャップ萌えは分かりえない"(2022年10月)
https://www.digitaling.com/projects/229676.html
2 MINISO名優創品が"一帯一路"グローバルサミットフォーラムを開催
https://www.sohu.com/a/153986764_433613
3 CMB International、"J&T Express: Largest express delivery operator in SEA to expand globally"(2023年12月19日)
https://hk-official.cmbi.info/upload/d00c02e6-bcab-4ed5-8cfe-710da08ca739.pdf
4 36Kr Japan、"J&T Express、4年でインドネシア最大級の物流会社になった理由"(2019年12月17日)
https://36kr.jp/41656/
5 同上
6 Counterpoint Research、"China Smartphone Shipments Market Share: Quarterly"(2024年5月21日)https://www.counterpointresearch.com/insights/china-smartphone-share/
7 Counterpoint Research、"vivo Leads Indonesia Smartphone Shipments for First Time in 3 Years"(2024年5月10日)
https://www.counterpointresearch.com/insights/indonesia-smartphone-market-q1-2024/
8 新浪財経、"SFホールディングは中核事業に収集するため丰网信息を売却予定。21.3億元に及ぶ負債と継続的な赤字はJ&Tが引き継ぐ"(2023年5月15日)
https://finance.sina.cn/2023-05-15/detail-imytvexe4018506.d.html?vt=4
9 KrASIA、"One master's two apprentices: How Indonesia's J&T Express rose in China on the back of Pinduoduo"(2021年5月21日)
https://kr-asia.com/one-masters-two-apprentices-how-indonesias-jt-express-rose-in-china-on-the-back-of-pinduoduo
10 TechNode、"How J&T Express became a disruptor in China's express delivery industry"(2023年6月23日)
https://technode.com/2023/06/23/how-jt-express-became-a-disruptor-in-chinas-express-delivery-industry/
11 同上
12 日本経済新聞、"インドネシア新興宅配J&Tが香港上場　初値は横並び"(2023年10月27日)https://www.nikkei.com/article/DGXZQOGM266U90W3A021C2000000/
13 William C. Kirby and Nancy Hua Dai, Harvard Business School、"Agricultural Revolution without a Land Revolution: the Megafarms of CP Group(Case No. 9-316-150, Rev. October 20, 2016)"

Chapter 5

1 『国際政治の理論』ケネス・ウォルツ著、河野勝・岡垣知子訳(勁草書房)2010年

Chapter 6

1 ヤマルプロジェクト:ロシア北部ヤマル半島沖合、北極海に広がる巨大ガス田を利用するため2014年にプロジェクト開始。既に操業開始済み。この際、北極海航路を通ることになる
2 日本のグレート・リセット「日本の視点:『実践知』を活かす新たな成長モデルの構築に向けて」(2021年1月世界経済フォーラム)
3 2009年神奈川県が「羽田空港と成田空港の一体性を高める超高速鉄道整備構想」に基づき調査・検討
4 経済産業省「未来人材ビジョン」(2022年)
5 日経ビジネス「争奪アジア人材　選ばれない安い日本」(2023年6月5日号)

※掲載したアドレスは、リンク切れ、またはページの削除などにより、つながらない場合があります。

あとがき

前著で望外の反響をいただいて、続編をと期待されていたが、新型コロナ禍の最中で何かと手が回らず、長い時間がかかってしまった。辛抱強く待っていただいた日経BP編集部の皆様には深く感謝を申し上げたい。

前著の出版はコロナ禍の真っ最中で、本書の着手はようやくコロナが明けようというタイミングであった。中国とＡＳＥＡＮの地域論については、書き尽くしたつもりであったが、出版以降、寄せられる質問が絶えず、講演も１００件近く行うことになった。大変にありがたく感謝をしている。

次回はどのような内容か、と聞かれることも多かったが、「この分野は書き尽くしてしまいました」と答えていた。本当にそう思っていた。しかし、実際の現場に戻ってみると、地域論では書ききれない構造的な問題やズレに目が向くようになった。

コロナ明けの世界の中で、日本だけが他の国と様子が随分違うのはなぜなのか、そんな思いが頭から離れなかった。

コンセプトを「レンズの焦点の合わせ方」としたのもそのためだ。「周回遅れ」「失われた30年」などの言葉が日本で相変わらず使われるが、さらに続き数十年にもなると思うと、いつまでも悲観論で片付けられないのではないか、と思うようになった。海外からの日本への関心の高まりの一方で、日本が抱く自虐的ともいえる史観のギャップがビジネスにおいても顕著になると感じることが多くなってきた。

現実のファクトや統計、海外からの視点、データの再構築などを通じて分析を試みた。世界の変化、特にチャイナ・アセアンのつながりは想像以上に進んでいるが、日本にも未来があるのではないかと思った。

公開情報をベースとし、本書を読み手の方がアップデートしていけるよう、できる限り統計や図表を掲載し、読者各位に役立てていただこうと努めた。前著では、「難しい」「少しでもよいから、今できることのヒントが欲しい」とのリクエストが多かったため、本書では構成を入れ替え、どこの章から読んでもよいように努めたつもりだ。

とにかく、自分事として情勢変化を捉え、自ら変化していけるかどうか、そのための「視点」のヒントの提示に努めてきた。最後の章である「日本が生き残る道」では例を提示したが、読者のおかれた立場で置き換えてシミュレーションをしていただければ幸いである。

本書完成に携わった皆様にはこの場を借りて改めて御礼を申し上げたい。

特に、日経BPからは、前作に続き村上富美氏による編集、また編集長の白壁達久氏、元編集長の山崎良兵氏及び前編集長の竹居智久氏には辛抱強くお付き合いをいただいた。情熱的なサポートにより、何度も折れそうな気持ちを立て直していただいた。それなしでは、完成にこぎ着けることはできなかっただろう。

また著者が責任者を務めるモニター デロイト インスティチュート ジャパンのメンバーにも深く感謝申し上げたい。彼らの協力あって本書を完成させることが出来た。中でも張沢宇さん、櫻井匠さんとは日々、議論を重ね、主に中国とＡＳＥＡＮの調査・情勢分析を実施してきた。

今回は、取材のために世界を飛び回る機会が限られる中、日本中華總商会の皆様による支援が大きかった。筆者の出身である国際協力銀行（ＪＢＩＣ）からは専務の橋山重人氏や金融業務部次長の鈴木洋之氏（前ワシントン事務所首席）はじめ多くの方のご助言をいただいた。また、日本の財界からは、長瀬産業社長の上島宏之氏、筆者のＪＢＩＣ時代の先輩であるＳＭＢＣ日興証券顧問の山田正明氏とドリームインキュベーター副社長ＣＯＯ（最高執行責任者）の細野恭平氏、富士通ＣＥＯ室長の西恵一郎氏といった皆様に大きなインサイトをいただいた。

アカデミックな視点からは、慶應義塾大学教授兼国際文化会館常務理事ＡＰＩプレジデントの神保謙氏、大阪大学教授の片桐梓氏とは折に触れた実践と理論の議論を通して、洞察をいただいた。シンクタンクからは、現在国際文化会館プログラム部門事務局長仲川聡氏からのアドバイスも大きかった。東南アジア最大のコモディティトレーディング会社Trafiguraのシニアトレーダー田中壮大氏からは市場の動き、世界フーディーナンバーワンの浜田岳文氏からは世界の人々の暮らしと照らし合わせたリアルな現状を、国際機関に勤務する中谷恵一氏からは国際経済のダイナミックな視点を、在マレーシアの尾間振一郎氏からは現地シンクタンクを交えた世界との情報ギャップの視点をいただいた。

ハーバード・ビジネス・スクールからの知人で英不動産大手Grosvenor社前駐日代表のDan Cox氏からは日本投資のコツと海外とのズレや先端の投資アイデアの議論に付き合っていただいた。さらに企業イノベーションの観点ではXcelerator Pte. ltd.ＣＥＯの横山貴寛氏には助言や日頃の議論にお付き合いいただき感謝している。

さらに、ハーバード大学、ボストン大学や米シンクタンクのNBR（全米アジア研究所）などの機関には講演や討議の機会を何度もいただき、そこで得た視点は大変参考になった。

現在世界を見渡すと、アジア各国のみならず右派、左派の分断に多くの国が揺れ、中道路線は厳しい舵取りを迫られている。中立的立場も勇気のいる行動である。何か極端な立場を取らないと、まるで何もしていないかのように取られる風潮も危惧される。政治のみならず経済も同様である。

しかし、本書でも再三述べた通り、現実思考に勝るものはないと筆者は信じている。解釈の仕方も、偏りがないか、両論照らし合わせて考えていくものだと思っている。ただ、視点の持ち方に関しては柔軟であることは人間に残された自由だと思う。

情報が増えるほど、議論は偏りがちになる。情報洪水の中でノイズを切り分けていくには、視点力を地道に鍛えるしかない。これは情報技術が発達しても不変だと思う。流行りを追わず、じっくりと構え、少しでも自分の頭で疑問を投げかけ思考する、そのちょっとしたことの積み重ねが、アジアのみならず国際情勢の理解や各自に与えられた立場で出来ることであり、未来を切り開く力と信じてやまない。

本書が皆様のお役に立てば幸いです。

2024年9月

邉見伸弘

ストラテジスト、経営戦略コンサルタント

邉見《へんみ》 伸弘《のぶひろ》

モニター デロイト インスティチュート（MDI）ジャパン　リーダー
デロイト トーマツ コンサルティング合同会社
執行役員・パートナー、チーフストラテジスト

国際協力銀行（JBIC）にて国際投融資（アジア地域及びプロジェクトファイナンス）、カントリーリスク分析、アジア債券市場育成構想等に従事。その後、A.T. カーニーを経てデロイト トーマツ コンサルティングに参画。国際マクロ経済・金融知見を軸に、国際情勢分析やM&Aを専門とする。シナリオ及びビジョン策定、中期経営計画策定、M&A支援を中心に、業界横断、クロスボーダー案件を中心に活動。MDI創設後は、国際情勢分析／地政学と企業戦略を融合させたサービスを開発／多数実施。

Deloitte Global Economist Councilメンバー、ハーバード大学国際問題研究所研究員（2016 ～ 2017年）、世界経済フォーラムフェロー（2020 ～ 2021年）、神戸大学特別招聘教授者（2009年）等を歴任。

著書に『チャイナ・アセアンの衝撃』（日経BP）や寄稿に「Japan-ASEAN Cooperation provides economic anchor amid turbulence」（Nikkei ASIA）、「安定感のある日ASEAN経済コリドー」（国際開発ジャーナル）、「チャイナ・ASEANの変質と加速」（「Voice」2023年4月号　PHP研究所）、「地政学とビジネス：ASEAN Foresight 2025」（Diamond Harvard Business Online）、「『不確実性の世界』を生き抜く上での、ビジネス・インテリジェンスの重要性」（東洋経済新報社）、「中南米ビジネス必勝法」（日経ビジネスオンライン）、講演に「Japan in Southeast Asia: Power, Politics, and Business」（ハーバード大学講演、パネル討議）等、執筆・講演多数。

ハーバード・ビジネス・スクール（AMP）、仏ESCP-Business School（MBA）、慶應義塾大学卒（BA）

チャイナ・アセアン
なぜ日本は「大中華経済圏」を見誤るのか？

2024 年 9 月 17 日　第一版第一刷発行

著　者	邉見 伸弘
発行者	松井 健
発　行	株式会社日経 BP
発　売	株式会社日経 BP マーケティング
	〒 105-8308　東京都港区虎ノ門 4-3-12
編　集	村上 富美
校　正	聚珍社
装丁・レイアウト	中澤 愛子
印刷・製本	TOPPAN クロレ株式会社

ISBN 978-4-296-20547-9